寿町のひとびと

山田清機

哀しきは寿町と言ふ地名 長者町さへ隣にはあり

ホームレス・公田耕一

目次

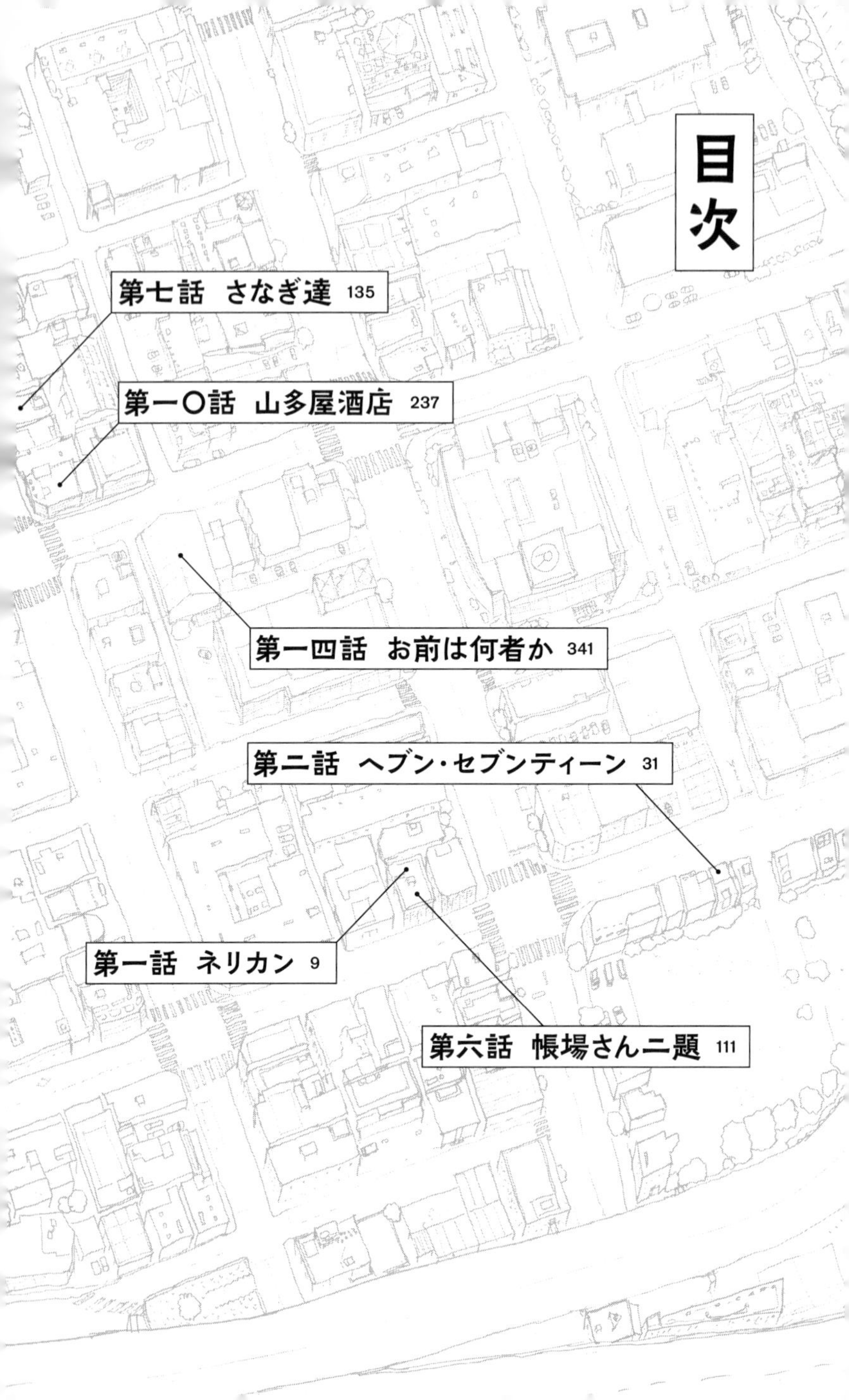

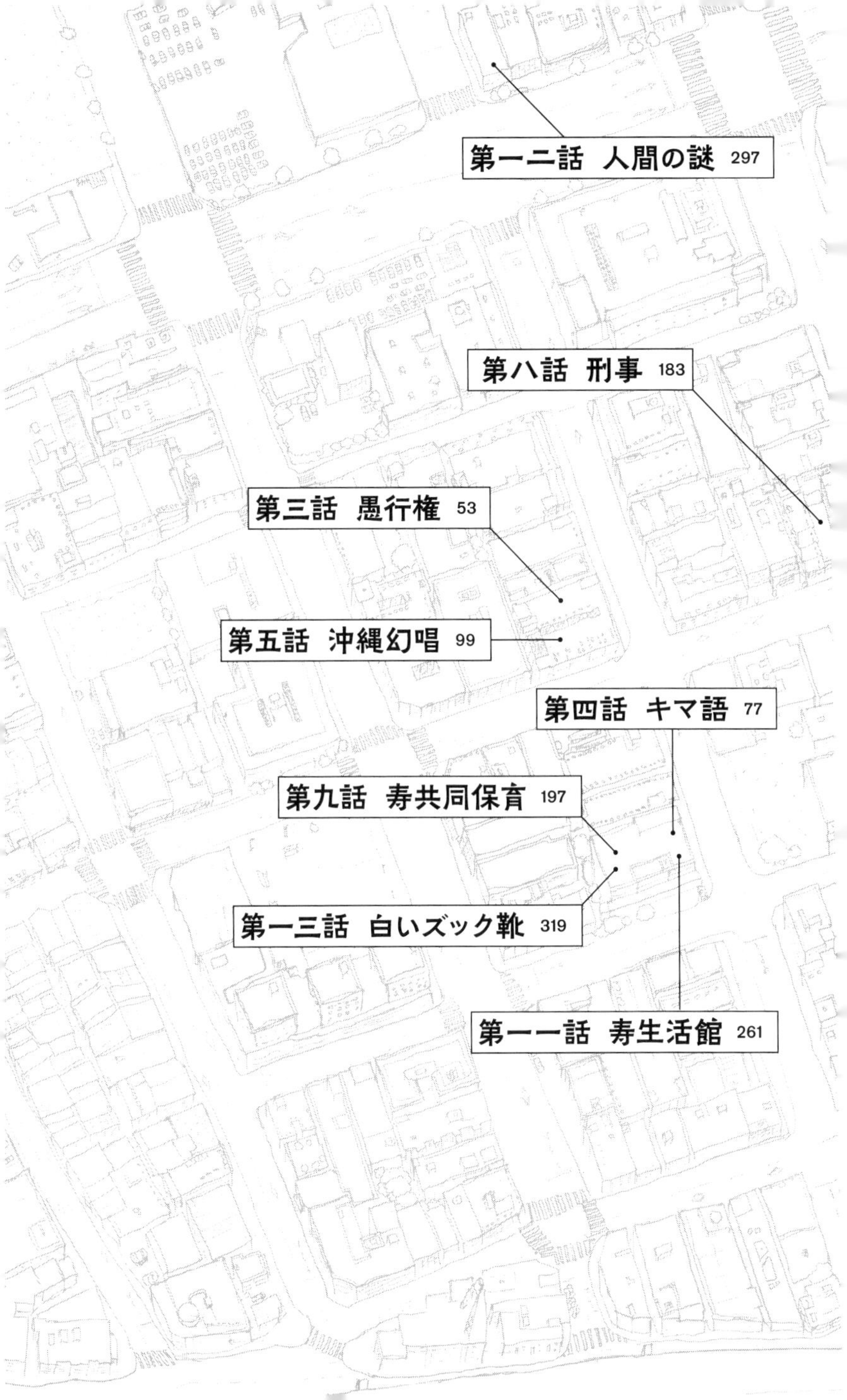

人物の肩書、店舗・組織などの名称はすべて取材当時のものです。

ブックデザイン　吉田考宏

寿町のひとびと

第一話　ネリカン

吉浜町公園で友苑の三五〇円弁当を食べようと思っていると、隣のベンチからじょぼじょぼと液体が流れ落ちる音が響いてきた。

友苑とは、東京の山谷、大阪の西成と並び称される横浜のドヤ街・寿町のシンボル、センターこと寿町総合労働福祉会館のはす向かいにあるスーパーマーケットである。

スーパーといっても、友苑は普通のスーパーとはかなり趣を異にする。細長い店内を縦に仕切る高い棚があり、棚を埋め尽くすのは無数のカップ麺、即席麺、パックご飯、缶詰、袋菓子などのすぐに食べられるものと、石鹸、歯磨き粉、ラップ、ホイルなどの日用品であり、一般的なスーパーの主力商品である野菜や魚などの生鮮食品は申し訳程度にしか置いていない。

その代わりとでもいうように、入って右手の壁ぎわと奥の冷蔵ケースの前を埋め尽くすのは、肉じゃが、イカ大根、玉子焼きといったパック入りの惣菜である。トマトやキュウリのざく切り、冷奴、おかゆにスープまでパック入りで売られているのには驚かされるが、要するにこの店、ドヤ(簡易宿泊所)で暮らす単身者専用のスーパーなのである。

惣菜の中心価格帯は一〇〇〜二〇〇円だから、三五〇円の弁当は高額商品の部類に入る。この、得体の知れないホルモンらしき具がのった丼を食べてみようと思い立ったのは、取材をする肚《はら》がなかなか決まらなかったからだ。口では寿町のひとびとを取材してみたいなどと言いながら、一歩寿地区に足を踏み入れては、滞在時間数十分で地区外に退散することを繰り返していた。

理由は、この街特有の臭気にある。

一説では、この街の住人の多くが好んで立小便をするために、街全体が小便臭くなったという。たしかにセンターのある交差点の一角には旧式の公衆便所、つまり便器がなく壁に向かっていたすタイプの公衆便所があって、そこから臭気が漂ってきはするのだが、どうもその手の臭いばかりではなさそうである。

この公衆便所の道路を挟んだ対面《といめん》にはマルキン屋という酒屋があって、店の周囲には昼間から路上で酒を飲んでいる人が何人もおり、店の前の路面はのべつまくなしこぼれたアルコールで濡れているし、ここ以外にも缶ビールや缶酎ハイを抱えて路上に座り込んでいる人が大勢いる。

アルコールと小便の入り混じった臭い。それがこの街特有の臭気の正体なのかどうか定かではないが、いずれにせよこの臭いに慣れない限り長時間の取材は無理だ。だが、どうすれば慣れることができるのか……。

毒食らわば皿まで。どっぷりとこの街に浸ってしまうしかあるまい。それにはまず、この街で売っているものを食べるのが早道だ。そんな悲壮な決意を固めて友苑の弁当を買い込み、私は寿地区の入り口、いや〝序章〟とでも言うべき吉浜町公園で弁当の蓋《ふた》を取ったのだった。

じょぼじょぼと液体が流れ落ちる音が聞こえてきたのは、茶色いホルモンらしき具を恐る恐る口に入れたのとほぼ同時だった。ホルモンと見えたのは鶏の皮と細切れの肉。そこに、申し訳程度の万能ねぎが緑を添えている。甘塩っぱい味付けだが甘さの方が優っていて、妙にうまい。

　音の主は、隣のベンチに座っている若い男だった。黒い野球帽の後ろからパーマをかけたもじゃもじゃの髪がはみ出している。うす汚れた黒いジャージの上下を着込み、クロックス風の穴あきサンダルを履いた男は、何を思ったか、飲んでいた酎ハイのアルミ缶を、目の高さで逆さまにしていた。いささか芝居がかった感じもしないではなかったが、松田優作に似た男の風貌と、決然としたその仕草に私の目は釘付けになった。

　缶酎ハイは中身が相当残っていたらしく、音はしばらくの間続いた。液体が、男の足元から目の前にある植え込みの方に向かってヘビのようにくねりながら流れていく。中身がすっかりなくなると、男は片手でアルミ缶をベキベキと握りつぶしながら立ち上がり、植え込みに置かれた金属製のゴミ箱の中に叩き込んだ。

　クソッタレな自分の人生に毒づいているのか、クソッタレな世の中に対する恨みなのか、それともその両方なのか、いずれであるにせよセリフをつけるとすれば、

「クソッタレ！」

　以外にあり得ない。

　ベンチから立ち上がった男はかなり上背があった。ゆらゆらと上体をゆすりながら、公園の出口の方へ歩いていく。

声をかけて話を聞くべきか……。

まだ肚が据わり切っていなかった私は、丼を掻き込んでから公園の出口に向かった。左右を見回したが、男の姿はすでになかった。

幅わずか二〇〇メートル、奥行き三〇〇メートルほどの長方形の中に一二〇軒ものドヤが櫛《しっ》比《ぴ》し、六〇〇〇人を超える人間が〝宿泊〟する寿地区。宿泊者の大半は単身の男性であり、その半数以上が高齢者だという。

この蟻塚が林立するようなドヤ街の中にもぐり込まれてしまったら、行方は杳《よう》としてわからない。あの黒ゾッキの男に会うことは、もう二度とできないだろう。

ドヤに入る

数日後、寿町ではちょっと名の知れた扇荘新館の帳場さん（簡易宿泊所の管理人）、岡本相大《そうだい》の手引きでようやくドヤの住人の話が聞けることになった。

住人の名前は大久保勝則。昭和一九年一月の生まれだから、満で七二歳になる。岡本に部屋番号を教えてもらい、ビジネスホテルと見紛うばかりの小奇麗なエントランスに恐る恐る足を踏み入れてみると、そこは意外にも清浄な空間だった。あの臭いもドヤの内部までは追ってこない。

エレベーターで六階まで上がったが、乗り降りする女性が多いことにも驚かされた。ドヤの内部ではヘルパーの女性がたくさん働いているのだ。エレベーターの中で、知り合いのヘルパー同士が屈託なく笑い合っている。足を踏み入れるのに勇気を振り絞った自分が馬鹿馬鹿しく思えるほど、ドヤの内部はあっけらかんと明るい。

部屋番号の記された白い引き戸をノックすると、野太い、しわがれた声で返事があった。白髪を短く刈り込んだ大久保が、ベージュ色のベストを着込んでベッドのへりに腰をかけていた。小柄だが、胸の前で組んだ両腕が太い。

「俺は一日じゅうこの部屋にいて、何もすることがないんだからさ、時間は気にしなくていいよ」

ベッドは四畳ほどの部屋の長辺に沿って置いてあり、ベッドの脇にキャスターのついた幅三〇センチほどの細長いテーブルがひとつ。病院でよく見かける、ベッドとテーブルのセットと同じである。

入って左手には白いカラーボックスがあり、最上段に衣類、上段に小型の液晶テレビ、中段に小物と調味料と薬、下段に靴。カラーボックスの左に小型の冷蔵庫。入って右手には、プラスチックの衣装ケースが四段ほど積んである。

「脳梗塞《こうそく》をやって、杖がないと歩けないからほとんど外出しないんだ」

時々ヘルパーに付き添われて公園に行くのと、週に二度、デイサービスで風呂に入るのと、近くのコンビニに缶酎ハイを買いに行く以外、この部屋から出ることはない。一日中、テレビを見て暮らしているという。

　大久保は寿町のすぐ近く、伊勢佐木町の生まれである。伊勢佐木町といえば青江三奈の『伊勢佐木町ブルース』だが、大久保が生まれたのは阪東橋に近い方だというから、繁華街ではない。育ったのは、金沢区の京急富岡駅の近く。横浜高校の海側に住んでいたという。

「いまで言う里山と海に囲まれて、いいところだったねぇ。富岡から能見台《のうけんだい》にかけては環境がいいってんで、サナトリウムが多かったんだ」

　父親は「無理やり分ければサラリーマン」だった。現在、日産自動車の追浜《おっぱま》工場がある夏島にはかつて進駐軍が駐留していて、父親は進駐軍で何らかの仕事をしていたらしいが、大久保は仕事の中身を知らない。

「里山」という単語、「無理やり分ければ」という表現。いずれを取っても、大久保の言葉にはそこはかとなく知性とユーモアが漂っているのだが、歩んできた道のりはそれとは正反対のイメージだから面白い。

　父親が進駐軍で働いている間に母親が結核で亡くなると、父親はあっさり進駐軍を辞めてしまい、退職金で茅ヶ崎の北の高座郡寒川町の仕舞屋《しもたや》を買った。寒川には本家と菩提寺があって、そこに母親の墓を建てたと聞かされた。

「弟がひとりいたんだけど、生き別れでいまは行方知れずだな。寒川で親父が何をやってたかよくわからないけど、毎日俺が飯を作ってたんだから、どこかに行って収入は得てたんだろうな」

寒川で中学を卒業した大久保は、蒲田の町工場に就職して旋盤工になる。

「昔で言う口減らしだったんだろうけどさ、あの頃は、高校行くのは学力が高い子ばっかりで、手に職持てば食うに困らないって風潮だったからさ」

同級生の何人かが高校に進学せずに就職したというから、決して大久保が特殊だったわけではなかった。

ちなみに現在、寿地区に暮らす六〇歳以上の実に九七％が生活保護受給者なのだが（平成二六年度・寿地区社会調査）、中卒で自活した大久保の言葉に、国や行政への依存心は微塵も感じられない。

蒲田の町工場で職工になった大久保は、物覚えが早かったこともあって社長にひどく気に入られた。住まいは工場の二階。従業員は社長を入れて一四、五人。作っていたのは主に、くろがねオート三輪の部品だった。

その町工場には、大きな親モーターが一台しかなかった。個々の旋盤は天井で回転している親モーターのシャフトからプーリー（滑車）を通して動力を得る仕組みだった。だから、旋盤を一台だけ動かすのにも親モーターを駆動させる必要があった。

腕のいい大久保は短納期の部品を任されて徹夜をすることが多かったが、大久保ひとりのために親モーターを回すのは電気代がもったいないし、騒音で他の職工が眠れない。そこで、社長自ら茨城の日立まで出向いて大久保専用のターレット旋盤を買ってきてくれたというから、本当に腕がよかったのだろう。

しかし、若い大久保にとって〝社長の信頼〟はそれほどありがたいものではなかった。それよりも、なけなしの給料を懐に先輩たちと夜の町を飲み歩く方が数倍面白かった。

「月給は二五〇〇円。寮費を一〇〇〇円引かれて、残りは一五〇〇円。それっぽっちの金で、ヨタって遊んでたんだな」

職工の引き抜きも多かった。大久保は給料が少しでも高い工場を求めて蒲田、大井、池上界隈を渡り歩き、旋盤だけでなく、溶接もプレスもバフ（研磨）も何でもやった。昭和三〇年代初頭、日本の景気がようやく回復し始めた時期である。

当時の蒲田駅東口にはＤという柄の悪い建設会社があり、一方、西口の繁華街には新宿から東声会《とうせいかい》という暴力団が流れ込んで、西口周辺をシマにしていた。大久保はもっぱら西口の繁華街を飲み歩いては、Ｄの社員や東声会の組員としょっちゅう喧嘩をしていた。

「当時は警察が暴力団狩りをしていて、一律に引っ張ってたから、東声会も人手不足だったんだろうね。兵隊がほしいところに、生きのいい兄ちゃんがいるってんで、うちに入んないかって声をかけられたんだけど、俺は昔からつるんで歩くのが嫌い。グループ活動が苦手なんだよ」

暴力団はたしかに〝グループ活動〟の一種に違いない。

「一匹オオカミなんて、大久保さんかっこいいじゃないですか」

「そんなこたぁねぇよ、ただのチンピラだもん。結局、ゴロマキ（喧嘩）が原因でネリカンに入るんだからよ」

ある日、喧嘩相手を呑川《のみがわ》に叩き込んで、土手に這い上がってきたところを鉄板を仕込んだ下駄でしこたま張り倒したら、それを見ていた堅気の人に通報されてしまった。

「チンピラ同士は絶対に通報なんてしなかった。だってよ、レクリエーションみたいなもんだったんだから」

しんねこ

ネリカンとは、練馬区にある東京少年鑑別所の俗称である。大久保は、ネリカンでいったいどんな生活を送ったのだろう。

「鑑別所ってのは読んで字のごとく、少年刑務所に入れるか保護観察で外に出すかを、一方的に観察しながら鑑別するところだよな。言ってみれば動物園の仮小屋みたいなもんで、特別、やらされることはないんだね」

ネリカンの部屋は六畳ほどの広さに四、五人が入る相部屋で、外の世界との最も大きな違いは、囲いもドアもない剥き出しの便器が部屋の片隅にあったことだという。

やらされるのはせいぜい鑑別所周辺の草むしりや窓拭きなどの軽作業ぐらい。特段、辛いことや苦しいことを強制されることはなかった。

「何カ月入ってたのかなぁ。強烈に覚えてるのは、入所したのがちょうど暮れだったもんで、近所の商店街のスピーカーから西田佐知子の『アカシアの雨がやむとき』って曲が、しょっちゅう流れてきたことだな」

アカシアの雨にうたれて　このまま死んでしまいたい
夜が明ける　日がのぼる
朝の光りのその中で
冷たくなった私を見つけて
あのひとは
涙を流して　くれるでしょうか（作詞　水木かおる）

JASRAC 出 1610550-601

もうひとつ、強烈な記憶がある。それは、女子の部屋の窓拭きをやらされたときのことだ。その部屋にいたお姉ちゃんがなぜかチョコレートを持っていて、それを大久保に渡してくれた。

「あんなところにいるとお互い人恋しいからね、情にほだされるっていうのか、たかが窓拭きでもさ、女心としてはやって貰ってありがたいと思ったんじゃないか」

ネリカンの内側という特殊な環境がそうした心理状態を作り出したのかもしれないが、その後の話も総合してみると、大久保は女性にモテる。ネリカンに入る前も、喧嘩をしては年じゅう警察に引っ張られていたというから、およそ女性から愛されるタイプには思えないのだが、なぜか大久保は妙に女性にモテるのである。

幸いにして少年刑務所送りを免れ保護観察処分となった大久保は、身元の引き受けに来た父親と同じ飯場で一緒に働くことになった。父親は飲み代を捻出するために、寒川町の家を売り払ってしまっていた。

飯場は箱根駅伝で有名な権太坂に近い狩場町（横浜市保土ヶ谷区）にあり、狩場町の宅地造成が主な仕事だった。しかし、父親と一緒の大部屋暮らしは、大久保青年には耐え難かった。

「じゃあどうするかっていったら、あの当時、一〇代の小僧が金を稼ぐには運転手が一番よかったんだ。免許さえあれば、一八、九だって六〇だって同じだからさ」

大久保は飯場を飛び出すと、三ツ沢下町《しもちょう》にあるモグリの運送屋で大型トラックの助手として働くことになった。

モグリということは白タクと同じことで、緑ナンバーではなく白ナンバーをつけたトラックしかない。では、モグリだからロクでもない人間ばかりの会社だったかといえば、そうでもなかった。大久保の相方の運転手は、川崎の市営埠頭に行くたび、免許を取りたいという大久保にハンドルを握らせてくれた。

「埠頭の中は道路交通法の対象にならないんだね。川崎の市営埠頭にはいすゞの工場があって(現在は閉鎖)、ナンバーをつけてない裸馬（エンジンだけのトラック）がたくさん走ってたもんだ。あそこなら無免許でも捕まらないってんで、港湾の仕事が入るたびに練習させてくれたんだ」

モグリの会社を経営していた社長も、決して悪人ではなかった。大久保が横浜に戻らずに専ら東北で仕事をしていた時分、寿町からそう遠くない天神橋にあった天神寮という養老院で、父親が死んだ。社長は大久保が横浜に戻ってくるまでの間に、葬式一切を済ませてくれていた。

モグリの運送屋時代に、大久保は最初の結婚をしている。相手は反町《たんまち》の隣の松本町にあった、小便臭い居酒屋の女将の娘である。

「当時、東横線の反町駅近くのガード下は両側がずーっと飲み屋でさ、運送屋の寮があった三ツ沢は何もなかったから、俺は年じゅう反町方面に飲みに行ってたわけだ」

そのうちの一軒の女将が大久保を気に入って、婿になって店を継いでくれと言う。娘は一流会社のＯＬで大久保も気に入っていたから、居酒屋の二階で新婚生活を始めることになり、やがて反町駅裏のアパートでふたり切りの所帯を持った。

この頃、大久保は毎日のように反町界隈を飲み歩いてはいたが、ほとんど金を払ったことがなかったという。

「飲み屋のお姉ちゃんとしんねこになってたから、お姉ちゃんの方で金はいらないって言うんだよ」

しんねこ。

私はこの言葉を生まれて初めて聞いた。

辞書には「男女がさしむかいで仲よくしていること」（講談社・日本語大辞典）とある。英語のsteadyに近い言葉かと思ったが、どうもそうではない。「しんねこを決め込む」といえば、人目を忍んで語り合うというニュアンスになるらしいから、公然の関係には使わない言葉だろう。

この「しんねこ」、大久保の人生につきまとい、大久保の人生を左右し続けた言葉だと言ってもいい。

居酒屋の娘と結婚した大久保は、相性がよかったこともあってしばらくは幸福な生活を送っていた。運送屋から転身したタクシーの仕事も順調で、常に某タクシー会社の間門《まかど》営業所の三羽烏に数えられるほど水揚げがよかった。

早朝に間門営業所を出庫して本牧まで流すと、簡単に客を拾うことができた。本牧から乗る客のほとんどは、麦田のトンネルを抜けて桜木町駅か石川町駅まで行く客だ。

桜木町駅で客を降ろすと、今度は横浜港の倉庫会社に勤めるサラリーマンが待ち受けていた。彼らは山下町か新山下町まで乗る。一方、石川町駅で客を降ろした場合は、山手の高台にある女子高の生徒が次の客になった。

「フェリスとか横浜女学院の生徒が四、五人のグループを作って乗ってくるんだね。生意気だとは思ったけど、山手は急坂が多いから歩くのが嫌だったんじゃないの」

幸福な結婚生活に水を差したのは、義理の父親だった。大久保は婿に入ることを条件に結婚をして、実際、苗字も変えていた。ところが、義父がもうひとつ条件を持ち出したのだ。それは自分が入信している新興宗教に、大久保も入ることだった。しかし大久保は、この条件だけはどうしても呑めなかった。

「実は俺も東京で働いてた時分、ある新興宗教に入ってたことがあるんだけど、もう、懲りたんだよ。宗教ってのが大嫌いになっちゃったんだね」

なんせ暴力団を「グループ活動」と喝破した大久保である。やはり集団活動は性に合わなかったのだろうか……。

「新興宗教ってのは、あれは中に居ると摩訶不思議なもんでね、妙な情熱で夜明けまで議論とかしちゃうと、女の子とすぐしんねこになっちまうんだ。まぁ、やり放題ってわけだよ。女房には惚れてたし、親父さんが入れ入れってうるさいから形だけ入ったけど、俺はああいうのが大嫌い」

すぐしんねこになってしまうが、しんねこになると煩わしい。大久保はそれを、身をもって体験していたのだ。

結局、新興宗教は長続きせず、それが原因で義父と反りが合わなくなり、ある日、一昼夜タクシーの仕事をして反町駅裏のアパートに帰ってみると、女房も家財道具も、一切合切が跡形もなく消えていた。

四布半《よのはん》

最初の妻と暮らしたのはわずか二、三年のことで、二七歳のときに二度目の結婚をした。相手は、間門営業所近くのガソリンスタンドで働いていた女性である。集団就職で小田原の大同毛織に入社して、横浜に流れてきた女だった。出身は福島県。実家は農家で、両親は福島で暮らしていた。

「向こうの親にすれば、横浜のタクシー運転手なんてのは聞こえが悪かったんだろうな。たまたま叔父さんって人が保土ヶ谷の峰岡町で布団屋をやっていて、今度、笹山団地の方に支店を出すってんで、峰岡町の本店を俺にやってくれないかっていう話になったわけだ」

大久保は西谷（横浜市保土ヶ谷区）の布団職人のもとに通い、半年余りで布団の作り方を覚えてしまった。注文を受けると、妻がミシンで布団皮を縫い大久保が綿を入れていく。このコンビネーションがうまくいって、布団屋はそこそこ繁盛した。他所に発注しなかったから中間マージンを抜かれることがなく、利が大きかったのだ。

大久保によると、布団の仕立て代（手間賃）は皮にする反物の幅で決まったそうである。

「反物は桐生の銘仙なんかを使うんだけど、敷布団は反物を三枚横につなぐから三布布団《みの》、掛布団は四枚つなぐから四布布団《よの》、婚礼布団は幅が広くて四布半って言ったな。幅が広くなると手間賃を多く取れるんで、婚礼布団は儲かった。まぁ、昭和の布団の話だな」

　布団屋時代、一姫二太郎に恵まれて、大久保の人生は絶頂期にあった。布団屋の他にアルバイトでタクシーの仕事もやり、布団産業が斜陽になってくると砂糖や小麦の配送の仕事もやった。一時は三股で仕事をしていたという。

　大久保が得意の絶頂にいたことを物語るエピソードがある。伊勢佐木町に近い福富町には七〇年代前半までグランドキャバレーがたくさんあり、大久保はそのほとんどを飲み歩いたが、なんと、生まれたばかりの長女をよくキャバレーに連れていったというのである。

「グランドキャバレーってのは、いまのキャバクラなんかと違って、ちゃんとしたホステスがいるんだ。ホステスには、いろいろあって子供を作れない女が多かったから、赤ん坊を連れていくとかわいいかわいいでさ、いつまでたっても俺のとこへ戻ってこないんで心配になるぐらいだったな」

　布団屋の売り上げをちょろまかしては、和田町（相鉄線の駅名）のスナックにもよく出かけた。和田町のスナックにはやはりしんねこになったママがいたが、大久保はその店に子供だけでなく、嫁さんまで連れていったという。なぜわざわざそんなことをしたのか。

「俺としては、隠しごとをしないで遊んでるって気持ちだったんだけど、まぁ、正体を明かし過ぎたのかもな」

やがて、横浜の旭区に中古だが一戸建ての家も買い、子供たちも順調に育っていると信じ込んでいた矢先、大久保は青天の霹靂に遭遇する。

「あんた、この家から出ていってくれないかな」

突如、妻から三下り半を突き付けられたのである。

「いきなり後ろから、丸太で殴られたみたいだったな。いまだに理由はよくわからないんだけど、毎晩飲み歩いてたしな。和田のスナックにさんざん通ってたこととか……。きっと恨み骨髄だったんだろうな」

家も買ったし子供も育てた。男としての役目は終えたんだという思いで、大久保は妻の言葉に従い潔く家を出た。家の名義も車の名義も妻の名前に変えて、桜ケ丘（保土ヶ谷区）のアパートでひとり暮らしを始めることにした。タクシー会社に正式に復帰したから、食べるのに不自由はなかった。

大久保がなぜ妻から疎まれたのか、本当のところは妻本人にしかわからないのだろうが、たとえば、キャバレーのホステスとのエピソードにその答えがあるように、私には思えた。

「普通のタクシーは、ホステスを乗せたがらないんだな。ホステスはみんな店からワンメーターのアパートに住んでるから、メーターが出ないんだよ。でも俺は、可哀想だと思って一度も乗車拒否をしなかった。そうしたらホステスの間で評判になっちゃって、クボちゃん今度はあの店の○○子を乗せてやってよ、なんて話になるんだ。昔、曙町に十八番って朝までやってる中華料理屋があってさ、そこでホステスと一緒に飯を食ってると、クボちゃん今日はどうだった？　お茶っぴきばっかりでダメさ、なんて話になるだろう。そうするとさ、昔は粋なホステスがいたんだよ、クボちゃんいまから湯河原行こうよって言うんだ。それでメーター倒して湯河原行って、駅前でただUターンして帰ってくるんだ。そうやって俺に稼がせてくれたんだよ」

こんな派手な振る舞いに痺れる大久保を、福島の農家出身の妻は、いったいどのような思いで見つめていただろうか。

最後の砦

大久保は桜ケ丘のアパートで肺気腫が原因の呼吸困難を起こして、岡沢町の横浜市立市民病院に二度入院をした。その後に娘の手配で都筑区のグループホームに入ることになったが、そこを追い出され、ふたつ目の戸塚区のグループホームも追い出されて、寿町にやってきた。

戸塚区のグループホームでは、大久保の部屋の前を大声でわめきながら行き来する認知症の老人がうるさかったので、平手でペチっと頭を叩いたら大騒ぎになってしまったという。

施設長に向かって、

「俺が本気でグーで殴ったら、このジジイは死んじゃったかもしれねぇんだぞ。こっちが手加減してやったんだ」

と凄んだら、あっさり退去処分になってしまった。

ネリカン時代の面目躍如といったところだが、以来、社会人になったふたりの子供からも、もちろん妻からも何の音信もない。

「だからさ、ここは最後の砦なんだよ。要するに俺は家族に見放されたんだよな。トラックやってた時代から寿町がどんなところか知ってたから、ここが終の棲家かと思うと一抹の寂しさはあるよな。もう一歩踏み込んで相手の気持ちを考えてりゃ、こんなところに住んじゃいないんだろうけど。いまは懺悔の気持ちしかないんだよ」

なぜ、荒くれ者の大久保が女性にモテたのか。私には最後まで、その理由がよくわからなかった。

「自惚れて言わしてもらえば、俺の心の根底にお袋の言葉があったからだろうな。お袋は結核で家事ができなくて年じゅう親父に手をあげられてたから、勝坊、男は強いのが当たり前なんだから、絶対、女に手をあげちゃいけないよって、よく言われたんだ。俺は、女には優しいんだよ」

エアコンの利きすぎた狭い部屋に、なぜか、温かい血が通い始めるのを感じた。

「でもな、しんねこになって情が絡むと抜き差しならなくなるのがわかってるから、それは嫌なんだ。こっちもそうなっちゃうからね。かといって、女を渡り歩くほど器用じゃねぇし。まあ、俺はどんな殺され方をしても仕方ないな」

　妻はまだ籍を抜いてくれとは言ってこないんだと、大久保はつけ加えた。

※スーパーマーケット友苑の店名はダモアに変わった。

第二話　ヘブン・セブンティーン

あるドヤに美人で働き者の帳場さんがいると教えてくれたのは、ことぶき共同診療所に勤める看護師である。

冒頭の吉浜町公園が寿町への〝序章〟だとすれば、松影町二丁目交差点を渡ってすぐ左手にあることぶき共同診療所は、さしずめ寿町の〝メインゲート〟だろうか。

少なくともＪＲ石川町駅の中華街口を出て寿町に入ろうとする人のほとんどは、この診療所の前を通過するはずであり、診療所の向かいに建つ扇荘新館の帳場には、ごつい顔つきの岡本相大があたかも門番のように陣取っている。

美人で働き者の帳場さん、清川成美が勤めるＹ荘は、メインゲートを通過してかなり寿町の奥地に入ったところにある。訪ねてみると、清川がＹ荘には「ジミーさん」という一風変わった住人がいると教えてくれた。

清川によれば、ジミーさんは日本人とアメリカ人のハーフで、大学にも通っていた元翻訳家だという。寿町という純和風の地名とハーフというミスマッチ、そして日雇い労働者の寄場というこの街の過去と翻訳家という経歴のミスマッチ。ふたつのミスマッチに興味をかき立てられた。

約束の日、Ｙ荘の帳場に出向いていくと、確実に一八〇センチは超えているであろう、大柄な、ちょっと岡田真澄に似た男が私を待っていた。

真っ赤な無地のＴシャツにジーンズを穿き、体と不釣り合いな小さな青いリュックを背負っている。軽く挨拶を交わして、吉浜町公園の入り口近くにある喫茶店チャップリンに向かった。寿町の〃奥地〃にあるY荘からチャップリンまでは歩いてわずか五分ほどだが、赤いTシャツを着たジミーさんは、その容貌と相まって寿町の中では相当に目立つ存在だ。それを気にかけているのか、やや背中を丸くして大股に歩く姿は、老いの入り口にある巨象といった印象である。チャップリンの窓際の席に収まると、ジミーさんはタバコに火を点けた。

「ハイライトを吸っているんです。わかばとか吸う人が多いけど、タバコだけはおいしいのを吸いたいんです」

改めて向き合ってみると、相当なハンサムだ。若い頃は美少年だったのでしょうと水を向けてみると、否定はしなかった。

「『キーハンター』の谷隼人に似てるとよく言われました」

ジミーさんは昭和二七年、山手《やまて》（横浜市中区）で生まれている。父親は米軍の軍人で、母親は日本人。国籍は米国。父親と母親の馴れ初めは聞いたことがないという。

終戦直後、横浜の本牧地区は米軍に接収されて、広大な土地に米軍住宅が建設されたことで知られるが、ジミーさんが生まれたのは本牧の米軍住宅ではなく、山手の高級住宅街にある一軒家だった。急な坂の上にある「家の中を三輪車で走り回れるような洋館」で、父と母と母方の祖母と一緒に四歳まで過ごした。

これだけを聞けば、焼け野原のバラックで暮らしていた日本人よりはるかに幸せそうに思えるが、ジミーさんの口ぶりでは必ずしもそうではなかったらしい。

「小さい頃の記憶というと、父親に叩かれたことしか覚えていないですね」

小学校から高校まで、横浜市立本牧尋常小学校の校舎を米軍が接収してつくったアメリカン・スクールに通った。米軍の軍人や軍属の子弟が通うこの学校は、通称「ヨーハイ」。軍関係者の子弟は授業料がタダになった。ヨーハイはジミーさんが高校四年生のとき、高校だけが横須賀に移転した。ミュージシャンのアン・ルイスやミッキー吉野の出身校としても知られている。

ジミーさんがちょうど小学校に上がる頃、一家は山手から本牧に引っ越した。本牧の家も、母親の友人母子が一時期同居していたほど広い一軒家だったが、ジミーさんは周囲の日本人から外人呼ばわりされて、必ずしもハッピーではなかったという。

では、同級生のほとんどが外人であるアメリカン・スクールでの日常はどうだったかといえば、今度は白人の同級生からジャップ呼ばわりされて、いじめを受け続ける日々だった。

「白人が六、日系二世と三世とハーフが三、黒人が一ぐらいの比率でしたね。戦後しばらくはハーフなんてどっちつかずの扱いで、チヤホヤされることなんてなかったんです。小学校時代は毎日のように白人の同級生と喧嘩でした」

八歳のとき、突然、父親が消えた。

そもそも父親が米軍で何をやっていたのか知らなかったし、目の前から急にいなくなったのも、勤務地が変わったからなのか、それとも別居することになったからなのか、ジミーさんにはわからなかった。いや、わからなかったというよりも興味がなかった。悲しくも寂しくもなく、むしろ叩かれなくなったことが嬉しかった。

しばらくすると父親からの送金が途絶えたらしく、母親が厚木基地にいた父親の上官のところに家賃の援助を頼みにいったりしたが、それも長くは続かなかった。一家は小港町《こみなと》（横浜市中区）の小さな二階建てのアパートに転居し、母親は近くにあったシーサイド・クラブでウェイトレスとして働くことになった。

高校野球が好きなジミーさんには、物事を高校野球と関連づけて記憶する習慣がある。

一九六〇年の夏の甲子園と翌六一年の春の選抜で神奈川県代表の法政二高が連覇を達成しており、ジミーさんはその試合を本牧の家で見ていたのを覚えている。法政二高は六一年夏の大会の準決勝で大阪の浪商に敗れるのだが、その試合は小港で見た記憶があるという。つまり、ジミーさんが本牧の大きな一軒家を出て小港町の小さなアパートに移ったのは、六一年の春から六一年の夏の間ということになる。

「小港のアパートでは一階にお婆さんが暮らして、僕と母親は二階で暮らしていました。母は仕事でいなかったので、一階でお婆さんが作ったものを、二階でひとりで食べることが多かったですね。お婆さんは青森の出身でしたが、会津藩士の末裔だと言っていました。『お前は天涯孤独なんだから、何でもひとりでできるようになりなさい』とよく言われました」

祖母は『小学一年生』『小学二年生』といった学習雑誌を買ってきては、それを使ってジミーさんに勉強をさせた。アメリカン・スクールは日本の学校よりも進度が遅かったから、ジミーさんはいつも成績優秀だった。そして、同級生の白人に負けないためにジムで体を鍛えた。その結果、中学に上がるとジミーさんに対するいじめは自然になくなっていった。

ヨーハイのイヤーブックを調べてみると、ジミーさんは一九六九年、一七歳で高校に進学していた。「いろいろあって」入学が遅くなったという。入学と同時にハーフの仲間を集めてロック・バンドを結成し、イギリスのロック・バンド、ウイッシュボーン・アッシュやザ・フーの曲をコピーした。ジミーさんのポジションはギターである。

「ザ・フーのロック・オペラ、『トミー』の中の"We're not gonna take it"なんて曲が好きでしたね。『トミー』は父親が母親の情夫を殺すのを目撃してしまう子供の話で、父親が子供に向かって『お前は何も見なかったし、何も聞かなかったし、何も言わない』と言って、子供は三重苦になってしまうんだけど、子供はやがてピンボールのチャンピオンになって、救世主になる。でも、最後は破滅してしまうんです」

ジミーさんに、"We're not gonna take it"をどう訳せばいいか聞いてみると、

「オレたちはやらないよ、ってところですね」

と答えた。

ジミーさんがヨーハイで結成したロック・バンドの名前は、ヘブン・セブンティーンという。

ヘブン・セブンティーンは横浜界隈のインターナショナル・スクールの間で人気のバンドとなり、セント・ジョセフ、ヨコハマ・インターナショナル、サンモールという三校のパーティーにしょっちゅう引っ張り出されるようになった。大学の学園祭にも招待され、日比谷の野音で演奏したこともあるという。ファッション・モデルのスカウトを受けるほどの美少年だったジミーさんは、当然のごとくモテまくった。

「ヨーハイはクスリを売ってる奴なんかがいて縄張り争いのトラブルが多かったけど、センジョとインターナショナルとサンモールは仲がよくて、毎週のように体育館でパーティーを開いていました。いま風に言えば、モテ期だったんでしょうね。僕はサンモールにモーラというハワイ出身の日系二世の彼女がいて、いじめてくる敵ももういなかったし、思い悩むことも何もありませんでした」

ジミーさんは文字通り〝天国の一七歳〟だった。

プロム

ジミーさんが高校生だった頃の本牧は、アメリカで流行している音楽や映画をいち早くキャッチできる街だった。本牧通りの両側には米兵相手のレストランやバーが立ち並び、その独特の雰囲気を求めて、東京からもたくさんの若者や芸能人、文化人が押し寄せたという。

後にクレイジーケンバンドを結成する横山剣がライブに出演していたイタリアン・ガーデン（現・IG）、矢沢永吉やザ・ゴールデン・カップスを輩出したライブハウス、ゴールデン・カップ、リキシャ・ルーム、アロハ・カフェ、BeBeなどの名店が〝伝説〟になる前の本牧で、ジミーさんは青春を謳歌していた。

ジミーさんが通いつめたのは、山手警察署前交差点の一角にあったロード・ハウスという小さな喫茶店だった。

「当時、山手警察署はこっち（西）を向いていて、ロード・ハウスはその真向かいにあったんです。カウンターにテーブルが三つぐらいしかない小さな店で、道路側がガラス張りになっていたので、店の前を通ると誰がいるかすぐわかるんです」

並びにあったリキシャ・ルームは米国人が開店した米兵相手の店だったが、ロード・ハウスのオーナーは日本人で、集まってくるのは主にハーフや韓国系の若者たちだった。

「あの頃の本牧は、フェンスの中に米軍のPXとかボウリング場とかカフェテリアなんかがあって、僕らは躊躇なくフェンスの内側と外側を行き来していました。それが当たり前だったんです。ロード・ハウスではどこそこでパーティーがあるとか、なんとかいうバンドがメンバーを募集してるとか、音楽に関する情報交換を盛んにやっていました。バンドでプロになるのは無理かもしれないけど、絶えず動いていれば何かが生まれるという予感がありましたね。考えたり悩んだりする間もなく、命が動き回っている感じ。ロード・ハウスはそういうアクティブな日々の、とまり木みたいな店でした」

　私は山手警察署前交差点の周辺をくまなく歩き回ってみたが、ロード・ハウスがどこにあったのか、正確な位置を確かめるのは難しかった。山手警察署の道路を挟んだ西側の角には大竹生花店があり、その隣がラブリー・クリーニング、さらにその隣は美容室バンビである。この三軒でロード・ハウスについて尋ねてみたが、覚えている人は誰もいなかった。

　山手警察署の署員にも、一九七〇年代のことを知っている人はすでにいないという。中区の図書館も南区の図書館も店名の載った古い住宅地図は保存しておらず、インターネットで検索をかけても「本牧　ロード・ハウス」では何もヒットしない。

　ひょっとしてジミーさんたちは、リキシャ・ルームの先にあったアロハ・カフェのことを、道路沿いの店という意味でロード・ハウスと呼んでいたのではないかという疑念も浮かんだが、それは誤りだった。

　唯一、野毛にある横浜市中央図書館だけが、固有名の載った昭和四七年版の『中区明細地図』（経済地図社刊）を保存していた。恐る恐る小港町三丁目のページを開いてみると、大竹生花店の隣に、たしかにＲＯＡＤ　ＨＯＵＳＥの文字が小さく読み取れた。現在、ラブリー・クリーニングがある場所だ。

　私は手描きで店名が書き込まれた古い住宅地図の中に、ガラス窓に凭《もた》れて道路を眺めているジミーさんの姿を発見したような気がして、嬉しかった。彼はこの場所でたしかに生きて、あの時代の本牧の空気を呼吸していたのだ。

ヨーハイを卒業した後のジミーさんの身の上にはまたしても「いろいろあって」、バンド活動を続けながらアルバイト生活を送っていたという。翌年の五月、下の学年にいた恋人のモーラがハワイの大学に進学することが決まった。

失意のジミーさんを思いやったのか、友だちのひとりがあることを画策した。プロムの相手を探していたサンモールの女生徒に、「ジミーを誘ったら」と焚きつけたのである。彼女の名前はロレイン。サンモールでナンバーワンの美人だった。ロレインはハーフで無口なせいか、恋人ができないという噂だった。

プロムは六月に開かれる。男子も女子も正装して、男子が女子をエスコートする決まりだ。相手は必ずしも恋人でなくてもいい。会場についたらダンスを踊り、食事をし、記念写真を撮り、会が終わるまでふたりで行動しなくてはならない。いわば、社交の予行練習のようなものである。

「実は、ヨーハイの生徒でサンモールのプロムに招かれたのは、僕が初めてだったんです。サンモールは有名校だったけれど、ヨーハイは荒っぽい学校だと思われていたんでね。たった一日のデートだったけど、ものすごく緊張しました」

プロム当日、ジミーさんは車を持っていなかったから、元町通り商店街の喫茶店でロレインと待ち合わせることにした。慣れないスーツを着込んで喫茶店のドアを開くと、ピンク色のドレスに身を包んだロレインが待っていた。

「それはもう、モデルみたいに綺麗でした」

ジミーさんのエスコートでドレス姿のロレインが立ち上がると、店内にいた人々の視線が一斉に自分たちに注がれるのを感じた。

「なにしろロレインが、異彩を放っていたからね」

元町からふたりでタクシーに乗り込んで、山手にあるサンモールへと向かう。ディスプレイを施された薄暗いプロムの会場でロレインとダンスを踊り、食事をした。ひどく肩がこったけれど、なぜか自分がステップ・アップした気分になった。その当時の横浜には、ハリウッド映画さながらの青春があったのだ。

無口だと聞いていたロレインとは意外にも会話を楽しむことができたが、残念なことに彼女もアメリカの大学に進学することが決まっていた。

「僕はその後もバンドを続けて、二四歳で就職することになるんだけど……」

あれっ、と私は思った。清川の話では、ジミーさんは大学に進学したはずである。この点をジミーさんに問い質すと、

「清川さんにはたしかにそう言ったけれど、実は大学には進学していません」

と言う。

ところが、後で清川に確認してみると、

「インタビューのときは、大学に進学しなかったと嘘をついたとジミーさんが言ってましたよ」

　という返事である。

　私はにわかに不安になった。本牧のあの時代がすでに幻であるように、この人の語っていることもすべて幻ではないのか……。

翻訳家

　モーラという恋人を失ったジミーさんは、二四歳のときに港南区の貿易会社に就職している。中古の建設機械を分解し、新品同様に組み立て直して東南アジアに輸出する会社だった。英語を使う通関事務を担当したが、ヨーハイの授業はすべて英語だったので英語は完璧にできた。

「昔はバイリンガルなんて言葉はありませんでしたが、僕は英語も日本語もできたから重宝したのでしょう。英語は僕の武器であり、存在理由でしたね。だって、英語を使わない普通の仕事だったら、ハーフよりも日本人を雇うでしょう。米国籍のハーフなんてトラブルになったとき面倒だからね」

　日本人の友だちからよく、「ハーフだからコンプレックスがあるんじゃないか」と聞かれたが、ジミーさんはこう答えることにしていた。

「僕はハーフ（半分）じゃなくて、ダブル（二倍）だよ」

貿易会社に勤めてちょうど一〇年が経ったとき、会社が倒産してしまった。ジミーさんは、あるコンテナ会社に転職をした。

この会社は、コンテナの検査と修理を専門にやっている会社だった。横浜港に貨物船が入港してコンテナが降ろされると、コンテナの凹みや破損の検査をする。修理が必要だと判断したら、修理費用の見積もりを立てて船会社に連絡をする。船会社が見積もりにＯＫを出したら、修理に入る。それがこの会社のビジネスだった。

船会社の国籍はいろいろだったが、国際貿易港では英語が公用語だ。ジミーさんはこの会社でも得意の英語を活かし、英文タイプで見積書を起こして船会社と連絡をとる仕事などを担当した。

「コンテナの内部の検査もしましたが、密入国者の死体が入っていたり、輸入禁止の薬物が入っていたり、いろんなことがありました」

いかにも横浜らしいエピソードだが、ジミーさんはこの会社を三年余りで辞めてしまう。埠頭で仕事をしていて強風に煽られて海に落ちて溺死したり、コンテナを運ぶキャリア（巨大なフォークリフト）に轢かれて死亡する事故が後を絶たなかったからだ。しかも会社は、それを労災として公表しなかった。母の死を機にその会社をやめると、上大岡のアパートでひとり暮らしを始めた。

二度目の転職先は、田園都市線沿線にある医療関係の貿易会社だった。鍼やもぐさなど東洋医療の用品を輸出し、低周波治療器などを輸入している会社だった。

この会社は、いまで言うブラック企業だった。残業代なしで長時間労働を強いられた。だが、ここを辞めたら後がないという危機感もあって、ジミーさんは踏ん張った。

やがて、輸入した医療機器の取扱説明書の翻訳を任されるようになり、それが後に翻訳家として独立する基礎になった。

「取説《とりせつ》の翻訳をやってみて初めて、日本語と英語は異なる言語だということを認識しました。四七歳のとき、個人で翻訳の会社を経営している人から仕事を回して貰えるようになったのでフリーの翻訳家として独立したのですが、思えば僕の転落はそこから始まったんです」

ジミーさんは経済書の下訳や企業間のコントラクト（契約書）の翻訳などを請け負って、そこそこの収入を得ていた。英訳、和訳の両方をやったが、日本語を英語に訳す方が圧倒的に難しく、翻訳料も一・五倍増しだった。

一〇年近く上大岡のアパートに陣取って翻訳の仕事を続けたが、二〇〇七年の一一月、大家がアパートの転売を決めてしまった。すると、明らかに暴力団関係者とわかる風体の男たちが現れて、立ち退きを要求してきた。立ち退きは期限の半年前に通告するのが一般的なルールである。しかし、そのスジの人々は、翌二〇〇八年の二月までに立ち退くよう一方的に通告してきた。わずか三カ月後である。

ジミーさんは貯金も持っていたし立ち退き料も出るというので、それほど心配をしていなかったが、「米国籍のフリーの翻訳家」というプロフィールが、思わぬ事態を招いた。

「すぐに次のアパートを決められると思っていたんですが四、五軒のアパートで断られてしまったんです。そうこうするうちに立ち退きの期限が迫ってきたので、とりあえず、トレーラーハウスを持っている友人に荷物を預かってもらうことにして、ビジネスホテルやウイークリーマンションを泊まり歩きながら部屋探しを続けました」

ビジネスホテルにしてもウイークリーマンションにしても、一泊当たり五〇〇〇円近いお金がかかる。月に直せば一五万円だ。一刻も早く部屋を探す必要があったが、悪いことは重なるもので、仕事を回してくれていた翻訳会社の社長が急逝してしまった。

収入源を失ったジミーさんは、ともかく宿代を圧縮するために、昔仕事で使ったことのある浅草のN屋というビジネスホテルに駆け込んだ。料金が安かった記憶があった。事情を話すと、連泊するなら月一〇万でいいとオーナーが言ってくれた。しかも、出入り自由なのでアパート探しには都合がよかった。

しかし、無職になったジミーさんの部屋探しは一層難航することになる。不動産屋は就労を証明する書類を持ってこいと言うが、就労するには定住所が必要だった。ニワトリと卵のようなものだが、ジミーさんにはこの循環を自力で断ち切る方法がなかった。

「N屋への支払いは月に一〇万円でしたが、収入がないのに宿に泊まり続ける生活を続けていると、いくら貯金があってもあっという間になくなってしまいます」

それでも二年以上、ジミーさんは頑張った。それだけ堅実に貯蓄をしていたということでもある。だが……。

「もう、嫌気が差してしまったんですね」

二〇一〇年六月、ついに貯金が底をついた。わずかな現金を手に、ジミーさんは路上に身を横たえることになった。

私は、路上で暮らすことになったジミーさんの立ち回り先を教えてもらい、実際に歩いてみることにした。背が高く否が応でも目立ってしまう風貌のジミーさんが、いったいどんなところで路上生活を送っていたのか、確かめたかったのだ。

ジミーさんが日中の多くの時間を過ごしたのは、京浜急行の弘明寺《ぐみょうじ》駅に隣接する横浜市南図書館だった。目の前に墓地があるこの小さな図書館で、翻訳の腕が落ちないように勉強を続けていたという。

ジミーさんは、ここで偶然にも旧知の女性と再会している。

「元CAで、歌手の一青窈《ひととよう》に似たとても綺麗な人です。彼女は転職のために資格を取る必要があって、図書館に通って勉強していたんですね。家で手料理をふるまってくれたり、弁当を作ってきてくれたりして、こんな人と結婚できればいいと思いましたよ。でも、こちらがこんな状態ではね……」

断続的ではあったが、彼女とのつながりがこの時期のジミーさんの唯一の支えだった。寝床にしたのは、蒔田《まいた》公園と大通り公園だった。ジミーさんは体が大きいので、一カ所にいると目立ってしまうという不安が常にあった。そこで、ふたつの公園を交互にねぐらにしていたという。

私は弘明寺駅から蒔田公園、そして大通り公園へ至るルートを歩いてみて、面白いことに気がついた。ジミーさんは人目を忍びながら、結果として横浜の〝ど真ん中〟で暮らしていたのである。

実は、現在の横浜の中心地である関内や伊勢佐木町は、三五〇年前には入海だった。その入海をせき止める形で東から西北へ伸びていた細長い砂洲が横浜村である。

明暦二年（一六五六年）、吉田勘兵衛という人物がこの入海を埋め立てて新田を開発する事業に着手し、約一〇年の歳月をかけて埋め立てを完遂。広大な吉田新田が誕生することになった。現在の大岡川と中村川に縁取られた、釣鐘型のエリアがかつての吉田新田であり、航空写真で見ると、横浜港に向かって釣鐘の口が開いた形をしている。そして、ジミーさんが寝床にしていた蒔田公園は、ちょうど大岡川と中村川が分岐する地点、つまり釣鐘の龍頭の位置にあるのだ。

かつて、この龍頭の位置から釣鐘の中央を貫くようにして中川という川が流れていた。中川は後に吉田川と名前を変えるが、昭和四二年、横浜市営地下鉄ブルーラインの建設に伴って埋め立てられ、姿を消してしまう。そして、ブルーラインの地上部分に作られたのが、現在の大通り公園なのである。

つまりジミーさんは、釣鐘の龍頭と中心線の間を行ったりきたりしながら、路上生活を送っていたことになる。

吹雪まんじゅう

南図書館のある弘明寺駅の改札を右手に折れると急な下り坂があり、坂を下り切ると弘明寺商店街（弘明寺かんのん通り）のアーケードが見えてくる。弘明寺商店街には惣菜類を売る店が多く、昼間歩いたせいか老人の割合が高かった。

商店街を分断する形で大岡川が流れていて、観音橋という橋がかかっている。欄干に擬宝珠《ぎぼし》のついた観音橋を左に折れて大岡川沿いの遊歩道を歩いていくと、一時間弱で蒔田公園に着いた。遊歩道は人通りが少ないから、大通りを歩くよりも人目につきにくい。

蒔田公園は野球のグラウンドほどの広さがある公園で、大きな公衆便所と水道があった。大岡川に沿う形で首都高速狩場線の高架が走っている。その下に入れば雨露をしのぐことができたかもしれない。

蒔田公園を出て吉野橋交差点を左に折れ、ブルーラインの吉野橋駅を経てしばらく歩くと駿河橋交差点に出る。そこから阪東橋駅までが阪東橋公園で、阪東橋駅から関内まで延々と続く細長い公園が大通り公園だ。

大通り公園は横浜の中心地を貫通していることもあって、蒔田公園に比べると落ち着いて眠れる環境ではなさそうだ。唯一、伊勢佐木長者町駅の出入り口付近に雨露をしのげそうな地下通路があったが、伊勢佐木町、長者町といった繁華街に近いこの場所を夜中に訪れる人がいるとしたら、いったいどんな人たちだろうか。

横浜の中心地だけあって、蒔田公園から大通り公園までの道のりには飲食店が多かった。和洋中、あらゆるジャンルの店がある。ショーウインドーに並ぶカラフルなサンプルを眺め歩きながら、ジミーさんはいったい何を思っただろう。

「現金を少ししか持っていなかったから、一日パン一個、タバコ二、三本で過ごしました。いちばん惨めだったのは、誕生日でしたね。バースデーケーキの代わりに一〇〇円の吹雪まんじゅうを一個だけ買って、蒔田公園でひとりで祝いました。生きるのに必死だったから怒りの感情はなかったけれど、だんだん路上生活が普通になってしまうのが怖かった。このままだと犯罪者になってしまうと思いましたね」

吹雪まんじゅうとは、粒あんのまわりを白い薄皮でまだらに覆ったまんじゅうだ。体の大きなジミーさんに、この小さなまんじゅう一個の誕生日はいかにも不釣り合いだ。

二〇一〇年一〇月、ジミーさんは寿町にある横浜市生活自立支援施設はまかぜに入所する。

はまかぜは、ホームレスを一定期間収容して就労を支援する施設であり、就労できなかった人の多くはドヤに入ることになる。

ジミーさんにはまかぜの存在を教えたのは、例の元CAの女性だった。中区の職員に伴われてはまかぜに向かうジミーさんの胸中は、複雑だった。

「僕はお婆さんから、『寿町は危ない町だから、絶対に近づくな』と言われて育ったんです。その町にこれから行くんだと思ったら、何とも言えない気分でした」

はまかぜでの生活は、入浴からスタートした。体の汚れを洗い流してから、部屋の両側の壁に二段ベッドが合計五台並んでいる一〇人部屋に入った。おそらくここが、憲法の保障する「健康で文化的な最低限度の生活」の、まさに〝最低限度〟の環境ではないかと私は思う。

「はまかぜは、いい人生経験になりましたよ。あそこには本当に働きたいと思っている人と、最初から生活保護目当ての人の二種類がいるんです。生活保護目当ての人は、俺はこれだよといって耳たぶを触る。俗に、福祉のことをそう表現するらしいんです」

はまかぜを出てY荘に移ったジミーさんは、再就職に必要なビザを申請するため、まずは入管に向かった。路上生活をしている間にうっかり切らしてしまったのだ。

最初、男性職員から「あなたにお渡しするビザはありません。帰化したほうが早いですよ」と慇懃無礼な態度で言い渡されたが、担当者が女性に替わるとすぐにビザがおりた。しかし、再就職の方は何度応募しても面接にこぎつけることすらできなかった。理由はおそらく寿町という住所にあった。

中区の経済センサスのバイトをしたときは、銀行からバイト代の振込口座の開設を拒まれた。社会保障番号と納税者番号の両方がないと外国人には口座を開かないというのだ。

「外国籍の人間がこの国で生きていくのは、いろいろと大変なんですよ」

人生の汚点

チャップリンで初めて話を聞いてから三カ月後、寿町に近いガストでジミーさんと再会した。どうしても、大学進学の件を確かめたかったのだ。アイスコーヒーを飲みながら、前回のインタビューでなぜ嘘を言ったのかと詰問すると、ジミーさんはしばらく考え込んでいる様子だった。

「実を言うと、ヨーハイを卒業したあとアメリカの××大学に進学したのです。でも、一年でやめてしまいました。向こうでの生活が僕には合わなかったんです」

ジミーさんが口にしたのは、日本人でも誰もが知っている、ある名門大学の名前だった。大学の所在地もドミトリー・ハウスの住所もスラスラと出てきたから、嘘ではないだろう。

「ドミトリー・ハウスは相部屋でね、同室の男はイギリス人でした。その男に陰に陽にいじめられたんです。声をかけても無視されたり、鼻で笑われたりね……」

それでもしばらくの間は我慢をしていたが、露骨にイエロー・モンキーと呼ばれたとき、堪忍袋の緒が切れた。

男を寮の廊下に引きずり出して鉄拳制裁を食らわせた。男は鼻血を出した。多くの寮生が目撃していたからすぐに大学当局の知るところとなり、学内で審判が行われることになった。審判を受ける前に、ジミーさんは自ら大学を去った。

「相手は“Sorry, sorry.”って言ってたけど、なぜか僕は『この野郎！』って日本語で叫んでたね。僕の人生の汚点だから、大学のことは言いたくなかったんです」

人生に汚点を残したのはジミーさんではなく、ジミーさんを差別し続けた白人の方ではないのか。

「ひとりの人間の中に、天使と悪魔が棲んでいるんです。それを怒ったところで、何も解決はしない。でも、転がってさえいれば、きっと何かが起こると思っているんですよ。僕のソウルはロックだからね」

ガストを出て、大きく柔らかな手と握手をして別れた。

※喫茶店チャップリンは現在なくなり、リトルヒマラヤというアジアンレストランが営業している。

第三話　愚行権

丸顔で髪を短く刈っているせいか、NPO法人ことぶき介護の管理者、梅田達也（四六）にインタビューをしていると、僧侶と話しているような気分になってくる。

料理はやりたいけれど料理人にはなりたくないという奇妙な理由でヘルパーとなり、九八年から寿町と関わってきた梅田は、寿町における男性ヘルパーの草分け的存在である。梅田が言う。

「九七年に生活館（横浜市寿生活館）の女性ケースワーカーがストーカーに殺される事件があって、当時は四人の女性ヘルパーだけでやっていたのですが、男性がいた方がいいだろうということで私が生活館に派遣されることになったのです」

ヘルパーになった九六年当時、梅田は横浜市ホームヘルプ協会の登録メンバーだったが、七〇〇〇人近い登録メンバーの中に男性はわずか四〇人ほどしかおらず、さらに二〇代の生きのいい男性ヘルパーとなると、わずか三、四人という状況だった。

そうした稀少性が災いして、梅田はやっかいな利用者ばかりを担当させられるハメになった。現在はNPO法人の管理者としてケアマネージャーとヘルパーを派遣する立場にあるが、いまでも女性ヘルパーにセクハラをする利用者やアルコール依存症の利用者には、梅田が直接対応することが多い。もちろん、その手の利用者から歓迎されることはない。

「普通に感謝してくれる人のところには、ほとんど行ったことがないですね」

静かな口調で梅田はこう語るのだが、梅田の人間観は一風変わっている。

「いまでもよく覚えているアルコール依存症の利用者の方がいるのですが、訪問すると『酒を買ってきてくれ』と言うのです。ヘルパーの仕事は掃除、洗濯、買い物が基本ですけれど、アルコール依存症の方にお酒を買ってくることは、医療的観点からも社会福祉的観点からもいけないわけです。でも、『なんで自分の年金で酒を飲んじゃいけないんだよ』って言われると、それもそうだなと思います。飲んで具合が悪くなるのも、死んでしまうのも、本人の権利かもしれない。基本的な人権の中には本来、愚行権というものがあるべきはずだと、私はいまでも思うんです」

寿町の住人たちについては、

「私はやっかいだとは思っていないんです。言葉がストレートで、魅力的な人が多いですよ」

と言う。

果たして愚行権なるものは存在を許されるのか、否か……。

私が出会った飛び切りやっかいで、飛び切りストレートな寿町の住人のことを記してみたいと思う。

渡り職人

いつもぱりっとしたワイシャツを着た××××館の帳場さん、Ｆさんが紹介してくれたサカエさん（七〇）は、穏やかな顔つきをした好々爺然とした人物である。Fさんによれば、サカエさんは挨拶もきちんとしてくれるし、人柄のせいか、部屋を訪ねてくる友人の数も多いという。

友人の多さは、サカエさんの持っているCDのジャケットにも表れていた。ほとんどのCDは友人が持ってきてくれたものだというのだが、美空ひばり、井上陽水、ドリカム、ザ・ピーナッツ、アンジェラ・アキ、山下達郎、チベット音楽、中村美律子、昭和演歌集、福山雅治、谷村新司、エスニックサウンド、宇宙の音などなど、不気味なほど脈絡がない。

これをみんな聴くのかと尋ねてみると、

「聴くよ。みんな友だちが持ってきてくれるんだよ。昨日はオードリー・ヘップバーンのDVDを見た。切手が出てくる映画だったな」

という返事である。ひょっとすると友人の正体は、〝売人〟なのかもしれない。

四畳ほどの広さの部屋にベッドが入っており、サカエさんはベッドの端に腰をかけている。ベッドの前には小さなテーブルがあり、身分証や各種の証明書、病院の診察券などが何枚もきれいに並べてあった。

「オレ、昭和二一年に栃木県の塩谷郡で生まれて、父親が畳屋でお袋は裁縫を教えていて、田んぼも一町あって、家屋敷と畑で三〇〇坪ぐらいあったな。学校に行かないで鳥とか魚とったり、喧嘩っ早くって、下駄で周りの奴を蹴ったりしてさ、三年生の夏休みに女の担任の先生が手をつけられないっていうんで、男の先生に代わったんだよ。男体山が見えて風景はきれいだったけど、周りの奴が気にくわなくて、中学行っても学校でタバコ吸ったり、親のポケットから金を盗んで怒られたり、兄貴に殴られたり、八幡様で酒飲んで全員警察に捕まったり、親父のオートバイを朝から一日中乗り回したりしてたんだよ」

　サカエさんはにこやかにしゃべるので牧歌的な話に聞こえてしまうのだが、内容をよくよく吟味してみるとそうでもない。高校に進学したかったが、中学校が内申書を書いてくれずに進学を断念。自力では就職もできなかったため、友人の紹介で東京の江戸川区今井にあったゴム工場の寮になんとかもぐり込むことができたという。

「家を出る時、親が二万円と布団をくれたんだよ」

　せっかく勤めたゴム工場だったが、先輩と喧嘩をしてわずか三カ月でやめてしまった。

「寮で女とやってる声がしたから、オレにもやらしてくれって言ったら、子供は寝てなって言うから、頭に来て包丁持ったら、向こうが鉄パイプ持ったからさ、逃げたんだよ」

　四畳半共同便所の寮を飛び出して故郷に戻り、しばらく父親の手伝いをして畳屋の仕事を覚えた。再び友だちの伝手《つて》で、巣鴨のクリーニング屋の手伝いに入ったが、薬品のせいか喘息になってしまい、また田舎に舞い戻った。今度は宇都宮の畳屋に入った。そこも長くは続かなかった。

「兄弟子がいい人で、兄弟子がいたときはよかったけど、兄弟子が酒飲んで、親方の家の塀を乗り越えようとして壊しちゃった。おんで、兄弟子が親方と喧嘩してやめちゃって、オレが毎日ゴミ捨て、庭の掃除をしてさ、高校行ってたトオルって息子がいたんだけど、卒業したらトオルにリヤカー引かせるって言ってたのに、引かせなかったんだよ」

それが癪に障って、だが、今回は身元保証人がついていたので喧嘩はせずに穏便にやめて、再度東京へ出た。今度は十条の畳屋である。一九歳になっていた。

十条の畳屋は家庭的な雰囲気で給料もよく、埼玉県の越谷近辺に新しい住宅が次々と建っている時期だったから、仕事はいくらでもあった。またたく間に七〇万円の貯金が出来て、従業員が金を出し合って鹿島灘に投機目的の土地を買ったりもした。

ところが……。

「宇都宮の先輩に、競輪を教わっちゃったんだよ。調布の京王閣で初めてやったら、五〇〇円が一万五〇〇〇円になったから、仕事するのが馬鹿馬鹿しくなっちゃった」

宇都宮の先輩は、サカエさんに競輪を仕込むだけ仕込んでおいてどこかへ消えてしまい、入れ替わるようにして渡り職人のアオキという人物が十条の店に現れた。アオキは関東一円の畳屋を渡り歩きながら、稼ぎをすべて競輪に注ぎ込んでしまうような男だった。

当時のサカエさんの給料は、月に七万五〇〇〇円ほど。仕事は朝の八時から夜の七時半までびっしりやったが、アオキに誘われて稼いだ金をすべて競輪に注ぎ込むようになり、とうとう鹿島灘の土地の権利まで売却して、その代金もすべて競輪ですってしまった。そしてまた、田舎に戻った。

「親父も兄貴も、そんなことだと思ったよーって、笑ってたな」

その後のサカエさんの足取りは、ほとんど同じことの繰り返し。まさに、愚行権の行使そのものである。

またまた上京して西川口の畳屋に入ると、そこは十条の店同様、家族的で給料もよく、岩手出身の女将さんが優しくしてくれた。ところが、サカエさんが松戸競輪で大当たりした（一万円が五〇万円に化けた）のをアオキが嗅ぎつけて、自分がいる池袋の畳屋にサカエさんを引っ張ろうとした。

「西川口の店はよかったんだけど、親方が店を新しくして、店と寮を一緒にしたから、親方と一緒に住むようになって、嫌になっちゃった」

「何が嫌だったんですか」

「自由がないもん」

アオキに金は貸さなかったが、池袋の店から後楽園競輪に通うようになった。後楽園では一二車（通常九台のところ一二台が出走する）をやっており、これがサカエさんの性に合って、ますます深みにはまっていった。

「でも、美濃部が都知事になって、なくなっちゃった」

後楽園競輪がなくなっても、池袋の西口にはパチンコやソープランド（当時はトルコ風呂と言った）がたくさんあった。複数人で仕事に出ると、そのうちのひとりをどこかの競輪場に派遣して投票券を買わせていたが、ある日、どうしても自分で行きたいレースがあって、親方に仕事を休みたいと言ったらクビになった。二七歳のときである。

再び栃木へ戻り、再び上京。今度は江東区大島の畳屋に入ったが、店の入り口にしょっちゅう競輪、競馬のノミ屋（私設の胴元）が顔を出すようになった。

「競馬も覚えちゃって、ノミ屋にカラバリ（空張りか？）で二〇万ぐらい賭けたんだよ。外れたらすぐに金を取りにきたからさ、逃げたんだよ。大島の畳屋の親方もよくしてくれたんだよ」

次に行ったのは、大崎の帳元《ちょうもと》である。

帳元とは、サカエさんの解説によれば、店の固有名ではなく職人を派遣する機能を持った組織らしい。いまで言う人材派遣会社のようなものだろうか。サカエさんは大崎の帳元の寮で、賭けマージャンと花札を覚えた。

「オイチョカブは強かったよ。ジャストっていう食堂でツケで飲んで、その店で弁当作ってもらって、張元から電車賃を貰って厚木の畳屋とかさ、いろんなところに派遣されたんだよ」

気がつけば、アオキと同じ、立派な渡り職人になっていた。

アイスピック

大崎にたどり着くまでのサカエさんの人生は、ほぼ同じパターンの繰り返しだった。畳屋に勤め、稼いだ金をギャンブルに注ぎ込み、トラブルになって逃げる。また勤める、また賭ける、また逃げる。この繰り返し。

ところが大崎で、サカエさんの人生は急展開することになった。

「かかあと会ったんだよ」

仕事を終えてスナックで飲んでいた先輩が、キャバレー勤めの女が飲みに来ていると、サカエさんを寮に呼びに来た。スナックに行ってみると女は二歳の男の子を連れていて、隣のマンションで暮らしているという。

先輩とふたりで女のマンションに行って、子供が寝た後……。

「ふたりでやっちゃったんだよ。嫌がらなかったよ」

女の名前はミチコと言った。東京の堅い勤め人の娘だったが、父親が長く肝硬変を患っていて若いうちから働かなくてはならなかったらしい。それほど美人ではなかったけれど、栃木の親に五〇万円出してもらって神奈川県の座間市にアパートを借り、三人で暮らすことにした。三〇直前のことだった。

座間市周辺には鳶尾団地やまつかげ台の建売住宅（いずれも厚木市）などがあり、畳の仕事が多かった。サカエさんは大崎の帳元に籍を置いたままで、座間のアパートから仕事先に通うようになった。

アパートは木造で、間取りは四畳半と六畳のふた間。サカエさんたちは一階に入居した。三人で暮らし始めた積もりが、ある日、ミチコがどこかに預けていた二人の子供を連れてきた。

「六歳と三歳の女の子だよ。おんで、オレは三人の子持ちになったんだよ」

しかもミチコには、〝正規の夫〟が存在したのだ。夫は座間のアパートを探り当てると、ちょうどサカエさんが夕飯を食べているとき、アパートに乗り込んで来た。

「手首と足首まで入れ墨をした奴が、手下を連れてきたんだよ。あれは、関西彫りっていうんだよ。オレは半ズボン穿いてたから、夏だったのかな」

正規の夫が言った。

「おまえ、俺の家族をこんなところに連れてきて、どうする気だ」

サカエさんは正直に答えた。

「知らなかったんだよ」

「知らなかったじゃ済まねぇぞ」

ここまでは型通りの応酬だが、その先がちょっと違った。サカエさんはちょうどビールを飲んでいたので、ビール瓶を逆さに持って、

「帰れー」

とふたりの男を一喝したのだ。サカエさんの剣幕に度肝を抜かれた男たちは、尻尾を巻いて逃げていった。

そして……。

「ミチコも三人の子供も、一緒に行っちゃったの」

翌日、仕事を終えてアパートに帰ってみると、出て行ったはずのミチコと三人の子供が部屋で待っていた。

「ミチコは彫り物した旦那と切れたんだ。だけど、思えばオレの転落の人生は、あそこから始まったんだよ。それまでの稼ぎじゃやっていけないもん」

サカエさんが三〇歳のとき、サカエさんとミチコの長女が生まれた。そこからほぼ二年置きに、男、女、女とミチコは次々に四人の子供を生んだ。前夫との子供を合わせると七人。サカエさんとミチコを合算すると、九人の大家族である。

四畳半と六畳のふた間しかないアパートに、しばらく九人で暮らしていたとサカエさんは言う。私にはそれがどのような暮らしだったのか想像がつかないが、当然のごとく家計は逼迫した。サカエさんは、ミチコをキャバレーで働かせることにした。

「そうしたら、浮気をしたんだよ」

これもよくある話と言えばよくある話だが、やはり、そこから先がちょっと違う。相手は、青森から出稼ぎで出てきていたキャバレーの客だという。サカエさんはミチコを同伴して、海老名にある男の部屋に乗り込んだ。懐に畳包丁を忍ばせていた。

「包丁は使わなかったけど、頭に来たから、男の家のアイスピックで刺したんだよ」

「死んじゃいましたか」

「いや、太もも刺したから。畳包丁だったら、もっと切れたと思うよ」

男が警察に通報し、サカエさんは警察署に勾留されたが、起訴はされずに一〇日間で釈放された。

ミチコは最初、浮気相手の住所を言わなかった。

「でも、足の指の爪を一枚ずつペンチで剥がしていったら、白状したんだよ」

灯油をまく

警察の勾留が解けた後、サカエさんはミチコと子供たちを座間に置いて戸塚の畳屋で働き始めた。畳屋の社長が借り上げたアパートにひとり住まいをした。ミチコにキャバレー勤めを辞めさせたから、旧に倍する稼ぎが必要だった。

「セールスマンを雇って仕事を取ってる会社だったから、仕事はいくらでもあった。西友とかイトーヨーカ堂の催事場の仕事もあったんだよ」

スーパーの催事場で畳づくりの実演をしたのかと思ったらそうではなく、セールスマンが催事場で注文を受けつけると、サカエさんたち畳職人が客の家に派遣される仕組みだった。年末には、月八〇万を超える稼ぎがあったという。

だが、サカエさんのギャンブル狂いは一向に収まらなかった。実入りのよかったこの畳屋も、金銭トラブルが原因で辞めてしまった。次に勤めたのは大崎の帳元の友人に紹介された大船の畳屋だ。そこで六年間働いたというから長い方だが、この大船時代から、サカエさんの人生は混迷の度合いを深めていくことになる。

「徹マンして、具合悪いから休ませてくれって言ったら、綾瀬の寺尾団地の六畳一間だけどうしても行ってくれって言うんだよ。六畳だったら午前中だけで終わると思って車で現場に向かってる途中、急に気が遠くなっちゃって、救急車で厚生病院に運ばれたんだよ」

病院の診断結果は、脳神経の発作だった。過去にも二度ほど前兆があったが、本格的な発作はこれが初めてだった。病気の悪化のせいなのか否か、この出来事の後、サカエさんは数回にわたって警察沙汰を引き起こすことになる。まずは大船。

「(職人の)みんなで酒飲んでるとき、みんなが社長ばっかり儲けやがってって言うからさ、オレが代表して社長の車に灯油をぶっかけたんだよ。そうしたら酔いが醒めるまで大船署に入れられちゃった。火は点けなかったよ」

大船の畳屋には借金があったが、借金は返さなくていいから辞めてくれと社長から言い渡された。

灯油の次は、コンビニの棚の商品をぶちまける騒ぎを起こして拘置所に入れられた。

「オレは子供の頃から、空の雲が覆いかぶさってきて殺される夢ばっかり見るんだ。オレが急に駆け出したりするのは、怖い夢を見たからなんだよ」

殺される夢を見てコンビニで暴れて、「ササゲの拘置所に入った」と言う。おそらく横浜刑務所のことだろう（横浜刑務所の所在地は旧笹下町）。

この間、家族はどうしていたかというと、座間のアパートから県営住宅に引っ越していた。拘置所を出たサカエさんは、友人の伝手《つて》で足立区の畳屋に入り、再び単身で寮生活を送ることになった。長女が足立区の寮まで会いに来たというから、家族はまだ崩壊したわけではなかったのだろうが、肝腎のミチコの心が離れてしまった。

「足立の畳屋で半年ぐらい働いたんだけど、病気もあるからって、辞めて家に帰ったら、かかあが家に入れてくれないんだよ。金を渡さなかったからね。おんで、ここ（寿町）へ来たんだよ。仕事で近くのマンションに来たことがあったから、こういう町があるのは知ってたんだよ」

正確に言えば、サカエさんが足立区の畳屋の寮から寿町にやってくるまでの間には、ワンクッション入っている。三カ月間、横浜の某NPO法人の施設で暮らしていたのだ。サカエさんの話を総合する限り、かなりグレーな団体である。

なんでも横浜スタジアム近辺でおにぎりを無料で配り、それを貰いに来たホームレスに声をかけて保護するのだという。施設に連れ帰って生活保護の申請をさせ、部屋と三度の食事だけ提供して、残りの保護費はＮＰＯ法人が取ってしまう。

サカエさんが手渡されたのは一日一〇〇〇円のタバコ銭だけだったというから、これが果たして保護なのか、それとも保護費狙いの〝捕獲〟なのか、微妙なところだ。

「囲い込みって言うらしいよ」

だが、さすがというべきかなんというか、わがサカエさんはこの施設でもトラブルを起こして、追い出されるハメになった。入所者三人でスナックに行ってさんざん飲んで歌ったあげく、代金を払えずに警察を呼ばれてしまったのである。

「夜中の一二時頃、ＮＰＯの事務長がスナックに迎えに来てくれたんだけど、明日の朝寮を出ろって言われたんだよ。おんで、オレとナガシマって人が寮から出されたの」

サカエさんは長時間話し続けたせいで頭が疲れてきたのか、呂律が回らなくなってきた。しかし、こちらが誤った聞き取りをすると、「違う！」と大きな声で訂正を入れる。昔のことを細部までよく記憶しているのに驚かされる。

神の部屋

ＮＰＯの施設を追い出されたサカエさんは、中区役所でドヤの部屋代を貸してもらって寿町のS荘に収まった（宿泊費は後に保護費から返還する仕組み）。同時に「酒に問題があるから」という理由で、アルコール依存症者の支援をしているNPO法人、市民の会寿アルクを紹介されている。

サカエさんの自己申告ではあるが、アルクのスリー・ミーティング（断酒継続のために一日に三回ミーティングをする）に一日も欠かさず通って、二年間で卒業のお墨付きを貰った。ところが、卒業直後に焼酎をしたたかに飲んで、

「S荘の部屋のものをバラバラにしちゃった」

という。

「黒霧島を飲んだら、お前は神だとお告げがあったんだよ。警察の人は隣の部屋の人に手をあげたと言うんだけど、覚えてない。裸のままパンツも穿かないで警察に連れていかれて、お前は神だってお告げが出たって言ったら、これが神の部屋かって、写真を見せられた。ひどい部屋だったな」

「裸でパトカーに乗ったんですか」

「違う！　バネットってバンだよ」

警察から旭区のあさひの丘病院（精神科病院）に送られて、一カ月間入院。退院時にケースワーカーから当座必要な金を借り、バスと電車を乗り継いで寿町に戻ってきたが、病院を出たばかりのサカエさんを受け入れてくれるドヤはなかなか見つからない。扇荘新館の帳場に相談し

て、ようやく扇荘本館の部屋に入ることができたが、今度はこの部屋で脳梗塞を起こしてしまった。

「ことぶき共同診療所で薬を貰ってたから、いつもなら（共同炊事場に）薬を飲みに行くんだけど、足が麻痺しちゃって動けなくて、床に転がったまま寝返りも打てないんだよ。布団も毛布もかけないで二日間床に転がってて、声も出ないし、冷蔵庫にペットボトルがあるのはわかってたけど、手が利かないから取れないし……。もう、死んじゃってもいいと思っていたんだよ」

三日目に、部屋まで様子を見にきたことぶき共同診療所の看護師に発見されて、一命を取りとめた。救急車で横浜市立脳血管医療センターに搬送され、そこで三カ月半にわたって発音と歩行のリハビリテーションを受けた。車椅子生活になりたくない一心で、懸命にリハビリに励んだ。

アルクのミーティングにせよ脳血管医療センターのリハビリにせよ、サカエさんは一所懸命やる時は、ものすごく集中してやるらしい。極端な勤勉と極端な放蕩が、サカエさんの中に同居している。そうした気質が脳の病気に由来するものなのかどうかわからないが、ギャンブルへの没入も、あるいは過剰な集中の一種なのかもしれない。

日本地図

現在のサカエさんは、××××館で平穏な日々を送っている。

二週間に一度、ことぶき共同診療所に通って脳の興奮を抑える薬を貰い、歩行が困難になったので、週に一回、平松整形外科で診察を受けている。ドヤの一階にあるヨコハマ介護デイサービスのヘルパーが毎日やってきて買い物と部屋の掃除をし、週に一回洗濯をしてくれる。入浴は週に二回。ヘルパーが部屋まで迎えに来て、デイサービスのお風呂に入れてくれる。

寿町にはデイサービスもたくさんあるし、医療機関も複数ある。ドヤの部屋まで配達してくれる弁当屋もあるし、ドヤの入り口には宿泊者を見守ってくれる帳場さんもいる。サカエさんのように病気を抱え、家族から見放されてしまった人を受け止めるインフラが集中的に存在して、一種のコンパクトシティーを形成している。

どんな問題を抱えた人でも、どんな障害を抱えた人でも、この街だけで事足りてしまう。同時に寿町には飲み屋もノミ屋もたくさんあり、パチンコ、パチスロにボートピア（競艇場外発売場）まである。この手のインフラにも、事欠かないのである。

「寿町の生活は楽しいよ。オレはアルクに行ってたから友だちが多くて、外に出ればすぐ友だちに会えるんだよ。でも、ミチコにも、栃木の兄貴にも年賀状出したけど、戻ってきちゃった」

サカエさんは枕元の手紙の束の中から二枚の年賀はがきを抜き出して、見せてくれた。印刷された年賀はがきの文字を書くスペースに、サカエさんの無表情な顔写真が貼ってあった。おそらく証明写真ボックスで撮ったものだろう。長男（ミチコと前夫の子供）が送ってきた養子縁組解消手続きの書類が入った封筒も見せてくれたが、サカエさんのこれまでの行状を考えれば、已むなしという気もする。

ふと、サカエさんの背後の壁に貼ってある、カレンダーほどの大きさの日本地図に目がとまった。私は同じ体裁の日本地図が寿町にある酒屋、山多屋の壁にも貼ってあったのを思い出した。

山多屋は戦前の寿町にあった酒屋であり、現在も戦前と同じ場所で営業している数少ない店舗のひとつである。

現在の山多屋はいわゆる角打ちをやっていて、午前中から飲んでいる客が大勢いる。角打ちコーナーには日本地図が貼られていて、横浜に住む知人の話によれば、年の瀬の山多屋では、故郷に帰れない、帰ることを歓迎されないドヤの住人たちが、壁の日本地図のそこここを指さしては、オレの故郷はここだ、オレはこっちだと言い合いながらコップ酒を呷るのだという。

やはりサカエさんの日本地図も、故郷を偲ぶよすがなのだろうか。

「違うよ！　旅行に行ったんだよ。青森、岩手、十和田湖とか裏妙義とか、家族旅行にも行ったんだよ。鹿児島も行った。楽しいことがたくさんあったんだよ」

サカエさんは意外なことを話し始めた。

ミチコの連れ子の長男が中学生になったとき、ひとつ年上の恋人ができたという。恋人に何か買ってやりたかったのか、長男は川崎競輪で五万だけ打たせてくれとサカエさんにせがんだ。

当時のサカエさんは仕事場に直行直帰していたから、懐に売り上げ金を持っていたが、使い込みがバレればまたぞろトラブルだ。しかし長男は、どうしても勝負させてほしいと言って聞かなかった。サカエさんは長男に、売り上げの中から五万円を渡した。

「それが、外れちゃったんだよ。次の日会社に行ったら、売り上げはどうしたって聞かれて、いつもならお金を貸してくれる人がいるんだけど、その日はたまたまいなくて、(社長の)奥さんに言ったら、もうかばい切れないって言われたんだよ」

先述した戸塚での金銭トラブルとは、このことだったのだ。

長男の恋人は家庭の躾が厳し過ぎるのを嫌って家出をしていたそうだが、なんとサカエさんは一年間、その家出娘の面倒をみたという。

「その子の親が仕事を定年退職して、故郷の鹿児島に帰るとき、娘も一緒に鹿児島に行ったんだよ。おんで、お世話になったっていうんで、オレを一〇日ぐらい鹿児島に招待してくれたんだよ。キビナゴ、焼酎、霧島、池田湖の大ウナギ、長崎鼻。桜島は船で行ったよ」

サカエさんは、ここだけはスラスラと旅の思い出を口にした。どうやら日本地図は、いくつかの楽しかった旅の思い出を反芻するためのよすがであるらしい。

長男は中学を卒業すると恋人を追いかけて鹿児島に行き、ペンキ職人になった。結婚して子供もうけたが、仕事中に足場から転落して脚を骨折して仕事ができなくなり、鹿児島に子供を置いたままでサカエさんの元に戻ってきた。しばらくの間サカエさんが面倒を見たが、後に養子縁組の解消を求めてきたことは、すでに述べた通りである。

酒とギャンブルに溺れ、家族からも兄弟からも見放された人生、愚行権の行使そのもののような自分の人生を、サカエさんはいったいどう思っているのだろう。

「よく遊んだよー。競輪にも女にもたくさん金を入れた。借金借金で兄弟から見放されて、両親の葬式にも呼んでもらえなかったけど、生活保護を受けるときに自己破産して借金がチャラになったら、新橋のサラ金が謝りに来いって言うから、ちゃんと謝りに行って勘弁してもらったんだよ」

サカエさんは私の質問に淡々と答えながら、テーブルの上の証明書や病院の診察券を一枚一枚しまい始めた。その時になって初めて、カード類はインタビューに備えてテーブルの上に並べられたものであるのに気づいた。それが正確を期すための配慮だったのかどうか、サカエさんの真意はわからない。

いまのサカエさんの望みは、何だろう。

「特に望みはないよ。オレは満ち足りてるんだよ。静かに眠れれば、これでいい人生だったと思うよ」

「眠るというのは、死ぬという意味ですか」

「そうだよ」

サカエさんは、ドヤ暮らしを決して悪いものだと思ってはいないのだ。

最低限の居住スペースの提供という点では、件のグレーのNPO法人も寿町のドヤも大差はない。だが、何かが決定的に違うのだろう。安心できない場所で、人は静かに眠ろうとは思わないはずである。

サカエさんの死

サカエさんは、私がインタビューをした二〇一六年七月八日から半年後の二〇一七年一月八日、入院先の病院で亡くなった。

サカエさんの訃報を電話で伝えてくれたのは、サカエさんの終の棲家となったドヤの帳場さんである。七月の時点では要介護一だったが、年末、急激に身体状況が悪化して、救急搬送されたときには要介護五の寝た切り状態だったという。

サカエさんの逝去を何人かの知人に話してみたが、

「きっとお前にすべてを話したから、もう思い残すことがなかったんだろう。お前、いい仕事をしたな」

という反応が多かった。私は独居老人の看取りの一端を担ったような、少々得意な気持ちになった。

　サカエさんは家族から絶縁されていたし、故郷の親族にも連絡を絶たれていたから、遺体と遺品の引き取り手がいなかった。こうした場合、遺体は行政が処理し、遺品は専門業者が処分するのだと帳場さんが教えてくれた。

「部屋を見てみますか」

　本当はいけないのだが、どうせ部屋の中のものは全部捨ててしまうのだから、取材の足しになるのなら鍵を貸してあげると帳場さんが言う。

　私が線香を買ってサカエさんの部屋に行くと妻に言うと、お供えしてほしいと言っておにぎりを握った。取材の最中に、サカエさんが弁当屋のおにぎりをご馳走してくれたと話したことがあったのだ。

　ドアの鍵を開けると、ベッドサイドのテーブルに缶入りの甘酒が何本か置いてあるのが目に入った。甘酒の前にアルミホイルを敷いて、線香を供えた。妻が握ったおにぎりは、コンセントがつながったままの小さな冷蔵庫の中に入れた。

　部屋の内部は主がいないこと以外、インタビューをした半年前とほとんど変わっていないように見えたが、私はテーブルの上に意外なものを発見した。それはページの隅が何カ所も折られ、ボロボロになるまで読み込まれた一冊の本である。サカエさんはおよそ読書とは縁がなさそうな人物だったが、タイトルを見てハッとした。

『人は死なない』（矢作直樹・バジリコ）

サカエさんはひとりで死んでいく恐怖から逃れるために、ベッドに寝た切りでこの本のページをめくり続けていたのだろうか。

サカエさんは「オレは満ち足りてる」と言った、私はそれを真に受けた。この人は愚行の限りを尽くした果てに、なにかしらを達観したのだと思った。しかし、死を目前にした人間の心は、それほど単純に割り切れるものではないのかもしれない。

サカエさんが静かに眠ったのかどうか、もはや確かめる術はない。

第四話　キマ語

いったいお前はあちら側の人間なのか、それともこちら側の人間なのか――。

寿町の取材を始めて一年が経った頃から街の中に知り合いが増え、歩いていると声をかけられることが多くなった。それだけ寿町に馴染んだということなのだろうが、馴染めば馴染むほど、こんな問いを突き付けられている気がするようになった。

私は寿町のひとびとへの共感を深めながら、一方で、自分は絶対にあちら側には落ちたくない、ドヤで暮らすような人間にはなりたくないと思っている。私はシンパシーのあるふうを装いながら、こちら側からあちら側のことを面白おかしく書いているだけなのではないか……。

「のりたま」に会ったのは、私がそんなことを考え始めた時期だった。

寿学童保育

横浜市寿生活館の中に寿学童保育が入居していることは、取材を始めた早い段階から知っていた。インタビューをした人の多くから、

「寿町を取材するなら、学童の山埜井《やまのい》先生に会った方がいい」

と言われていたからだ。

生活保護を受けている単身の高齢男性が圧倒的に多い寿地区に学童保育があること自体驚きなのだが、実は、寿町には保育園もふたつあって、園庭の柵につかまって子供たちが遊ぶ様子

をじっと眺めている老人の姿をよく見かけたりする。

取材当日、生活館のお世辞にも美しいとは言えない階段を上っていくと、踊り場に結核感染の注意を促すポスターなどが貼ってあり、およそ子供が集まる場所とは思えない雰囲気である。しかし、たしかに寿学童保育は三階に入居していた。

出迎えてくれた指導員の山埜井は、ほとんどドヤのおっちゃんと見紛う出立ちであった。真冬だというのに裸足でビーチサンダルを履き、足の指数本に絆創膏が巻いてある。薄いジャンパーの中に着込んだTシャツの襟ぐりは、ほつれてボロボロだ。

のりたまという愛称の謂《いわ》れはわからないが、小柄で額が禿げ上がり、常時ニコニコしている山埜井の外見は、いかにものりたまだ。命名者のセンスに脱帽するしかない。

天井や壁から子供たちの制作物が無数にぶら下がっている巨大な鳥の巣のような学童保育の一室で、山埜井の話を聞くことになった。

山埜井は昭和二四年生まれの六七歳、いわゆる団塊の世代の一番下の年次である。

出身高校は神奈川県下随一の名門、栄光学園。中学高校時代を栄光で過ごし、横浜国立大学に進学している。同じ神奈川県の県立高校を卒業した私から見れば、山埜井は子供時代から一貫して「神奈川県のエリートコース」を歩んだ人間だ。小学校の担任から「山埜井君の周りからは冷たい風が吹いてくる」と言われたそうだが、いまの山埜井の姿からは想像もつかない言葉である。

学園紛争のさなかに大学を卒業した山埜井は、学生運動に染まることもなく、JR鶴見線鶴見小野駅に近い横浜市立下野谷小学校の教員として社会人生活をスタートさせている。鶴見線の行き着く先は京浜工業地帯であり、鶴見小野駅周辺は雑然とした雰囲気の下町だった。

「いままで知らなかったすごいところに来れたってドキドキしたし、自由に面白いことをやろうと思っていました。最初に四年生を担任して、その子たちを無事に卒業させ、次は三年生から担任したのだけど、親にも子供にも好かれていたし、校長にも評価されていたから、子供たちの心を掴んでいると自惚れていました」

実際、山埜井はユニークなことをたくさんやっている。児童自身に「一日遊び大会」を企画させて、丸一日をレクリエーションに費やしてみたり、夜の校舎で肝試しをやってみたり、教室の窓に新聞紙を貼って真っ暗にし、好きな児童書の絵をスライドにして上映してみたり……。

「当時の小学校はいまから思えばウソみたいに自由でね、学級運営なんて言葉はクソ食らえと思っていましたけど、その一方で、クラスみんなでまとまって楽しいことをやろうって、そんなことばかり考えていたんです」

ところが、二度目の六年生のクラスが一学期から荒れ始めた。人を傷つけるような子はひとりもいないと信じていた児童たちの心が、少しずつ自分から離れていく。焦った山埜井は児童たちの中に飛び込んで行こうとしたが、かえって鬱陶しがられた。そして、山埜井がまるで想像もしていなかった出来事が起きてしまった。女子のひとりが家出をしてしまったのだ。

「お母さんから、うちの子が帰ってきませんって電話があって、どうやら同じクラスの三人の女子との関係がうまくいっていなかったことがわかったんです」

家出した女子は幸いにして姉の家にいることがわかった。山埜井は、三人の女子の中で特に関係が悪化していたらしい女子に向かってこう言った。

「工夫して、解決できないか」

すると突然、その女子がボロボロと涙をこぼし始めた。

「大人は私たちの心の中に土足で入ってきて、工夫だ、解決だなんて言う……」

それはまたしても、山埜井が想像もしていなかった事態だった。

「子供の心を掴めているって幻想を持っていたので、ガーンっとショックを受けてしまったんです。僕は本当に甘い人間だったんですよ」

あまりにもナイーブな反応だとは思うが、山埜井はこの出来事の直後に教師を辞めてしまうのである。六年生という大切な学年の途中で担任が辞めてしまうのは異常な事態であり、山埜井が去った後、そのクラスはめちゃくちゃになってしまったという。

「僕がクラスのまとまりなんて綺麗ごとを押し付けたために抑圧されていたものが、噴出したんだと思います」

山埜井は子供たちの心を受け止め切れなかったことを、いまだに自分の罪だと言う。失敗ならやり直せばいいが、罪は償うことしかできない。

「学校を辞めた後、鶴見小野駅の近くにアパートを借りて、自分が担任していたクラスの子たちに『来ていいよ』って伝言してね、そうしたらみんな来てくれたんだけど、（山埜井に抗議をした）あの子は来てくれなかったな」

その後山埜井は、辻堂の学習塾でしばらくのあいだ講師をやり、再び教員試験を受け直して横須賀の小学校の非常勤講師として採用されることになるのだが、いまだに辻堂時代のことが忘れられないという。

「そこはどん底の塾でね、講師には、小学校の教師が持っているような権威も権力も何もないんです。成績をつけるって、一種の権力ですからね。ある日、教え子のひとりが、（山埜井に）教えてもらってよくわかったからって、僕にアメ玉をくれたんですよ。その時初めて、この子と自分は対等なんだってしみじみ思いました。最初の頃は時間給のマンツーマンだったから、子供が来てくれないと時給も貰えないんですよ。僕は生まれてからずっとエリートで、人を押しのけて生きてきたわけだけど、あの辻堂の塾を経験して、自分は変われるかもしれないと思ったんです。人を押しのけて人を支配する側よりも、支配される側に立ちたい。支配される人の側に立って、僕に何ができるんだろうって考えるようになったんです」

公への憧れ

一九八三年（昭和五八年）、山埜井は寿学童保育の立ち上げに際して、指導員として招かれることになった。

寿学童保育の直接的な前身というわけではないが、寿町では寿共同保育というひとつの試みが行われていた。一九七〇年代の初め、寿町の外れにあった二階建ての古い民家を借り切って、血縁関係のない大人と子供、そして複数の親子が共同生活を送りながら子供を育てるという実験的な試みが、寿町のさまざまな団体の協力の下に行われていたのである。

共同保育を支えたメンバーの中に複数の教員がおり、その教員たちが「山埜井という面白い奴がブラブラしているから」と、山埜井を学童保育の指導員に引っ張ったというのが、のりたま誕生の経緯である。

初めて寿町にやってきた山埜井は、当時の寿町の子供たちが持っていた壮絶なエネルギーに、度肝を抜かれてしまった。

「正直言って、惚れちゃったんですよ」

八三年当時、寿町には二〇〇人近い子供が暮らしていたが、寿の子供の世界には強烈なタテの序列があった。強大な力を持ったボスがいて、そのボスが下の階層の子供たちの行動をコントロールしていた。

「センターの四階に広場があって、そこが小学生の集団登校の集合場所になっていたんだけど、信じられないことに、小六のボスの女の子が早朝からそこにマットレスを敷いて寝転がって、みんなが来るのを待っているわけ。ボスの子は不登校だったから、マットの上から『おまえら、学校行くなよ』って声をかける。そうすると何人かが言うことを聞くんです」

一方で、寿の子供たちは周囲の大人たちを敵視していた。自分の親とはうまくいかず、親のところにやってくるケースワーカーや児童相談所の職員には心を許せず、センター前の広場で焚火をして暖を取っている顔のすすけたドヤのおっちゃんたちのことは、シャネルズと呼んでからかった。

寿の子供たちの多くは、大人を利用する相手、つまりカモだと考えていた。

「当時の寿の子供たちは、差別と貧困という二語で括れてしまう状態にありました。学校に行けば差別されるから、タテの階層をがっちり作って団結する一方で、とても排他的で、周りにいる大人たちや外から寿に侵入してくる子供たちをカモにしていた。いったん内部に引きずり込んでからカモにするために、彼らの間でしか通じないキマ語という言葉を使っていたんです」

山埜井もキマ語を正確に知っているわけではなかったが、言葉の中にキとマを挟み込んで暗号化する方法らしい。仲間同士で早口のキマ語を使われると、外部の人間には何を言っているのかまったく理解できないという。

「たとえば、山手にあるフェリス女学院なんかからボランティアのお姉さんがきたりすると、お姉さんの目の前で『こいつのカバン盗んじゃおうぜ』なんて、キマ語でやり取りをするわけです」

いささか歪んだ面はあったけれど、差別を跳ね返すエネルギーに満ち溢れ、大人や他所者《よそ》をカモにするための隠語を駆使し、何か面白いことはないかと目をギラギラさせていた寿の子供たちを見て、当時三三歳、エリート育ちの山埜井は圧倒された。

「こんなにすさまじいエネルギーを持った子供たちは、寿にしかいないと思いました。ここは、貧しい子は可哀相だなんていう同情心では絶対に仕事を続けられない、面白い場所だと思ったんです」

最初の任地で学級担任を放擲《ほうてき》して以来、山埜井の心の中には、子供たちを裏切ったという罪悪感があった。その罪悪感の根には、自分は子供たちの心を掴めるという思い上がりがあり、さらにその思い上がりの根にはエリート意識があったと山埜井は自己分析をする。

「寿町で三〇年間子供と向き合ってきて、それで償いができたとは思えませんが、ここは自分を厳しく見据えられる場所ではあると思うんです。よく子供と同じ高さの目線で接するなんて言いますが、そんなこと実際には難しい。でも寿は、床に膝をついて、本当に子供たちと同じ目線にならないと仕事ができない場所なんです」

山埜井は閉館後の時間を使ってマンツーマンの勉強会を開き、生活保護家庭の子弟で高校進学を希望する子供たちに、無償で勉強を教え続けてきた。年末年始には、ひとり当たり三時間近くかけてじっくりと指導し、少ない年でも二人、多い年は五、六人の子供たちを高校に進学させてきた。そしてこの勉強会が、時に子供たちの悩み相談の場にもなった。

ある日のこと、例のマットレスのボスがぶらりと学童に現れると、キツイ目付きで、

「おい、何やってんだよ」

と山埜井に声をかけてきた。

「彼女は不登校で、学校の先生も学校に来いとは言わなかった。反対に、先生の方が学童に来てくれたりしてね。僕は悪ささえしなければ何をやってもいいというポリシーなんだけれど、クリスマス会の時、みんなで影絵をやったことがあるんです。そうしたら、そのボスの子が、本当に子供っぽい、嬉しそうな表情をしたんです。きっと、学校みたいなことを自分もやれたのが嬉しかったんだと思います」

だから山埜井は、安易に「学校なんて行かなくていい」とは言わない。

「生活保護を受けている親にも子にも、実は、公への憧れがあるように思うんです。みんなと同じようにやれたら嬉しいという気持ちが、どこかにあるんですよ」

山埜井の言う公とは、お上や官庁を指す公ではなく、公民権運動の公に近いニュアンスだと私は理解した。公民として認められ、公民として堂々と発言したい。そういう公ではないだろうか。

「うーん、「公民」って教科がありますけど、そういう公ではないと思うんです。寿の人たちには、親にも子にも、学校や役所や権力に対するコンプレックスがあって、でも、そういうものにコンプレックスを持たずにやっていきたいという気持ちもあるんです。みんなと同じようにしたい。だけど、肩を組んでやっていきたいわけじゃないっていうのかな……」

公に憧れはするが、同じにはなれないし、なりたいわけでもない。なりたいわけではないけれど、引け目を感じていたくはない。山埜井の答えは微妙だ。

山埜井はあちら側の人間をこちら側に繰り入れるために、寿にやってきたわけではないだろうが、だからと言って、あちら側の主張を声高に代弁するわけでもないのだ。では、あちらでもこちらでもない、第三のエリアがあるというのだろうか。

山埜井の手引きで、かつてのキマ語の使い手に会えることになった。

バビ語

河合奈緒子に会ったのは、午後から雪になるという予報のどんよりした曇り空の日だった。学童保育が入居している生活館の三階に上がり重い鉄の扉を開けると、のりたまと河合が並んで窓の下を眺めていた。そうやってふたりで、私が来るのを待っていたらしい。並んだ姿はまるで親子だ。

「河合奈緒子です。平成五年生まれの二三歳です」

「昔、同じ名前のアイドル歌手がいたんだけど……」

「それはナホコでしょ。私はナオコです」

山埜井によれば、河合が寿学童保育に通っていたのは、寿町がまだ日雇いの町としてのエネルギーを持っていた最後の時代である。河合は町のエネルギーを存分に吸収しながら、「ガンガンやっていた」子のひとりだという。

早速、生活館の一室に移動してキマ語を教えてもらうことにする。河合は母親たちがキマ語をしゃべっていたから自然に覚えてしまったと言うのだが、キマ語に先立って、バビ語（バビブベボ語）というものも使っていたという。

「キマ語は小六からしゃべれたけど、それは小四、小五ぐらいの時にバビ語をしゃべってたからだと思うんです」

バビ語とは何か。こちらが文章を言えば、河合がバビ語に翻訳してくれるという。

「じゃあ、今日は雪になりました」

「キヨボウボハバ　ユブキビニビ　ナバリビマバシタ」

要は、原文にバビブベボを挟み込んでいるだけなのだが、どの音をどこに挟み込むかは仲間の間で一致していたというから、何らかの法則性はあるのだろう。

では、同じ「今日は雪になりました」をキマ語で言うとどうなるか。

「キョキマウハ　ユキマキニ　ナキマリマシタ」

今度は「キマ」の二文字を続けて挟み込んでいる。キマ語の場合も仲間の間で挟む場所は一致するというのだが、河合のキマ語は速い。こんなスピードで話されたら、周囲はさっぱりわからないだろう。

「学校の授業がめんどうなときなんか、仲間にニキマゲヨウゼって言って、一斉に教室から逃げ出したりしてました」

「ニキマゲヨウゼ」の原文は、つまり「逃げようぜ」だ。

「近くに好きな男の子がいて、自分じゃ恥ずかしくて声をかけられないときは、アキマノコキマッチニ　ヨキマンデ　アキマソボウヨなんて友だちに言うんです」

原文は「あの子こっちに呼んで遊ぼうよ」。

バビ語もキマ語も会話を暗号化する手段であり、悪さの打ち合わせや、聞かれたくないことを人前で言うときに威力を発揮する、仲間の間でしか通じない言葉だった。

タイマン

最近は悪さのことを「やんちゃ」と言い替える人が多い。「昔はやんちゃしてたんで」などと聞くと、なんとなくマイルドな感じがするものだが、中学時代に河合がやった悪さの数々は、なかなかどうして半端なものではない。

「万引き、タイマン、営業妨害、いろいろやりましたね」

「タイマンって喧嘩のこと?」

「ムカつく奴をぶっ飛ばすってことですかね。調子に乗ってる奴には、お前ようってこっちから声をかけるし、向こうから喧嘩を売ってきたらいいチャンスだから、じゃあタイマン張ろうぜってことにするんです」

ちなみに一対一はタイマン、グループ同士が喧嘩をする場合は総マンと言うそうである。

河合がタイマンの相手に選んでいたのは、下の学年のスカートを短くしている女子や目上に対して敬語を使わない女子、あるいは他の中学校の番長格の女子などであり、おとなしい子やガリ勉の子は相手にしなかったという。

「私、短気だったわけじゃないんだけど、自分の名を上げるためっていうか、喧嘩したくて喧嘩してた面もあるんですよね」

タイマンはどういう手順でやるのか尋ねてみると、あるタイマンを例に解説をしてくれた。

それは、河合が中学二年生の時のことだ。すでに河合は伊勢佐木町界隈のゲーセンやカラオケは「全部やってた」から、伊勢佐木町界隈では名の知れた存在だった。「やる」というのは、営業妨害のことらしい。

ある日の晩、河合が自宅の二階で眠っていると玄関をドンドン叩く音がする。開けてみると、男がひとりに女がふたり、そして鴨居（横浜市緑区の地名）の番長として有名な同学年の女子が立っていた。

　男は知った顔だったから、たぶんその男が手引きをしたのだと察しがついた。鴨居の番長が来たということは、河合の名前が鴨居まで轟いていた証拠である。寿町から鴨居までは、直線距離で一〇キロ以上ある。

　番長が言った。

「タイマン張れよ」

　河合はちょっと迷った。女のひとりが、いつの間にか玄関に置いてあった弟のバットを右手に握っていたからだ。リンチを受けるのではないかと危ぶんだ。

「タイマンは基本一対一の喧嘩で、公園とか駐車場でやるんですが、野次馬がたくさんいて手を出してくることもあるんですよね」

　こちらがひとりだったこともあって危険を感じはしたが、「めんどくさかった」ので動きやすいスウエットに着替えて、番長一味と近くの公園へ向かった。

　相手はやはり動きやすいジャージを着て、足には中学校の上履きを履いていた。

「普通の靴で蹴ると相手に怪我をさせてしまうから、上履きを履いてきたわけ？」

「えっ、タイマンにそういう配慮はないでしょ。上履きは動きやすいからですよ。どうせ脱げちゃうんだけど、動きやすい格好で来たってことは本気だってことです」

公園で番長と向き合うと、番長が「先に蹴ってくれ」と頼んできた。

「警察に捕まると、先に手を出した方が悪いってことになるんです。だから、先に蹴ってくれって言ったんだと思います。向こうからタイマン張ってくれってお願いされて、なんでこっちが先に蹴らなきゃいけないのって思うでしょ。でも、早く寝たかったから先に蹴ったんです」

河合のキックを合図にいよいよタイマンが始まり、しばらくの間揉み合っていると、なぜか番長の実兄が車で駆けつけてきて、番長を連れて帰ってしまった。相手の方が逃げ出したわけだから、結果は河合の勝ち。家に帰ると、妹が「血だらけだよ」と言う。耳のピアスが無くなっていた。

河合はこのタイマンの後、別件で逮捕されて少年院送致になるのだが、少年院から出てくると、すぐに鴨居の番長から連絡があった。

「知ら番（知らない電話番号）から電話が入って、もう一度タイマンを張り直してくれって言うんだけど、少年院は仮退院だから無理だって断ったんです。タイマンなんか張ったらすぐに戻されちゃいますからね」

河合ほどの大物に「無理だ」と言わせる少年院とは、いったいいかなる施設なのか、今度はこちらに興味がわいた。

少年院に入るまでは、逮捕→留置場→検察（検事による取り調べ）→鑑別所→少年審判→少年院という経路をたどるそうだ。鑑別所は文字通り非行の程度や性格を鑑別する場所であり、鑑別所から少年院に送られるのは一握りだという。

「鑑別所には一カ月ぐらいいたんですが、貼り絵とかやらされました。細かい作業は好きだったんで三、四枚作りましたね。部屋では座布団に座ってないとダメで、寝っころがると『〇〇番起きなさい』って注意されるし、テレビも決まった時間しか見られなかったけど、それでも鑑別所は甘かったです。私、鑑別所だけだったら更生できなかったと思います。一カ月とか、余裕でしょって感じでした」

では、少年院はもっと厳しいところなのか。

少年院では周囲としゃべったり、笑ったりすることも禁じられ、テレビも教育番組やニュースしか見せてもらえなかったというのだが、程度の差こそあれ、それは鑑別所も同じだ。明らかな違いは内省のためのノートを書かされることと、退院が近づくにつれて進級していくことだ。

「内省の内容がよくなって違反行為をしないでいると、バッジの色が変わっていくんです。最後は、突然個室に呼ばれて退院準備だよって言われるんですが、そこで違反をすると退院が延びてしまうんですよ」

内省によって自分の行為を深く反省したから、河合は更生できたのだろうか。

「いや、反省したっていうよりも、厳し過ぎて無理だわっていうのが本音ですね。爪いじるのも、髪の毛いじるのも、眉毛抜くのもダメ。まったく自由がなかったから、もう、二度とあそこには行きたくないと思う。だから更生できたんです。喧嘩は、自分が一歩上になったと思って我慢すればいいんだし、欲しい物は万引きしないで買えばいいし」

河合の話を聞きながら、私には悪さをしたい理由がどうしても理解できなかった。河合はタイマンだけでなく営業妨害もずいぶんやったそうで、伊勢佐木町のたこ焼き屋の壁にファンデーションで自分の名前を大書し、店の前の幟を抜いて振り回して警察に補導されたこともあったそうだ。何か欲しい物があって万引きをするのはわからなくもないが、タイマンや営業妨害は、いったい何のためにやるのだろうか。

「目立ちたいからですね。見られてると嬉しいでしょう。タイマンや営業妨害はやればやるだけ名前が上がるし、名前が広まると気持ちいいじゃないですか」

見られたいのは、寂しかったからだろうか。

「悪さしてる時って、ワーって空を飛んでるみたいに楽しかったな」

踏み台

非行に走る子供の多くは心に深い傷を負っていて、それを非行という形で表現している……。

私は漠然とそんなふうに考えていたので、河合のアッケラカンとしたこの言葉に度肝を抜かれてしまった。

どうにも解せない気持ちを抱えて、再度、山埜井にインタビューを申し込んだ。相変わらず、ドヤのおっちゃんのような出で立ちである。

「背後に家庭の問題があるかもしれないけれど、河合さんはしたたかでね、僕は可哀想だなんて思ったことはないんです。更生できたのは少年院に入ったからというより、自分の子供を育てる中で変っていったんじゃないかな」

二三歳の河合には、すでに三人の子供がいる。河合自身は九人兄弟で、一番上の姉にも三人の子供がおり、年子の妹も三人の子持ちだ。一番下の妹はまだ四歳で、母と姉と河合と年子の妹の四人が同時に妊娠していた時期もあったという。ちなみに彼氏（事実上の夫）は一〇人兄弟だというから、義理の兄弟姉妹とその甥姪まで合算すると、いったい何人になるのかわからない。

「こういう状況を「貧困と多子世帯」などという言葉で括ってしまうのは簡単なことだけれど、僕は生活保護を抜け出すことを更生とは呼びたくないし、河合さんは子供を産んで正解だったと思っているんです」

当の河合は、

「子供は本当にかわいいです。のりたまは、私が初めて妊娠したときも頭を抱えながら真剣に話を聞いてくれました。のりたま、見た目は変だけど、どんだけ親切か。あの優しさは話してみないとわかんないですよ」

と言うのである。

山埜井が、中学三年まで寿学童保育に通っていたある少女の話を聞かせてくれた。

その少女の父親はフィリピン人で、母親は覚せい剤中毒患者。母親は覚せい剤を打って刑務所に入っては、戻ってきてまた打つということを繰り返していた。家庭はめちゃくちゃな状態だったが、その少女と少女の兄にはリーダーシップがあって、学童保育の中心的な存在だった。

山埜井は少女の家庭環境が心配だったので何度か家庭訪問をしたが、あまりにも悩みが多かったせいか、中学時代はよくリストカットをしていたという。

少女は中学を卒業すると、ある県立高校に進学した。学童は中三までしか通えない規則だが、山埜井は自分の体があいていればOBたちの相談にも応じていた。

ある日、少女が相談したいことがあるといって訪ねてきた。高校を中退して、アルバイトを始めるつもりだと言う。あと一カ月すると母親が刑務所から戻ってくるから、バイトをしてお金を稼いで、母親を迎えてあげたいというのだ。少女は母親に対する不信感も持っていたが、

「やっぱりママが好き」なのだった。

山埜井は特に反論することもせず、彼女の話に相槌を打って別れた。

それから約一カ月後、唐突に彼女の訃報が伝えられた。死因は睡眠薬の大量摂取。彼女が亡くなった当日、母親はまだ刑務所におり、父親はオーバーステイで入管にいた。

「僕は自殺じゃないかと思ったんです」

誰でもそう思うだろう。

「でも、真相は違ったんです。もうズタズタの子でしたけれど、自殺ではなかった」

兄の証言などから、少女が亡くなった当日は、アルバイトの面接がある日だったことがわかったのだ。

「いろいろあって生活が乱れていたんでしょうね。このまま夜更かししていると翌朝のバイトの面接に遅刻してしまうからって、お兄さんに睡眠薬をもらったんだそうです。それを飲み過ぎちゃって、翌朝、お兄さんが起こしに行ったら冷たくなっていたというんです。だから彼女は、仕事をしに行くために眠剤を飲んだんです。失敗しちゃったけれど、彼女は生きようとしていた。全然、ダメじゃなかった。寿の人たちは子供も大人もみんな生きるのが下手ですが、でも、みんな生きようとしているんです」

山埜井は涙声になった。

「寿町には、その辺にいる日雇いのおじさんが、家出してきた子供に『お前、何やってんだよ。俺んとこに来いよ』なんて声をかけて、普通に泊めてやったりする時代があった。他の町なら警察に通報されてしまうような常識外れのことを、やれてしまう町だったんです。だから僕は、権力の側に立つんじゃなくて、この町の力を信じる立場でいたいんです。僕は子供たちが自分の可能性を伸ばしていこうとするときに、よっしゃ！　と言ってやることしかできないんですよ」

山埜井はやはり、こちら側の人間なのだと思った。どこまでいってもエリート育ちの過去を捨て切れない。いや、捨て切れないというより、捨て切れたと言ってしまう安直さを、自分に許すことができない人間なのだろう。

山埜井はこちら側の人間ではあるけれど、いつの日かあちら側の世界が広がっていって、新しい公を生み出すことを夢見ているのではないか。

「昔から寿にいた日雇いの人たちはみんな高齢化してしまって、もう、そういう時代は去ってしまったのかもしれないけれど……。僕は踏み台にされて、蹴とばされて、消えていけばいいかなって思っているんです」

山埜井もまた、生きるのがひどく下手な人間のひとりなのだ。

第五話　沖縄幻唱

「うちのお客さんに、歌を詠む人がいますよ」

ある帳場さんのひと言に私が飛びついたのは、第二の公田耕一を発掘できるかもしれないと思ったからである。

公田耕一とは、二〇〇八年一二月八日、『朝日新聞』紙上の「朝日歌壇」に文字通り彗星のごとく現れ、わずか九カ月のうちに二八首もの入選作を残して、二〇〇九年九月七日の入選を最後に、やはり彗星のごとく消え去った〝ホームレス歌人〟である。

通常、歌壇の入選作には投稿者の住所と氏名が記されるが、公田の名前には住所の代わりに「ホームレス」とあったため、この異名がついた。

朝日歌壇を舞台として公田の人物像をめぐるさまざまな推測が飛び交い、俄かにホームレス歌人ブームが巻き起こった。朝日新聞は数次にわたって「連絡求む」旨の記事を掲載したが、ついぞ公田が名乗り出ることはなかった。公田が投稿の足場にしていたのが、他ならぬ寿町だった。


哀しきは寿町といふ地名長者町さへ隣にはあり

ノンフィクション作家の三山喬は異様な執念を持って公田を追跡し、その一部始終を『ホームレス歌人のいた冬』（文春文庫）という一冊にまとめている。三山は自らホームレス生活まで体験して公田の居場所とアイデンティティーを突き止めようとしており、その筆致はノンフィクションというよりも、むしろ推理小説に近いものがある。

三山の追跡劇は、まさに公田のアイデンティティーの一角である公田という苗字の真実に迫る場面でクライマックスを迎える。その委細は『ホームレス歌人のいた冬』をお読みいただくとして、私にはどうしても三山に会って確かめたいことがあった。それは、なぜ三山がかくも公田という人物に惹かれたのか、その理由である。

『ホームレス歌人のいた冬』によれば、公田の歌にはサルバドール・ダリの絵やジュリエット・グレコの歌に通じていた教養の痕跡が見て取れるという。それは、私が出会った何人かのドヤの住人のプロフィールとは、かけ離れたものだ。同時に三山のプロフィールもまた、寿町の住人たちのそれとは大きな乖離がある。

昭和三六年、神奈川県に生まれた三山は県立高校の頂点である湘南高校を卒業して、東京大学経済学部に進学している。卒業後は朝日新聞社に入社し、一九九八年（平成一〇年）に退職するまでの一三年間を東京本社学芸部、社会部の記者として過ごした。ほぼ同世代である私から見れば、エリートの中のエリートと言っていい経歴だ。そんな三山が、なぜホームレス歌人に興味を抱いたのだろうか。

東京・板橋区内の喫茶店で三山に会った。

「自分自身が食うや食わずの状況に追い込まれて、ホームレスに近づきつつあったからです」

三山が『ホームレス歌人のいた冬』の取材を始めた当時、職安に通う身の上だったことは同書にある記述で知っていた。東大の卒業生が食い詰めることなどあり得ないように思うが、三山はなぜ、そんな事態に追い込まれてしまったのだろうか。

「九八年の段階で、二〇一七年におけるノンフィクションライターの状況に関する正確な情報を得られていたら、朝日新聞を退職する勇気は持てなかったでしょうね」

すでに人気稼業ではなくなったかもしれないが、大手の新聞記者は現在でも高給取りだ。それに引きかえ……とは同業者として言いたくないが、たしかに「二〇一七年におけるノンフィクションライターの状況」は厳しい。

深い教養を持ち、おそらくはそれなりの社会的な地位も得ていながらホームレスに転落してしまった公田に、三山は自らの境遇を重ね合わせたのかもしれない。

「取材で出会ったあるボランティアの方が、公田のように短歌を詠んで認められるなんて幸せなことだよと言うのを聞きました。私も、こういう仕事ができる俺は、たとえ食えなくても幸せなんだと自分自身に言い聞かせようとしていた面があります」

三山は公田に会って、「たとえホームレスでも、自己表現ができることは幸せだ」というひと言を、公田自身の口から直接聞きたかったのだろうか。

ところで『ホームレス歌人のいた冬』には、実に気になる場面が登場する。三山が、朝日歌壇の選者で公田の歌を高く評価していた歌人の永田和宏に向かって、読者が公田の歌に共感したのは、彼が自分たちと同じ「こちら側」から、路上という「向こう側」に落ちた人物だからではないのかと質問する場面である（五七ページ）。

永田は、「あっち側、こっち側という表現は、僕は嫌ですね」と三山を一喝するのだが、この言葉に続けて、たしかに読者は「外部の同情すべき人物」としてではなく、歌壇というコミュニティーの「身内」（つまり、こちら側の人間）として公田と感情を共有した面があったであろうことを認めている。

正直な三山は、率直にこう言う。

「こちら側から向こう側に落ちていった人の話を聞けば、読者は『明日はわが身か』と思って興味を持つわけです。でも、ずっと底辺にいた人の話には、興味がわかないんですよ」

さらに三山は、こうした構図を私利私欲のために利用するわれわれのような職業は、卑しい職業だという批判を免れることはできない、とも言う。

「私は新聞記者をやめて南米でフリージャーナリストとして暮らしたあと、週刊誌の記者として事件や事故の取材をしていました。週刊誌の記者たちには人の不幸をネタにしている卑しい職業だという自覚がありましたが、新聞記者の多くにはそれがないのです。新聞社をやめた理由のひとつは、そこにありました」

帳場さんが紹介してくれた歌人は、果たしてこちら側と向こう側、どちらに属していた人物であろうか。

ガジュマル

帳場さんに教わった部屋番号が書かれた引き戸を開くと、老眼鏡をかけた小柄な老人が正面のベッドに腰をかけて待っていた。豊里友昌《ゆうしょう》、昭和一三年生まれの七八歳である。

入って左手、ベッドの向かい側に置かれた丈の高いテーブルには、鉢植えの観葉植物がいくつか置いてある。鉢植えの周囲には造花のもみじの葉っぱが飾りつけてあって、殺風景なドヤの部屋のにぎやかしになっている。ブックエンドには『世界文学全集』の背表紙。入って右手の白い壁には風景写真のカレンダーが貼ってあり、エメラルドグリーンの海の色が鮮やかだ。

「私は沖縄の出身で、俳句や短歌や川柳をやります。沖縄は空と海はきれいです。時々思い出します」

耳の遠い豊里は声が大きい。こちらも耳元で大声で話さなくては伝わらないから、男ふたりが頬を寄せて怒鳴り合うような恰好になる。鉢植えの観葉植物はガジュマル、クロトン、テーブルヤシなど、いずれも沖縄に自生している植物だという。

豊里の歌はすでに『神奈川新聞』の歌壇に何首も入選しており、住所は寿町のある中区と表示している。

やどかりは鍵のいらない宿を借り　中区　豊里友昌

豊里は、現在の沖縄県うるま市で生まれている。故郷はダムの底に沈んでしまったというから、おそらくうるま市を流れる石川川の上流にある石川ダム周辺だろう。

夢に見し故郷の山変わらねど 里はダム湖の底となりけり

沖縄が返還されるはるか前に、豊里は現在の沖縄県立石川高校を卒業し、小学校時代から習っていた特技の算盤を生かして、那覇の平和通りにあった大越百貨店に就職している。仕事は経理事務である。

一九五七年に創業した大越百貨店は、沖縄を代表する小売店のひとつであり（七〇年に沖縄三越に商号変更をし、二〇一四年に閉店）、豊里の言葉を借りれば「大越百貨店は、当時の沖縄の最高の就職先のひとつ」であった。

父親は県庁の役人で読書好き。『万葉集』をよく読んでいたという。

「私がさっぱり意味がわからないと言うと、いまにわかるようになるよーと笑っていました」

経済的にも文化的にも恵まれた生活を送っていたにもかかわらず、豊里は内地に渡りたくて仕方がなかったという。なぜか。

「家庭が面白くなかった。悪かった。同居していた兄が水商売をやっていた兄嫁とうまく行かなくて、酒ばっかり飲むようになって、家の中で喧嘩が絶えなかった。嫌気が差して、逃げるように家を出てしまったのです」

家を出る前、豊里はトヨタ自動車の季節工の募集チラシを目にしていた。プレス工の募集だった。応募して面接を受けにいくと、いとも簡単に内地へ行けることになってしまった。昭和四二年、二九歳のときである。ちなみに沖縄が返還されたのは一九七二年、昭和四七年のことだ。

「那覇港から船に乗りました。一五、六人の集団就職です。お袋と兄貴が見送りに来ました。甲板は人でいっぱいでしたから、私は上着を脱いでこうやって振って別れました」

上着の背景は、壁に貼られたカレンダーの写真のような、沖縄の青い空と海だっただろうか。船は名古屋港に着いた。トヨタの寮に入ることになったが、それは沖縄では見たこともない近代的で大きな建物だった。寮生に用事があるとマイクで呼び出しがかかる。そんなシステムが豊里には驚きだった。食堂も完備していて、寮自体には何の文句もなかった。

仕事内容は募集要項の通り、自動車部品のプレス作業である。東南アジア向けに輸出する車の部品だと教えられたが、自動車のどの部分だかわからないまま、ひたすら「ガッチャン、ガッチャン」やった。しかし、プレスの仕事は経理専門だった豊里の性には合わなかった。

仕事の憂さを晴らすため、寮のあった豊田市ではなく、名古屋市の栄や広小路といった繁華街に飲みに行くようになった。これが躓きの石になったと豊里は言う。

「沖縄では泡盛を飲んでいましたから、ビールは軽くて水のように思えて、グングン飲めてしまいました。でも、ビールの二日酔いは大変でした」

二日酔いが原因でいざこざを起こすようになったのか、いざこざが原因でさらに深酒をするようになったのか、どちらが先かわからないが、豊里は寮での人間関係をこじらせてしまい、それが職場にも影響するようになっていった。

「毎年沖縄で季節工を募集していたから、寮には沖縄の人がたくさんいたので、ついつい沖縄の方言でしゃべると、同じ部屋の人が『うるさい、日本語をしゃべれ』と言うのです。職場でもよく『日本語を話せ』と言われました」

やがて二日酔いで仕事を休むことが多くなり、職場に居られなくなった。那覇港を出てわずか一年後のことだった。

飯場暮らし

トヨタの寮を出た豊里は、名古屋に出て解体工や鉄筋工として働くことになった。プレス作業同様肌に合わない仕事だったが、三〇歳を過ぎて事務仕事へ転職するのは難しかったという。酒量はますます増えていき、暑い日でも寒い日でもビールを浴びるように飲んだ。

四、五年を名古屋の飯場で暮らした後、手配師のワゴン車で神奈川県に運ばれて、やはり解体工や鉄筋工としていくつもの飯場を渡り歩いた。

手配師とは、建設現場や解体現場からの求めに応じて、寄場などで日雇労働者を集めては現場に送り込む存在である。自分たちは仕事をせずに労働者の日当の上前をはねるわけで、いま風に言えば人材派遣業ということになるが、それを非合法でやっている。かつて名古屋の笹島町には寄場があったというから、おそらく豊里はそこで手配師から仕事をもらっていたのだろう。

豊里は実に七〇歳になるまで、神奈川県内で飯場暮らしを続けていたという。飯場は大部屋が多かったから気が休まらず、よく眠れなかった。豊里は、少し金が貯まると気兼ねなく眠れるドヤに泊まりに行った。ドヤの部屋は簡素だが個室なのだ。豊里にとってドヤは堕ちていった先ではなく、むしろ体を休める場所だったのである。

友人を作らず、女性には一切ノータッチ。歌を歌うのは好きだったから、カラオケ屋へはよく行った。

「そもそも女性が苦手だったのかもしれませんが、飲むとモテました。裕次郎の歌なんか歌うと女の子が手を叩いて、注文もしないのにビールを持って来るのです」

身から出た錆

飯場暮らしのさ中のことか、あるいは寿町に居着いてからのことか、尋ねても返事はなかったが、ある日、酒が原因で大立ち回りをやって留置場に入れられた。この穏やかそうな老人が、現場の同僚だけでなく、見ず知らずの人まで巻き込んで殴り合いをしたというのだが、俄かには信じられないことだ。

「悪いんです。酒を飲むとクルっと変わるんです。この小さな体でなぜあんな力が出たのか、自分でも不思議です。あれは酒の力なのかもしれません」

身から出た錆のまじった涙をば拭いて仰げば新春の富士

だが、この出来事は歌を詠むきっかけにもなった。ことぶき共同診療所の女医の勧めでアルコール依存症者を支援するNPO法人、市民の会寿アルクに通うようになった豊里は、同じ女医の勧めで自作の歌を『神奈川新聞』に投稿するようになったのだ。

「そのお医者さんから、あなたはお酒を飲んでいる限り長生きはできない。命が惜しかったら断酒会に入りなさいと言われたのです。断酒会に出て酒をやめて、酒の代わりに歌を詠むようになったのです。あの大酒飲みがこんなに変わったんですから、あのお医者さんは、私にとって神様みたいな人です」

豊里はトヨタの季節工に応募して沖縄を出て以来、一度も沖縄に帰っていないという。両親の逝去は兄が伝えてくれたが、葬式には行かなかった。もはや家族も親戚も死に絶えて知人はひとりもいないというのに、なぜか沖縄に帰ると白い目で見られるような気がして帰れないという。

豊里に自分の人生をどう思っているのかを尋ねた。

「社会の底辺で、どん底の生活をしてきて……でもいまは、最後の砦になるかもしれない場所に落ち着くことができて幸せです。安心。安らかな気持ちです。ここへ来て、本当によかったと思います」

沖縄には一度も帰らなかったというのに、豊里にはこんな入選歌がある。

ふる里に幾年ぶりか旅のごと来て夜を明かす月の浜辺で

※豊里友昌さんは、このインタビューの後に亡くなった。

第六話　帳場さん二題

吉浜町公園のことを寿町へ至る〝序章〟だと書いたが、この表現、寿町を知れば知るほど的を射ていたと確信するようになった。

吉浜町公園のあるブロックにはローソンがあり、道路を挟んだ北側のブロックには「まいばすけっと」とファミリーマートがある。いずれもドヤの住人たちの買い出し拠点となっているのだが、ここまではあくまでも普通の町である。ところが、松影町二丁目交差点の横断歩道を渡って、一歩、寿地区に足を踏み入れると、明らかに空気が一変するのだ。わずか数歩歩いただけでこれほど劇的に町の雰囲気が変わってしまう場所を、私は他に知らない。

吉浜町公園が寿町の序章だとすれば、〝奥の院〟はセンターと「はまかぜ」とマルキン屋（酒屋）と箱根荘（ドヤ）が顔を突き合わせている交差点だろう。寿町に用のない人間がそこまで入り込むことは、まずない。

この交差点から中村川方面に向かう道の左側に、浜港という名前の居酒屋がある。ここも、寿町の住人以外はまず入らない店だと思うが、教えてくれる人がいて、名物の豚足を食べてみることにした。

普通、豚足といえば甘じょっぱく煮込んだものを思い浮かべる。長時間煮込まれてゼラチン状になった皮下の肉やら軟骨やらをしゃぶるようにして食べるのが、一般的な豚足料理だろう。しかし、浜港の豚足はまるで違う。煮込んであるのではなく、茹でた後に焼いてあるのだ。だから色が妙に生白く、脂がひどくきつい。

皿の上に乗っかってきた両足分を、使い捨てのビニール手袋をはめて握りしめ、齧《かじ》る。焼いた豚の足を手掴みで齧っているとしか言いようがなく、うまいかまずいかよくわからないが、ともかく、見た目も味も凄絶である。

虎穴に入らずんば虎子を得ずで、寿町もこの辺りまで入ってくればこの豚足のように、他所では味わえないものに出会える。そういう意味でも、普通のコンビニが普通に営業している吉浜町公園の辺りはまだまだ序章、序の口なのである。

そして、序章の終わり、すなわち寿地区の入り口では、結界に相応しい人物が睨みを利かせている。扇荘新館の帳場さん、岡本相大である。

扇荘新館は松影町二丁目交差点の北西の角にあり、石川町駅から寿町を目指して歩いてきた人間が最初に目にするドヤである。ドヤと言っても外観はビジネスホテル並みに美しく、エレベーター完備のバリアフリー構造になっている。

玄関の右手に小窓が開いていて、その小窓の奥に岡本がいる。寿町を目指してやってきたはいいがどうしたらいいかわからない人の多くが、とりあえずこの小窓の奥にいる岡本に声をかけることになる。

岡本の見た目は、少々おっかない。小窓から見える上体はがっちりしている。短く刈ったごま塩頭に銀縁のメガネをかけていて、声を掛けても笑わない。返事もツレない。

私は岡本から寿町に関する情報をいろいろと貰っており、いつか岡本本人を取材せねばと思

っていたのだが、対面すると臆してしまっていた。だが、虎穴に入らずんば虎子を得ずだ。思い切って小窓に向かい、

「岡本さんご自身を取材させてください」

と申し込んだ。

盗癖

取材当日、小窓から岡本に声を掛けると、小窓の横の鉄の扉をガチャリと開けてくれた。午前一〇時である。

ドヤの管理人は一般的に「帳場さん」と呼ばれている。ドヤは法律的には宿泊施設だから、帳場さんはホテルで言えばフロントマンに当たる。しかし、ドヤにはいろいろな人がいるから、管理人室には厳重に鍵が掛けられており、窓も小さく作ってあるのだ。外から手は突っ込めても、体を潜り込ませることはできない。

管理人室は細長い形をしていて、ドヤの入り口から建物の奥の方に向かって伸びている。一番奥にはベッドがある。岡本が陣取っているのは、小窓のある一番手前（入り口側）である。

岡本の左手にはドヤの各階の様子を映し出している大きなモニターがあり、右手には入り口周辺の様子を映しているモニターがある。このふたつのモニターさえ見ていれば、離席するこ

となく扇荘新館の内外を監視できる仕掛けだ。

　ちなみに扇荘新館は一九九室あり、約一九〇人が泊まっている。住人の大半は高齢の単身男性で、若い住人のほとんどは〃精神の人〃だという。要するに、精神疾患を抱えている人という意味である。

　岡本が小さなテーブルと椅子を用意してくれたので、いざインタビューを始めようとすると、小窓に五〇絡みの男性が現れた。吃音が強く言葉を聞き取りにくい。

「か、か、乾燥剤を……。帳場さん、あ、あ、雨だから布団干せないすね」

「だから、まずは布団を畳んで、あいたところを掃除だよね。あと臭いは？」

「に、臭いはないです」

「芳香剤は？」

「芳香剤はちゃんと、や、やって、やって、大丈夫です」

「芳香剤はまだあるの？」

「あー、まだ、だめ、あー、あのー」

「あーあーじゃなくてさ、芳香剤はあるんですか、ないんですか？　こうして（斜めにして）見れば液体があるかないかわかるでしょう。見てないの？」

「はい。あー、あの、ちょっ、ある、ちょっと」

「あるんですか、ないんですか？」

「いや。あー、ありました、ありました」

やがて話題は、男性が使ったオムツと昨日食べた弁当の空箱の処理のことになり、岡本がゆっくりとした口調で懇切丁寧に汚物と弁当箱の捨て方を指導すると、男性は納得した様子で部屋に戻っていった。

この男性はオムツも弁当箱もゴミ箱に捨てずに部屋の中に放置してしまうため、部屋が臭いと何度も言いにくるそうだ。岡本はその都度片付け方を教えるのだが、何度教えても忘れてしまう。

乾燥剤の男性が立ち去ると、今度は少し若い男性が小窓に顔を出した。まだ四〇代だという。

「帳場さん、さなぎ（食堂の名前）行ってくるから。トンカツがいいですか」

「ああ、何だっていいですよ」

「トンカツ四五〇円なんで、自分が五〇円出しますよ」

「いいよ。あなたの分も出すよ」

「自分、トンカツ食えないんで」

男性が玄関から出ていくと、岡本がこちらを向いた。

「別にトンカツが好きなわけじゃないんだけどね、こういうコミュニケーションをしないと、同じ世界に住んでるっていう一体感が生まれないでしょう」

岡本によればふたりはともに精神の人であり、岡本が扇荘新館にやってきた当初は、自分の意思を他者に伝えることがほとんどできない人たちだった。しかし、岡本自身がゆっくりと話し、根気強く彼らの言葉に耳を傾けるようにした結果、徐々にコミュニケーションが成立するようになってきたという。

「精神の人ははけ口があれば落ち着くし、爆発しないんですよ。常に同じ土俵にいますよっていうメッセージを伝えていれば、向こうから声かけてくれるようになるし、こっちも相談に乗れる。そうすればトラブルにならない。そういう関係ができていないと、テメエ勝手に部屋に入りやがってなんて、包丁持ってくる人もいるからね」

そこまで話したところで、今度はふたりの女性ヘルパーが小窓に顔を出した。

「〇〇〇号室の××さん、瞬きはするんだけど、目が半開きです」

「反応は？」

「ないです。声は出せないみたい」

「救急車呼ぶレベルまで意識が低下してるかな」

岡本が慣れた様子で一一九番に電話をかけた。ヘルパーが言う。

「私たちはどうすれば……」

「救急隊は一緒に乗ってって言うと思うけど、次の現場があるからって断ればいいよ。（一緒に行くと）大変だよ」

救急車が来るわずかな間にも、小窓にはさまざまな人が顔を出す。小窓の前で「あーん」をする男性もいる。岡本がペットボトルの水をコップに注いで、錠剤を渡す。自分では服薬の管理ができないから、毎日、飲ませてやるのだという。救急車のサイレンが近づいてきた。岡本が状況説明をすると、救急隊員が部屋へ上がっていった。

岡本は役所の承諾を得て、ギャンブル依存症やアルコール依存症、あるいは認知症の人の金銭管理もしている。彼らに直接現金を渡してしまうと、生活保護費をわずか数日で使い果たしてしまうケースが多いからだ。

だが、現金を預かると、渡した渡さないでトラブルになるリスクがある。だから岡本は各自の名前を書いた封筒に保護費を入れて保管し、出納の際には、本人の目の前でその様子をビデオに録画している。

「封筒と相手の顔を撮っておいて、トラブルになったらビデオを見せるんだけどさ、ビデオを見せても『これは俺じゃない』って言い張る人がいるんだよなぁ」

特に、アルコール依存症の人には現金を渡さない配慮をしている。たとえば銭湯に行きたいと言ってきたら、常備してある入浴券を一枚だけ渡す。アルコール依存症の人の多くは、一滴でも飲めばブラックアウト（意識消失）するまで飲み続けてしまうから、わずかな現金でも直接手渡さないように注意しているのだ。

「だって、一〇〇円でお酒が買えちゃうんだからね」

こうした岡本の濃《こま》やかな配慮によって、精神の人が治癒した例があるという。仮にUさんとしておくが、Uさんは昨年末にやってきたばかりの新参者で、盗癖があった。

「掲示板のポスターを剥がしたり、タバコの自販機にぶら下げてたタスポなんて四枚もとっちやった。全部、防犯カメラに写ってたから、部屋に行って返してくれって言ったら、持ってない。盗んだんじゃないって言うんだよ」

それからしばらくの間、岡本はUさんを徹底的に観察することにした。すると意外な事実がわかって、文字通り、目からウロコが落ちる経験をしたという。

「よくよく見てたらさ、ポスターもタスポも欲しいわけじゃないんだよ。汚れてると、取って捨てちゃうんだね。要するにUさんは、極端なきれい好きだったんですよ。それがわかってから、ジュースをご馳走したり、病院に一緒に行ったりするようにしたら、盗み癖が治ったんですよ」

岡本の声がはずんできた。

「精神の人は、我慢して、我慢して観察することだよね。そうすれば、最終的には心が通じるようになる。家族に見放された人たちだから、根本はみんな寂しいんですよ」

私は岡本のことを、寿町の閻魔様のような存在だと勝手に思い込んでいた。岡本に「NO」と言われたら、最後の砦と呼ばれる寿町にすら入ることを許されない気がしていたのだ。まさか岡本が、精神の人の治癒をここまで喜ぶ人物だとは思ってもみなかった。

「でもね、部屋で焚火をするのが好きな人がいて、この人だけは退去してもらいましたけどね」

一年三六〇日

岡本は昭和二六年生まれの六五歳、川崎の桜本で生まれた在日韓国人二世である。

実を言えば、寿町のドヤのオーナーの九割以上が在日韓国・朝鮮人によって占められており、寿町のドヤが玄関で靴を脱いでから部屋へ上がる和風旅館方式ではなく、靴のまま部屋まで行けるスタイルなのは、オーナーの多くが朝鮮人だからだという説がある。

岡本の両親は在日韓国人の一世で、いつか韓国に戻る夢を持っていた。だから岡本を朝鮮学校に入学させた。

「韓国に帰ったとき、朝鮮語がわからないと惨めだからと言ってね……。昔のこの辺りは臭い、汚い、危険だったから、日本人は（ドヤの経営を）やらなかったよね。韓国人は学歴がないし、手に職をつけるのも難しいから、体を張って日本人のやらないことをやったんですよ。それが簡宿（ドヤ）の始まりです。簡宿は、ポンとここにあるわけじゃないんですよ」

岡本にも学歴がなかった。なぜなら朝鮮学校は各種学校扱いだから、高級部（高等学校に相当）を卒業しても高卒の資格がない。岡本は高級部を卒業しているが、日本の法律では無学歴なのである。当然のごとく就職の口は乏しく、親戚が経営している土木会社の世話になるしかなかった。

一般に在日韓国人は結束力が強いといわれるが、その根には学歴の問題があると岡本は言う。学歴がないから親戚や知人を頼って仕事を探さざるを得ないケースが多く、結果、在日韓国人同士の繋がりは、好むと好まざるとにかかわらず強固なものになるのだ。

親戚の土木会社には跡取り息子がいたから、岡本は三五歳のとき、その会社を去ることを自ら決断した。

「甘えるのは嫌いだったし、世代交代の問題で揉めるのも嫌だったからね」

その後は、長距離トラックの運転手をやり、レンタルビデオ店の管理職をやり、ほとんど自宅に帰ることなく働き詰めに働いた。ふたりの子供は朝鮮学校ではなく、都内の私立に通わせた。莫大な教育費をかけた甲斐あって、男の子は早稲田大学に、女の子は東京学芸大学に進学した。

「財産なんてないんだから、親として子供にできるのは教育だけですよ。もう、教育費がかかってかかってね。子供が小さいときは、ファミレスに行ったことさえなかった」

管理人室の棚には住人のあらゆる要望に対応できるように、殺虫剤、工具、電気部品、粘着テープなどなどさまざまなものが整然と収納されている。各部屋とはナースコールと同じシステムで結ばれており、相互通話が常時可能。館内には一六台の防犯カメラが設置され、その映像を岡本が随時チェックしているから住人間の盗難トラブルもない。

自ら築き上げた要塞のような管理人室に鎮座する岡本は、さながら最前線の指揮官といった趣だ。鉄の扉の内側には愛くるしい孫の写真が貼ってある。

「喜び？　年に一回、孫と子供と一緒に四泊五日の家族旅行をすることかな。私、年に五日しか休まないから」

一瞬、岡本の言っている意味がわからなかった。

「私ね、一年三六〇日、この部屋にいるんですよ。だって、人間は機械じゃないから一年じゅう止まらないでしょう。元日だって、午前中家で過ごしたら午後はここに来ますよ。

土日もドヤの住人を連れて衣類や食料の買い出しに伊勢佐木町まで出向いたり、病院に付き添ったりで、本当に年五日しか休まないのだという。

「こないだ自宅をリフォームしたんだけど、まだ泊まったことがないんだよ。旅行って自宅に泊まらないじゃん」

こんな話をしている間にも、

「帳場さーん、いま何時？」

などと小窓に顔を出す人が引きも切らない。

「そこに時計あるのにね。正直言うと、この町は毎日毎日変化があるから楽しいんですよ」

日本人の〝最後の砦〟は、かかる人物に守護されているのである。

看取る

寿町にはアルコール依存症の人が多い。酒屋の店頭や道端に座り込んで昼間から缶ビールを飲んでいる人をよく見かけるから、私はてっきりこの町へやってきてからアルコール依存症になる人が多いのだと思っていた。

だが、ある福祉関係者から「それは違う」と厳しい指摘を受けてしまった。アルコール依存症になって家族からも老人施設からも病院からも見放されたあげく、この町にやってくる人がほとんどだというのだ。中にはワゴン車でこの町まで連れてこられて、捨て猫のように道の真ん中に置いていかれる人もいるという。

なぜ、施設や病院に持て余された人物が寿町ならやっていけるのかといえば、ひとつには、ことぶき共同診療所のようにアルコール依存症への対応力が高い医療機関が存在するからだろう。

ことぶき共同診療所が二〇〇九年に発表している数字によれば（『ことぶき共同診療所だより』第二十八号）、当時使用中のカルテ一〇一九枚のうち、実に二八七枚がアルコール依存症患者のものであり、胃潰瘍や高血圧といった内科疾患を差し置いて最多だったという。同診療所ではＤＯＴＳといって、外来の患者に医療者の目の前で抗酒剤を飲ませる治療を実施している。

断酒のための中間施設、市民の会寿アルクの存在も大きいだろう。アルクでは断酒を継続するためのミーティングを毎日、午前と午後の二回開催している。ミーティングには断酒に挑戦中の依存症者が何人も集まってきて、個々の体験談を語りながら、断酒への決意を新たにする。アルクで約二年半のプログラムを修了すると、地域のAA（Alcoholics Anonymous）のプログラムに参加しながら断酒を継続していくことになる。

寿町にはこうしたアルコール依存症の人を支援する強固なインフラが存在するために、何人もの患者が奇跡的な回復を遂げているという。

だが、私はこの町で多くの人が治癒していく理由は、必ずしもインフラの充実のせいだけではないと感じている。寿町には独特な、人と人との距離感があるような気がしてならないのである。

たとえば、Mさんという女性がいる。Mさんは寿町での福祉活動を通じて何人かのアルコール依存症患者の最期を看取ってきた人物だが、忘れられない光景があるという。

左半身麻痺で右手しか動かせなかったその男性は、病院から飲酒を禁止されていた。ケースワーカーは入院を強く勧めていたが、頑なに拒否をする。仕方なく、Mさんが毎日その男性が暮らすドヤに通って、スプーンでおかゆを食べさせていた。

コーヒーの缶にタバコの灰を落としながら、Mさんが言う。

「アルコール依存症の人ってね、最後は体がお酒を受け付けなくなって、飲んでもすぐに口からピューって吐いちゃうのよ。それでもまた飲もうとするんだよね」

ある朝、Mさんがおかゆを食べさせに行くと、男性はベッドの上で血を吐いて亡くなっていた。前日食欲がなかったので、ひと匙だけ掬い取っておいたおかゆが、そのままベッドサイドのテーブルの上に放置してあった。

死因は食道静脈瘤破裂。枕をどかすと、下にワンカップの壜がびっしり敷き詰めてあったという。

Mさんは、家族にもできないほど献身的に世話を焼きながら、しかし、決して押し付けや強制はしない。どこかに、人を突き放したような、クールな印象がある。とどのつまり他人だからなのか、どうしようもない人ばかり見てきた故の諦観なのか……。

Mさんはタバコをふかしながら、こう言うのである。

「思わず死体に向かって、本望だったねって言ったんだよ」

姉さん

バプテスト教会からセンターに向かう通りに、Y荘という一風変わったドヤがある。どこが変わっているかといえば、玄関口にちょっとした花壇が拵えてあり、「和気あいあいY荘」というイラストの入った手作りのポスターが貼ってあり、玄関ドアの横にはこれまた手作りらしく、白いペンキを塗った椅子とテーブルがあり、テーブルの上に灰皿が乗せてある。

殺伐とした雰囲気が支配的な寿町の中で、この楽し気なY荘のエントランスは明らかに異彩を放っている。理由は単純と言えば単純で、ここの帳場には「若くて美人」と評判の女性が座っているからである。

帳場さんの名前は清川成美という。帳場の前の通路には椅子がいくつか置いてあって、常時、何人かの住人が清川の親衛隊よろしく陣取っている。清川が不在の時は来客に応対するし、清川に何か頼まれれば喜々として手伝いをする。要するに、花壇もイラスト入りのポスターも白い喫煙場所も、Y荘の住人が作り、世話をしているものなのだ。こんなドヤは、少なくとも私が知る限り他にはない。

清川にインタビューするため帳場の中に入れてもらったとき、ちょうど歯痛を抱えた住人が帳場の小窓に顔を出した。

「帳場さん、歯が痛いから痛み止めをちょうだい」

「三時に歯医者の予約を取ってるんでしょう。痛み止めは飲まない方がいいから、三時まで我慢しなさい」

「痛い」

「歯痛では死なないから」

「痛いよ」

「我慢できないなら、予約の時間を早くしなさい」

まるで母と子の会話である。実際、清川は歯痛の男性のことを「最近入った若い子」と呼ぶのだが、若い子といったってどう見ても四〇を越えている。住人の多くは清川のことを「姉さん」「成美ちゃん」などと呼び、中には「母ちゃん」と呼ぶ人さえいるが、年齢はたいてい住人の方が上だ。

清川のいるY荘は約一〇〇室あり、ほぼ満室である。

「かわいいのも、かわいくないのもいるけれど、最後は憎めない、大勢の子供たちですよ」

なぜY荘がこういうドヤなのかといえば、オーナーが「お客様は家族。お客様あっての商売」という先代の教えを墨守しているからでもあるが、清川の世話焼きは、オーナーも「成美ちゃんはやり過ぎ」と呆れるほど、濃い。

ちょうど私が取材に入った前日に、住人のひとりが亡くなった。帳場の前に陣取っていた親衛隊の一員だ。四年ほど前からY荘で暮らしていたが、大腸がんが悪化して一カ月前に入院。この時点で清川は、ケースワーカーに家族への連絡を打診したが、結局、連絡はつかなかったという。

「娘さんが結婚する時、一度、家族に探されたそうだけど、結婚式には行かなかったって言っていました。昔はいい生活をしていた人だから、こういう暮らしをしていることを家族に知られたくなかったんでしょうね」

午前中に入院先の病院から「血圧がとれない」と連絡があり、午後二時過ぎに永眠。最期は清川が看取った。家族が遺体を引き取りに来ない場合、火葬と埋葬は行政が行い、遺体の搬送は病院に出入りの業者が担当する。清川には何の義務もないのだが、火葬には立ち会うつもりだという。なぜ、そこまでやるのか。

「かかわってしまうと放っておけなくなるんです。他に誰かいるならいいけれど、私がやらなかったらどうなるんだろうって……。部屋で亡くなった場合は周囲の住人さんが動揺してしまうから、部屋でお線香をあげるようにしています。そうすれば、Y荘は最後まで放っておかないんだってことが、住人さんにわかってもらえるでしょう」

清川自身は、父親を四九歳という若さで亡くしている。進行性の胃がんだった。バブル真っ盛りの景気のいい時代だったこともあり、周囲の人たちはやれる治療はすべてやるべきだと主張した。当時、まだ高校生だった清川には、何も口出しをすることができなかった。知り合いの医者に頼んで手術をやってもらい、術後も、多少なりとも効果がありそうな治療はすべてやった。

「たぶん父は、苦しかったと思うんです」

一方、義父の最期はまったく違うものだった。いったんは入院したものの、チューブに繋がれるのは嫌だと言って病院から帰ってきてしまい、自宅で往診を受け続けた。点滴はしたものの導尿は拒否。亡くなる三日前まで、もう歩けない体で「自分でトイレに行く」と言い張った。

「私も自分が逝くときは、義父のように一切チューブには繋がれたくないと思います。実父の時は、彼らしく看取ってあげることができなかった……」

そう言うと清川は、はらはらと涙をこぼした。

兄貴

清川が忘れることのできない住人に、マー君という人物がいた。

若い頃、覚醒剤に手を出していたというから、いま風に言えばやんちゃな人物だったのだろうが、Y荘は「過去を問わず、いま頑張っている人ならOK」がモットーだから、諸々を了解した上でマー君を住人として受け入れていた。

マー君は覚醒剤からは足を洗っていたものの、肝臓がんを患っており、入院退院の繰り返しを余儀なくされていた。

「入院が一カ月をこえると、生活保護費を削られてしまうんです。だから、一カ月になる直前に一度退院をして、一週間ぐらいここに帰ってきて、また入院する。また一カ月ギリギリまで入院して、一週間戻ってくる。マー君はこれを繰り返していました」

こうしたやり方の是非はともかく、この一週間の帰還はマー君にとって微妙なものであった。

気の弱いマー君は病気の進行に強い恐怖を感じていたから、病院から出てくると恐怖心を紛らわすため、どうしても酒に手を出してしまう。そして酒を飲むと、ふらふらとかつての兄貴分に会いに行ってしまうのだった。

「兄貴に会うと、なんで電話をかけてこなかったんだと殴られ、借金を返し切っていないと因縁をつけられて、なけなしの保護費を奪われてしまうというんです。私は心配で部屋のドアをノックするんだけど、殴られた跡を見られたくないからって、部屋から出てこないんですよ」

マー君につきまとう人物がもうひとりいた。実の父親である。父親はかつてマー君の弟と同居していたが、傍若無人な性格のせいで弟の家を追い出されて寿町へやってきた人物である。

重度の糖尿病を患って両足を切断し、車椅子に乗っていた。

「父親は、生活保護受給者であるマー君にお金をせびりに来るんです。でも、マー君には長男としてのプライドもあったんでしょう、足を切断すると足のお葬式をやるらしいんですけれど、父親が足を切断したとき足の葬儀代を一所懸命に工面していました」

心は弱かったが優しいところのあるマー君を、一緒に帳場で働いていたNという女性も清川も、憎むことができなかった。

「入院中の病衣やタオル代は保護費からは出ないので実費になるんですが、マー君は兄貴や父親にたかられていたので、本当にお金に困っていました。なのに、退院してくるときは絶対に手ぶらでは帰ってこなかった。姉さんたちが好きそうなものだからって、必ず何かお土産を買ってくる。それもできない時は、本当はいけないいんだけど何かの役に立ててくれって、病院のタオルを持って帰ってくるんです」

兄貴の来襲には、Y荘の親衛隊が立ち向かった。兄貴は、「背が低く、四角い体形をした、虚勢を張りまくっている感じ」の人物で、組関係の人にありがちなガニ股歩きでいきなりY荘の玄関を入ってくると、

「会わせろー」

と騒ぐ。

すると、帳場の前にいる親衛隊が一斉に立ち上がって、通路をブロックした。しかし敵もさる者で、やがて親衛隊のいるY荘ではなく、マー君が入院するタイミングを見計らって、入院先の病院に押しかけるようになった。

Nと清川は暇な時間ができると自転車に乗って入院先にマー君を見舞っていたのだが、兄貴の行状に困惑した病院はケースワーカー以外の面会を謝絶してしまい、清川は見舞いに行けなくなってしまった。そして清川の知らないうちに、マー君は別の病院に転院させられてしまったのである。清川は、転院先の病院名を教えてもらうことができなかった。

昨年の春、突然、マー君の弟が一通の手紙を携えてY荘に現れた。マー君は「Y荘の帳場さんに挨拶するように」と弟に言い残してある病院で亡くなったが、亡くなった後にこの手紙が見つかったという。清川が手紙の実物を見せてくれた。

Y荘　社長、姉さん、お兄ちゃん（清川の甥のこと）

社長は自分の体調も悪いのに、いつも気遣って頂き心よりお礼申し上げます。お体をお大事にしてください。

姉さん、自分のこと、親父や弟と姉さんは関係ない事までも手助けして頂き、時にはジョーダン言って元気づけてくれましたね。姉さんも体調悪いんですから、とにかく体が一番。大事にしてください。明るい姿の姉さんを見ていつも元気をもらいました。本当にありがとうございました。

お兄ちゃんは自分の息子と同じ年で、いつも自分の息子の事を思い出し、実の息子のように思い接して来ました。もう少し自分が元気だったらメシを食いに行けたのに、とても残念です。お兄ちゃんは男なんだから、これから先Y荘をしっかり守り、いずれは結婚をし、子供も出来て自分の城を持つんだから、どんな事があってもめげずに力強い男になって下さい。いつも気にかけてくれてありがとう。一緒にメシを食いに行った事、二人でコーヒー飲みに行った事、とてもうれしく思います。

入院中の見舞い、ハグ、本当にありがとう。お兄ちゃんも親から頂いた命を大切に、くれぐれも体だけは大事にして下さい。

追伸

Y荘の皆様には大変ご迷惑をおかけし、大変申し訳ありませんでした。Y荘に住ませて頂いた事を心から感謝しています。

自分らしく死ぬ

清川は間もなく、実父が亡くなったのと同じ年齢を迎える。自分もいつ病に倒れるかわからないから、すでに〝終活〟を始めているという。ドヤの住人たちの奔放な生き方は、清川の終活に大きな影響を与えている。

「ここの人たちのお世話をすることはとても疲れることなんですが、感覚的には貰ってるものの方が多い気がするんです。最初はそうは思わなかったけれど、この町から私の中に入ってくるものを一所懸命消化しているうちに、それが自分らしく生きて、自分らしく死ぬために集めている部品のひとつになっていく気がします」

自分らしく生きて、自分らしく死ぬための部品……。

「実は私、小学生の頃から優等生で、中学高校時代のあだ名が「おのれ」だったんです。おのれに厳しいの、おのれ。それがすごいコンプレックスだったんですが、でも、ずっと堅い性格を崩すことができなかった。それが、この町に来てから、ああ、ちゃんとしなくてもいいんだって思えるようになったんです」

二〇一五年、横浜市は寿地区の簡易宿泊所の住人に対して、平成四年から実施されていた住宅扶助の特別基準の適用をやめることを決定した。その結果、住宅扶助の受給額は六万九八〇〇円から一般基準の五万二〇〇〇円に引き下げられることになった。

現在、簡宿の宿代は水道光熱費込みだが、この引き下げで経営が厳しくなれば、住人から水道光熱費を徴収せざるを得なくなる。そうなれば、住人の生活は急激に逼迫し、寿町への新規の流入は激減するだろう。横浜市はこれを契機に、簡易宿泊所から一般のアパートへの転居指導を強化しているという。

寿町は横浜スタジアム、中華街、元町といった横浜の観光名所や、カジノの候補地（山下埠頭）にも近い。そんな一等地をドヤ街にしておくのはもったいないと考える人は、多いだろう。だが、家族にも施設にも病院にも見放された人物が、なぜか寿町では生きていけるのだ。この町にはやはり、どんな人でも受け止めてしまう不思議な力がある。

「私、ここで働くようになって、どんな人でも少しの手助けでその人らしく生きられるなら、私ひとりでも、その人らしく生きてほしいと願うようにしようって思うようになったんです。ここにいる人たちは何よりも自由を大切に生きてきた人たちだから、最後までその人らしく暮らしてほしいって、願っているんです」

こう言うと、清川はひとすじの涙をこぼした。

第七話　さなぎ達

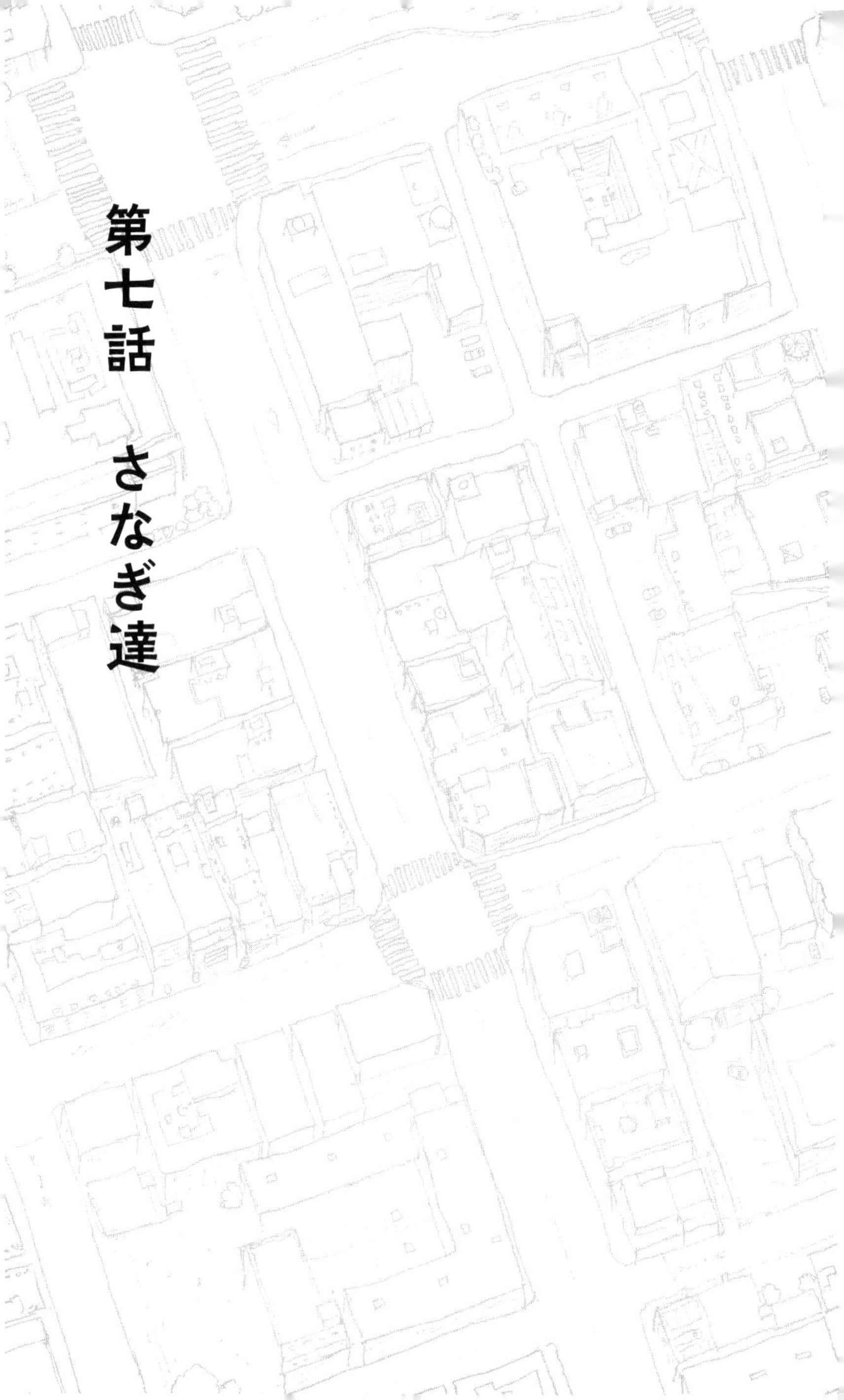

寿町とともに日本三大ドヤ街の一角をなす、大阪市西成区のあいりん地区を訪ねる機会があった。あいりん地区は愛隣地区とも書くそうだが、なんだか偽善的で好きになれない表記である。

あいりん地区は、ＪＲ環状線と関西本線が乗り入れる新今宮駅の南側に広がっている。南端は浦上病院と杏林記念病院が面する大通り、東西は南海本線と阪堺電軌阪堺線によって仕切られており、この南北に延びる長方形のエリアに約二万人が暮らしている。その大半を単身高齢男性が占めているのは、寿町と同じである。

少し歩けば通天閣の聳《そび》える新世界があり、野球帽を被りジャンパーやチョッキを着込んだおっちゃんたちが、昼間から串カツやどて焼きを肴に酒を飲んでいる。なぜこの界隈にいるおっちゃんたちの野球帽率が高いのか、関東人の私にはよくわからない。あべのハルカスという上の方だけ細くして無理やり丈を高くしたようなビルが、陋巷《ろうこう》をさまよう人々を睥睨《へいげい》している。

土地鑑がないので闇雲に歩き回ってみたが、あいりん地区は明らかに寿町とは異なる町だった。

「ええかァ、酒は飲んでも呑まれたらあかんのや。俺は見とったでぇ、お前は飲んだ次の日もちゃーんと仕事に行きよった。俺はそれを見とったんや」

道端に並んで座っている四、五人の中年男たちが、缶酎ハイ片手に話し込んでいる。リーダーらしき人物が相当に芝居がかった言い方でこうつぶやくと、別の男が、

「偉そうに言うことかいな」

と、すかさず突っ込みを入れている。

自転車で走ってきた男が並走している女性に向かって、

「要するに、重力には勝てんということや！」

と、これまた芝居の科白《せりふ》のごとく大声で叫んでいる。

寿町にも路上で飲んでいる人は大勢いる。あいりん地区の人々の方が明るいと言えば語弊があるかもしれないが、そこはかとなくユーモアがある。

街の中には飲食店以外にも、電動工具を売る店や海賊版のCDを売る店などがいくつもあり、中にはどう見ても拾ってきたとしか思えない靴や衣類や瀬戸物などを並べて売っている露店もある。大通りには何台もの自転車が行き交い、風景は荒廃しているのに妙な活気があって、わずかだがゆとりのようなものさえ感じられる。

ドヤ代も違う。あいりん地区のアベレージは一泊一〇〇〇円ぐらいだろうか。中には一泊八〇〇円などというドヤもある。寿町の平均は二〇〇〇円ぐらいだから、あいりん地区のドヤ代は寿町のほぼ半額と言っていい。

ドヤの形式も違う。あいりん地区では玄関で靴を脱いでスリッパに履き替えるのがスタンダードであり、大浴場を備えているドヤもある。一方、寿町のドヤは、以前も述べたことだが、靴のまま部屋に入るスタイルが普通であり、コインシャワーはあっても大浴場はなく、湯船に入りたい人は近隣の銭湯を使う。

要するに、あいりん地区のドヤは旅館の色彩が強く、寿町のドヤはビジネスホテルの色彩が強いのだ。この相違は、あいりん地区のドヤのルーツが紀州街道沿いの長町（現在の日本橋界隈）にあった江戸時代の旅籠《はたご》や木賃宿にあり、寿町の原点が米軍に接収された焦土にあったこととと無縁ではない。

接収解除で返還された更地に急速にドヤが建設されていった寿町は、あいりん地区の桁外れの猥雑さ、人間臭さに比べると、相当に人工的な街だ。そしてあいりん地区が、地に根を張ったようなどうにもこうにも動かし難い、変え難いイメージを湛えているのに対し、面積が狭く、人口の集積度が高く、そして歴史の重みからも自由な寿町は、支援する者たちに変革を夢想させる街なのかもしれない。

あいりん地区を歩きながら、そんなことを考えた。

ある殺人事件

「さなぎ達」は横浜スタジアムや関内駅周辺で起居するホームレスの支援を中心に、三〇年以上も活動を継続してきたＮＰＯ法人である。

永らく代表を務めた櫻井武麿は、小柄でいつも質素な身なりをした、一見、ドヤのおっちゃんかと見紛う人物である。元理科系の研究者（生態学）という、ホームレスの支援者としては一風変わった経歴の持ち主なのだが、彼の人間観の根底には、ある殺人事件の記憶が横たわっている。

昭和一八年、櫻井は、宮城県宮城郡利府村に生まれている。祖父は櫻井蔵治といい、利府小学校（現在の利府町立利府小学校）の校長を務めた村の名士だった。櫻井によれば蔵治の功績を顕彰する石碑が利府小の校庭に建っており（現存を確認した）、「祖父は利府村に最初の小学校を建てた人物」だという。

蔵治は数学、物理学、薬学に秀でた教育者で、櫻井家の庭には漢方で使う薬草が植えてあった。櫻井が生まれた時、蔵治はすでに亡くなっていたが、庭じゅうに薬草が生い茂っていたことを櫻井は記憶している。

一方、蔵治の妻・定代（櫻井の祖母）は岩手の南部を支配していた雄藩の家老の娘で、蔵治と結婚する時には仙台の師範学校で教員を目指して学んでいた。

つまり、櫻井の祖父母はともに教育者であり、特に祖父の蔵治は利府村の子供たちの教育に熱心で、貧農の子や身寄りのない子を自宅に引き取って勉強を教えていたという。

「僕が中学生になるぐらいまでは他人の子が家にたくさんいたので、誰が自分の家族だかよくわからない状態でした。中学時代も、医者だった叔父が大人数で共同生活をした方が子供のためだという考え方の人だったので、従兄たちと一緒に暮らしていました。お盆になると、家で育って進学したり就職したりして立派になった人たちが、みんな戻ってくるんです。だから僕は、他人と一緒に暮らすことにまったく違和感がない人間なんですよ」

櫻井は多くの路上生活者の就労を支援して、社会復帰の後押しをしてきた。そうした櫻井の活動の背後には、近隣の子供たちをわが子のように育てた祖父・蔵治の考え方、生き方があるのかもしれない。

私は、さなぎ達の事務所でホームレスに囲まれて談笑している櫻井を何度も目にしているが、それはおそらく櫻井にとって、肌に馴染んだ雰囲気だったに違いない。

櫻井は利府村の小学校を卒業すると、仙台にあるミッション系の中高一貫校に進学している。比較的裕福な家庭の子弟が集まるその学校で生物部に入部して、海洋生物の研究に熱中した。高校時代には七ヶ浜町の菖蒲田浜に独自のフィールドを持って、海藻のゾーネーション（帯状分布）の研究をしていたというから本格的だ。

この経験がベースになって、後に櫻井は海苔の人工養殖の研究をすることになるのだが、それはともかく、このミッションスクール時代に、櫻井は人生の大きなターニングポイントとなる事件に遭遇している。

「ちょうど中学三年の冬の期末試験の時期に、生物部の後輩のひとりが事件に巻き込まれてしまったのです」

期末試験が終わってもその後輩が登校してこなかったため学校じゅうが大騒ぎになったが、

間もなくその後輩が、小学校時代の同級生に刺殺されていたことが明らかになったのである。

櫻井は激しいショックを受けた。

「加害者は貧しい家庭の子で中学に通うのが難しい状況だったそうですが、その日たまたま後輩が期末試験のために登校するのに出くわして、どうやら後輩の方が加害者の子を蔑むようなことを言ってしまったらしい。それを聞いて逆上した加害者が、後輩を刺し殺してしまったというのです」

被害者は中流家庭で育った子供だった。

「あんなに素直な性格の子を刺し殺すなんて、許せない」

櫻井は犯人を憎んだ。

だが、被害者の家に何度か見舞いに行き、同時に加害者の生い立ちや暮らしぶりについても詳しく知るにつれて、櫻井は複雑な気持ちになっていった。

学校では毎朝礼拝があり、聖書を読む時間があった。聖書からキリストの人間観を汲み取れば汲み取るほど、疑問が膨らんでいった。キリストは聖書を通して、完全無欠の人間など存在しないと語りかけていた。殺人者も欠けた人間ならば、被害者も欠けた人間だ。ならば、どちらかを悪として裁くことなどできるのだろうか……。

もうひとつの殺人事件

二〇一七年一〇月、さなぎ達が主催する木曜パトロールに参加させてもらった。

木曜パトロールは、日本バプテスト横浜教会の益巌《ますいわお》牧師らによるホームレスの見回り活動を櫻井が引き継いだものである。

横浜では、一九八三年二月にホームレス襲撃事件が起きている。山下公園や横浜スタジアムで寝ていたホームレス十数名が暴行を受け、死者一名、重傷者が九名出た。加害者は横浜市内に住む中学生ら一〇名で、ホームレスに殴る蹴るのすさまじい暴行を加えた挙げ句、ごみ箱の中に放り込んで逃走するという残忍な犯行ぶりだった。

さらに、警察の取り調べに対して犯人たちは、

「町の美化運動に協力して、清掃してやった」

などと自供したと伝えられ、人命・人権を極度に軽視したその供述内容が社会を騒然とさせた。

夜九時、さなぎ達の事務所前に集まったメンバーは総勢二〇人ほど。主婦もいればサラリーマンもいる。中には、わざわざ神奈川県外からやってきた人もいるという。参加資格は特になく、各々が親しいわけでもない。ひときわ賑やかなのは、横浜国立大学の留学生たち一二人だ。ゼミの教授に連れられてやってきたという。

参加者は二班に分かれ、一班が関内の地下道へ、もう一班が横浜スタジアムへと向かう。それぞれが、コーンスープの入ったポット数本と、下着、靴下、髭剃り、歯ブラシ、カイロ、毛布などの支援物資を台車に積み込んで出発する。

私は関内の地下道を回る班に加わった。さなぎ達の事務所から関内の地下道までは歩けば五分ほどだが、台車を押しながらだと三倍近い時間がかかる。

関内の地下道入り口に着き、階段を下りて地下通路に出ると、そこには五人のホームレスが横たわっていた。中年の女性ひとりを除いて、後は全員男性である。それぞれが段ボールで生垣のように囲いを作り、その内側で毛布を被ってエビのように丸まっている。所持品は少なく、バッグが一個か二個。この地下通路は毎朝水を撒いて清掃が行われるため、定住はできないのだ。

リーダーがひとりひとりに声をかけ、ボランティアの学生が紙コップに注いだスープを手渡していく。月のはじめには、さなぎ達が経営する「さなぎの食堂」の食券も配るという。スープを配り終わると、支援物資を必要とする人が囲いから出てきて行列を作った。

「歯ブラシある？」

「下着もあったら欲しいんだけど」

中には若い男性もいるし、小奇麗なスポーツウェアを着てスポーツシューズを履いた人もいる。ひとりひとりの来歴はわからないし、さなぎ達のメンバーともそれほど親しいわけではないらしい。紅一点の中年女性は、半ば迷惑そうな、半ば恥ずかしそうな表情を浮かべて、囲いの中に身を沈めたまま出てこようとしなかった。

中学校時代に経験した殺人事件を心の中で解決できないまま悶々とした日々を送っていた櫻井は、高校時代にキリスト教に入信している。

その後、大学を卒業して海苔の人工養殖を研究することになった櫻井は、東京で暮らしながら横浜にある自分と近い宗派の教会、寿町にある日本バプテスト横浜教会に通うようになったのである。教会に通い出した当初、櫻井は寿町のことをよく知らなかったが、牧師の益巖と行動を共にするうちに、徐々にこの町のことを理解するようになっていったという。

ちなみに、日本バプテスト横浜教会（元・横浜第一浸礼教会）は、一八七三年（明治六年）創立の日本で二番目に古いプロテスタントの教会である。

初代の牧師はネイサン・ブラウンとジョナサン・ゴーブル。ネイサン・ブラウンは奴隷解放運動家であると同時に言語学者でもあり、日本で初めての全訳聖書『志無也久世無志與』（しんやくぜんしょ）を出版した人物。一方のジョナサン・ゴーブルは元ペリー艦隊の乗組員であり、「漂流民仙太郎」（安芸国出身の船員。漂流の後米国に上陸し、ペリー艦隊に同行して来日）とも接触があったという。

ネイサン・ブラウンの聖書を印刷した印刷所から、厳格なキリスト教教育で知られる捜真学院が誕生している。日本三大ドヤ街の一角をなす寿町にある教会が、著名なミッションスクールと関わりがあることを知って、私は驚きを禁じ得なかった。ミッションスクールの多くが持っている上流のイメージと寿町は、あまりにもギャップが大きい。

櫻井は殺人事件の被害者と加害者、上流と底辺の間を往復しながら、果たして解を得ることができたのだろうか。

路上の人

櫻井によれば、当時、ホームレスのパトロールにはふたつの流れがあった。ひとつは櫻井たちの、バプテスト横浜教会を起点とする流れであり、もうひとつは寿日雇労働者組合（寿日労）を中心とする流れである。寿日労は、読んで字のごとく日雇労働者の権利擁護をメインに活動する団体である。

寿日労にとってホームレスとは、資本主義社会からはじき出された仲間たちであり、パトロールの目的は仲間の権利を守り、救済することにある。一方、櫻井たちの木曜パトロールは、必ずしもそうした動機で始められたものではなかった。

「僕らのパトロールは、こういう時代になぜホームレスが存在するのかという疑問から始まっているんです。最初から救済を目的としたパトロールだったのではなく、まずは彼らが「なぜそこにいるのか」を知りたかったのです」

木パトは牛乳をベースに作ったコーンスープをホームレスに配って歩くことからパトロールをスタートさせているが、それは食事の提供というよりも会話のきっかけ作りという意味合いが大きかった。最初は拒否されたり、物を投げられたりすることもあったが、一年ほど継続するうち徐々に信頼関係が芽生えてきて、「なぜ自分はここにいるのか」を語り出すホームレスが増えてきたという。

櫻井はホームレスのことを〝路上の人〟と呼ぶのだが、個々に話を聞いてみると、全員が元労働者というわけではなかった。

「最初は、仕事がなくて外で寝ている人たちだから、仕事さえあれば解決するのだと思っていたのです。ところが、路上の人たちは単なる失業者ではなかった。さまざまな問題を抱えた人たちが野宿をしていたのです」

櫻井を最初に驚かせたのは、白装束を身に纏った傷痍軍人がいたことだ。

「俺は戦争でズタズタになったのに、誰も何も補償してくれない。誰か何とかしてくれよ……」

櫻井は、延々と続く傷痍軍人の怨嗟の言葉に耳を傾け続けた。

精神疾患を抱えた人が多いことも、驚きだった。統合失調症、鬱病、そして薬物依存、ギャンブル依存、アルコール依存などの依存症を抱えた人たちが、かなりの割合で存在していた。

症状が進んでいて幻聴や幻覚に悩まされている人も多く、そうなってしまうと会話が成立しない。櫻井はどう向き合っていいかわからずに、田中俊夫（後にことぶき共同診療所を立ち上げた人物）らがやっていた寿医療班にアドバイスを求めたこともあった。医療班の人々は精神疾患を抱えた人の対応に慣れていたから、櫻井は医療班と交流を深めながら精神病の人との関わり方を学んでいった。

夕方六時ごろに集合し、コーンスープを作りながらミーティングをして八時頃に出発する。そこから一一時頃まで、じっくりと時間をかけて路上の人との対話を重ねていった。路上の人との交流が深まっていくにつれて、櫻井はいくつかの重要な発見をすることになった。

ひとつは、路上の人たちは属性がバラバラであるだけでなく、関係もバラバラであるということだ。テレビのドキュメンタリー番組などでは、ホームレスの間に親分・子分の関係や互助的な関係があるかのように描かれることが多いが、それは櫻井が見た路上の人の実態とは異なっていた。

「金が入った人の周囲で、見ず知らずの連中が車座になって酒を飲んでいることがよくあるんですが、そういう集まりは金がなくなれば二、三日で終わってしまう。テレビでやっているような関係性ではないんですよ」

たとえば、冬場の寒暖の差が大きい日にパトロールに行くと凍死体に出くわすことがあるが、隣の段ボールハウスの住人は隣人が息を引き取ったことにまったく気づいていないことが多かった。路上の人たちは、朝になると段ボールハウスを畳んで移動してしまうから、地下通路や高架下にぽつりと遺体が残されていることもよくあったという。

「凍死者は、いわゆる行路病死として処理をされるわけですが、路上の人同士の関係はそれほど希薄だということです」

もうひとつ櫻井を驚かせたのは、路上の人たちの寿町に対する意識である。路上の人は、一見、寿町のドヤで暮らしている日雇労働者の仲間のように思えるが、必ずしもそうとは限らないことがわかったという。

「寿町に行けば日雇い仕事があることは知っていても、寿町は怖いから行きたくないという人が多かった。『どうせお前らには仕事なんてできねえだろう』といじめられて帰ってくるのが関の山だから、あの街には近づきたくないというのです」

これは、寿町がまだ寄場としての機能を持っていた時代の話だが、差別を受けることの多いドヤの住人が、さらに路上の人を差別するという構造もあったのだ。

ドヤ街にすら入って行くことをためらう人々が、極めて関係の薄い状態で散り散りバラバラに存在している。それが、櫻井の見たリアルな路上だった。

クレイジー・サロン

木曜パトロールは、櫻井たちの熱意にもかかわらず大きな成果を上げることができずにいた。何度も顔を合わせて信頼関係を築くことができれば、

「実は生活保護を受けたいんだが……」

といった本音を聞き出せることもあった。しかし路上の人の多くは、生活保護の手続きをすることを嫌った。

また、寿町にはセンターがあるが、路上の人たちの多くはセンターを利用することも嫌った。なぜなら、センターは日雇い職安であると同時に、アブレ（日雇い仕事にあぶれた人）が一日を過ごすための施設だからだ。働くことができない、あるいは働く意欲のない路上の人にとっては、行きにくい施設だった。

しかし、彼らが完全に寿町と無縁だったかと言えば、そうではなかった。パン券・ドヤ券の存在によって、かろうじて寿町と繋がっていた。パン券・ドヤ券とは横浜市が失業対策事業の一環として一九七四年から二〇一二年まで実施した法外援助である。

パン券は約七〇〇円分の食券であり（時期によって金額は変化した）、寿地区にある指定店舗で酒、タバコ以外の食料品と交換することができた。ドヤ券は簡易宿泊所に一泊できる券である。

櫻井によれば、パン券・ドヤ券があったがゆえに、路上の人たちが「寿町に寄りかかってい

た」面もなくはなかったという。

一九九九年、襲撃事件から一六年という歳月が流れ、櫻井が木パトの活動に限界を感じていた頃、親しくなった路上の人たちから、思いがけない要望を持ちかけられることになった。

「自分たちには金も組織もないから、あんたたちの力で俺たちの居場所を作ってほしい」

申し入れをしてきたのは五、六人から成るグループだった。バラバラが基本の路上の人たちには珍しく、彼らはある程度のまとまりがあるコミュニティーを形成していた。

しかし、櫻井たちとて彼らの居場所を借りられるような資金を持ち合わせてはいない。できるのは木パトの事務所を彼らに開放することぐらいだった。当時の木パトは、町内会館（現在、はまかぜが建っている場所にあった）の一室を田中俊夫らの寿医療班と共同で使っていた。

「彼らは『そこでいいよ』と乗り気だったのですが、木パトのメンバーは主婦、学生、サラリーマンが中心だったので、日中、鍵の管理をできる人がいなかった。そこで、自主管理をするんだったら医療班にも承諾をもらって事務所を開放するから、自主管理のための最低限のルールを作って持ってきてくれないかと頼んだのです」

すると、グループの中の櫻井が〝文学者〟と呼ぶ人物が中心になって、最低限のルール三カ条を作って持ってきた。それは、大略以下のようなものであった。
①酒を飲まない
②タバコを吸わない

③喧嘩をしない

櫻井は路上の人たちが酒もタバコもやらずに一定時間を他者と過ごすなどということは、到底無理だと思った。

「半信半疑でしたが、でも、信じるしかありませんでした。ちゃんとルールを守ってやってくださいねと念を押して、事務所の鍵を渡したのです」

ところが、櫻井がまったく予想していなかったことが起こった。

まず、路上の人たちはパン券で購入した食材を持ち寄って煮炊きを始めた。次いで、どこからギターを持ってきて弾き始める人が現れ、絵を描き始める人が現れ、ついには書道をする人まで現れたのである。

「酒を飲まずに、無理なくコミュニケーションを取りながら和やかに時を過ごせる状況が出てきたんです。それもわれわれが手を出してそう仕向けたのではなく、彼ら自身がそれを作り出していったのです」

櫻井はお膳立てだけをして、それがどのような展開を見せるかをじっと見守っていた。そのまなざしは、まるで生態学者のようである。

「パトロールでは彼らの夜の面しか見ることができませんでしたが、こうして、彼らの昼の面も見ることができるようになったのです」

文学者が自分たちの居場所をこう名づけた。

クレイジー・サロン――。

ホームレスの集団に自分たちの居場所を自主管理させるという発想も相当にクレイジーだったが、それはやがて、行政の支援とも労働運動とも無関係に、独自の生態系を作り出すことになっていく。

さなぎの食堂

二〇〇〇年、クレイジー・サロンは木曜パトロールの事務所移転を機にNPO法人となり、名称もさなぎ達に変更することになった。この名前も文学者の発案だったという。

事務所の移転先は第一浜松荘というドヤの一階の貸店舗スペースで、元は焼肉屋が入居していた部屋だった。寿町には一階に店舗スペースを設けているドヤが多く、現在は訪問介護ステーションやデイケアセンターが入居しているのを多く見かけるが、櫻井によれば、バブル崩壊以前はたくさんの焼肉屋が店を構えていたそうである。

きつい肉体労働を終えて、脂の焦げる煙が濛々と立ち込める焼肉屋でホルモンをつつきながら焼酎を呷《あお》る。いかにも日雇い労働者の街、寿町にぴたりのイメージだが、いまや寿町界隈で焼肉の看板を掲げている店は二軒しかなく、いずれも高級焼肉店である。バブル崩壊によって日雇い仕事が激減したのと軌を一にして、大衆的な焼肉屋は寿町から姿を消してしまったのだ。

「福祉ニーズの高い町」となった寿町で、焼肉屋が訪問介護ステーションやデイケアセンターに取って代わられるのは、当然と言えば当然のことであり、歌は世に連れの顰《ひそ》みにならえば店は世に連れということだろうが、私としては、日雇い労働者が焼肉屋の中に犇《ひし》めき合っていた、盛んだった時代の寿町の空気に一度触れてみたかったと思わないではない。

さて、第一浜松荘の一階に部屋を借りたさなぎ達は、そこで路上の人の支援活動を本格的に始めることになった。歯ブラシやら、タオルやら、カミソリやらといった生活物資の支給と、よろず相談である。こうした支援活動を通してたくさんの路上の人たちと接するうちに、櫻井は目からウロコの落ちる経験を何度もすることになった。

「それまでは、パトロールで彼らの夜の顔を見るだけだったので、彼らが何か特別な存在であるように感じていたのです。でも、昼間の顔を見ると、当たり前ですが、われわれと同じ人間であることがよくわかりました。抱えている悩みが違うだけなんです」

悩みといっても、決して哲学的な悩みではない。あくまでも具体的な悩みなのだが、一般の人の悩みとはちょっと中身が違う。やがて、路上の人たちの中からこんな要望が出てきた。

「俺たちは（生活保護を受けずに）パン券をもらっているけれど、パン券は使いづらいんだよ。パン券を食券として使える食堂を作ってくれないか」

パン券は端数が出ても釣銭は出なかった。酒、タバコと交換できることにすれば大半がそれに消えてしまうだろうし、釣銭を出せば同じ結果を招くに違いない。むろん、闇で換金する金券屋は存在したが、彼らを通すと何割かピンハネされてしまう。櫻井が言う。

「パン券はお釣りが出ないので一度に七〇〇円分使い切らなければなりませんでしたが、特に夏場は、余った食材が腐ってしまうのでもったいないと連中は言うわけです」

冷蔵庫を持たない人に特有の悩みである。

そこで櫻井たちは、路上の人たちと相談しながらこんな計画を立てた。パン券の七〇〇円にさなぎ達が二〇〇円を上乗せして九〇〇円にし、三〇〇円の食券三枚と交換するのである。そうすれば、一度に七〇〇円分の食材を買って腐らせてしまっていた人が、食堂で三食、温かい食事をとれるようになる。一日で三食食べてしまわずに、残った食券を明日に回すこともできる。食券は腐らないのだ。

櫻井はパン券が使える食堂の設置許可を取り付けるため役所と交渉をした。許可は取れたが、問題は人件費と材料費である。調理師を雇うとなればそれなりの給料を支払う必要があるが、そんな金はさなぎ達にはなかった。むろん、材料費も安いに越したことはない。

「こんな話をしていたら、クレイジー・サロンのメンバーの中に、調理師免許を持ったプロの料理人がいることがわかったのです。俺がボランティアでやるよ、というわけです。主婦のボランティアも手を挙げてくれたので、これで人件費をかけずにやれる。食材の方は学生ボランティアたちが工夫して、安く仕入れてくれることになりました」

こうして二〇〇二年、三〇〇円で定食が食べられるさなぎの食堂がオープンすることになったのである。

私も取材の合間に鶏のからあげ定食を食べてみた。ホームページに米をカンパして欲しいと書いてあったので近所のスーパーで米を二キロ買っていったから、結果的にずいぶん高くついてしまったが、普通においしい定食だった。

やがて櫻井たちは、路上の人の就労先を確保するために介護事業者（カスタムメディカル寿介護支援センター）を誘致すると、その事務所の一角を借り受けてそこにさなぎ達の事務所を置き、旧焼肉屋の方は「さなぎの家」という名称にして、専ら路上の人たちの居場所とした。

さなぎの家では、ドヤに関する情報交換も盛んに行われるようになった。ドヤは行政機関ではなく、あくまでも私営の簡易宿泊所だから、路上の人がいくらドヤ券を持っていても、泊めるか泊めないかはドヤ次第（泊まれるドヤが確保されているドヤ券もあった）、実質的には入り口にいる帳場さん次第であった。

「今日はどうしても外で寝たくないという日もあるわけですよ。でも、汚れた格好で行くと帳場さんが中に入れてくれなかったりする。そこで『あそこの帳場さんなら入れてくれるよ』とか、『ヒゲを剃って身ぎれいにしていったら泊めてくれたよ』といった情報交換が、さなぎの家で行われるようになったのです。その結果、路上の人もだんだん寿町のドヤに入れるようになっていったわけです」

さなぎの家は、路上の人が寿町の内部に入っていくための橋頭堡《きょうとうほ》の役割も果たしたわけだ。

さらに、櫻井を驚かせることが起こった。

クレイジー・サロンがさなぎ達というNPO法人となったことで寄付が容易になり、山手にあるインターナショナル・スクールが交換条件つきで寄付を申し出てくれたのだ。

その交換条件の中身とは……。

「寄付をする代わりに、自校の生徒のボランティア活動の一環として、路上の人とコミュニケーションさせてほしいというのです。僕はこれを聞いて、八三年のホームレス襲撃事件の社会的な背景を垣間見た気がしました。日本の学校が生徒にそんなことをさせたら、たちまち父母からクレームが来るでしょう」

インターナショナル・スクールの生徒は基本的に英語しか話せない。路上の人は日本語しか話せない。果してコミュニケーションが成り立つのかどうか案じながら観察していると、路上の人たちが意外な行動に出た。

「生徒たちと路上の人たちは身振り手振りでコミュニケーションを取り始め、やがて路上の人たちが将棋、独楽、折り紙といった昔の遊びを生徒たちに教え始めたのです。それまで、生徒たちには日本の大人と接触する機会がなく、一方の路上の人たちには積極的にかかわろうとしてくる人間がいなかった。だから、彼らはたちどころに仲よくなった。生徒の訪問は、路上の人たちの元気の源になったのです」

その後さなぎ達は、さなぎの食堂の他にも横浜市との共同事業、寿町なんでもＳＯＳ班事業を立ち上げ、また、さなぎ達から派生する形でポーラのクリニック（寿地区の住人向けの診療所）やFunnybee（ドヤにバックパッカーを誘致するヨコハマホステルヴィレッジ事業などを行う）が生まれ、寿町を舞台にして手広く、そして精力的に活動を展開していった。

さなぎの家の壁面には「話をしようよ」と大書された横断幕が掲げられ、最盛期には月に延べ四〇〇〇人もの路上の人が利用したという。寿町にはさまざまな支援団体が存在するが、NPO法人としてスタートを切ってしばらくの間のさなぎ達は、おそらく支援団体の中の一大勢力だったに違いない。

気になるのは、初期のクレイジー・サロンのメンバーたちのその後である。

「最初のメンバーのうちのふたりは、誘致した介護センターでヘルパーになりました。もうひとりは、さなぎ達の職員になったのですが、持病が悪化してやめてしまいました」

さなぎ達の名付け親、文学者はどうしただろう。

「彼はねぇ……」

櫻井は苦笑を浮かべた。あまり詳しく話したくない様子だったが、私は文学者のその後を知りたいと思った。

正規分布

櫻井によれば、文学者はある地方の開業医の息子だったという。櫻井と出会ったとき、つまり一九九九年には四〇代の働き盛りだったが、なぜか路上の人たちの親分のような存在として、中村川の廃船で暮していた。

「彼は、大手出版社が主催する文学賞に入選したことがあったらしいのです。けっこう注目を浴びて一所懸命に小説を書いたのだけど、同時に入選した人がとんとん拍子でベストセラー作家になっていくのを見て、筆を折ってしまったんですね。親父さんとの葛藤もあって、しばらくの間、アメリカに渡って日雇い仕事をしながらいろいろなことに首を突っ込んでいたけれど結局うまくいかなくて、日本に戻ってきてホームレスになったというのです」

なぜ彼が路上の人たちのリーダーになれたのかといえば、ひとつは、路上の人たちへのシンパシーが非常に強かったことと、もうひとつは、路上の人たちのニーズを的確に掴まえる能力があったからだと櫻井は言う。

「別の言い方をすれば、彼は路上の人たちから尊敬される行為とは何かを読む能力が、とても高かったのです」

それは、一般社会で尊敬される行為とはいささか違った。

「彼は、弱い人にとても気を遣うのです。たとえば、路上の人の中には服を着たまま大便を漏らしてしまう人がいるわけですよ。すると彼は、すかさずその人のところに駆け寄って、汚物を洗い流し、服を着替えさせて、あっという間に何事もなかったかのように処理してしまうのです。人に何かをやらせる時も、まずは自分が率先してやってみせて、自分と同じようにやってくれた人に仕事を任せていく。そうやって彼は人望を集めていたのです」

なぜ、それほどのリーダーシップを持った人物が、路上で暮らさねばならなかったのだろうか。

「持病があったのです。精神障害です。彼は頑なに生活保護を受けようとしませんでしたが、それも持病があったからなんです。おそらく彼は、病気が悪化した時の自分の姿を誰にも見られたくなかったのでしょう。調子が悪くなるとどこかにさっと姿を晦《くら》ましてしまう。生活保護を受けると居場所を固定されますから、人から身を隠すためにはホームレスのままでいる方がよかったのだと思います」

文学者は決してさなぎ達の職員になろうとはせず、介護ヘルパーになろうともしなかった。そして、さなぎ達や関連団体のスタッフとさまざまなトラブルを引き起こしたあげく、二〇〇八年のある日、忽然と姿を消してしまった。

「英語が堪能な人で妻子もいたはずですが、いまどこで何をしているかわかりません。風の噂で、再びアメリカに渡ったとも聞きましたが、正確なことはわからないのです」

櫻井は複雑な表情を浮かべた。路上の人の支援には膨大なエネルギーが必要であるにもかかわらず、社会復帰を果たす人はほんの一握りにすぎない。

「路上の人は生活歴の中でいろいろな影響を受けた結果、路上で生活せざるを得なくなったというのが本質であって、本人が悪いわけではないんです。それが僕の、路上の人との向き合い方の基本です」

文学者に裏切られたのではないのか。

「僕は科学者ですが、(統計学では)正規分布の真ん中がスタンダードとされますよね。でも、スタンダードは、正しいわけでも、絶対的なわけでもないのです。路上には路上の正規分布があって、路上のスタンダードは一般社会のそれとは違うのです。いまの一般社会はお金が絶対的な価値を持っていますが、お金を蔑ろにする路上の人の世界では、体力や腕力の方が重要だったりするのです。つまり、視点をどこに置くかによって、強者と弱者はひっくり返ることがある。それが僕の持論です」

たしかに、文学者は一般社会ではトラブルメーカーだったが、路上の世界ではリーダーだった。

「路上の人にいくら型を押し付けても、彼らが望まない型だと、また路上に戻ってしまう。彼らは必ずしも元の生活に戻りたいのではなくて、自分が生きたい生き方を望んでいるんです」

路上の人を一般社会の型にはめ込まず、しかも共存していくためには、一般社会の側も変わる必要があるということになる。

私は櫻井から、さなぎ達との関わりを通して路上生活に終止符を打った人物を紹介してもらうことになった。果たして私のスタンダードは、揺らぐことになるだろうか。

弱い人

櫻井が紹介してくれた元ホームレスの長鎌元道という男と、JR関内駅の北口改札で待ち合わせた。

黒いチロリアンハットの鍔《つば》にサングラスを乗せた長鎌は、想像していたよりもはるかに華やかな雰囲気の人物だった。ホームレスを〝卒業〟して船会社でアルバイトをしていると聞いていたが、卒業の嬉しさが表情に滲み出ているようだった。

長鎌は昭和四三年、横浜の根岸で生まれている。一人っ子だった長鎌は小四から高校卒業まで、金沢区の並木団地で暮らした。地図で調べてみると、海辺に近い規模の大きな団地である。

高校を卒業するとトラックの運転手になり、二二歳で後に妻となる女性に出会う。長い交際期間を経て、二九歳で結婚。女の子がふたり生まれた。

妻は、長鎌の母親が亡くなったときまだ大学生だったそうだが、亡くなる直前まで入院先の病院を見舞い、通夜や葬式にも参列したというから、長鎌の話を聞く限り、しっかりした女性のようである。

一方の長鎌は、ギャンブルが好きな人間だった。結婚して数年の間は収まっていたギャンブル熱が、なぜかふたり目の子供が生まれた後に再燃した。

「魔が差したっていうんですかね。ストレスもあったかもしれませんが、またのめり込んでしまったんです。一番ひどかったのがパチスロです。パチスロって天井が決まっていて、だいたい一〇〇〇回から一五〇〇回せば必ず大当たりが出るんですが、7が揃う（大当たり）ことが確定すると、それがデジタル表示でわかるんです。そうなったら、目押しで止めるんです。目押しで止めると、自分でやってる感がある。パチンコよりも『自分で止めた』って感じがあるんですよね」

いったいどれくらいの金と時間をパチスロに注ぎ込んだのかを聞いて、私は唖然としてしまった。

【負け】

・平日の仕事帰り　午後六時～一〇時　三～五万円

・休日　午前九時～午後一〇時　最大で一〇万円

【勝ち】

・休日　約八時間　最大二〇万円

ギャンブル再開当時の月給が手取りで約三五万。トータルで見れば、毎月二〇～三〇万円の負けだったという。残った五万や一〇万で家族四人が食べていけるわけがないが、そこは、蛇の道は蛇である。

「毎月の給料はすべて家に入れて、妻から小遣いをもらっていました。当然、パチスロをやるには足りないので、サラ金から借りたんです。一度借りてしまうと、それを返済するために別のサラ金から借りるようになってしまう。いわゆる自転車操業になっちゃうんですね」

長鎌の経験によれば、初回は一〇万ぐらいしか借りられないが、何度か借り入れと返済を繰り返すと、「ご利用枠が広がりました」という連絡が来るそうだ。当時（一五年ほど前）の金利はどの業者も二九％だったというから、自転車操業をやっているうちに借金が雪ダルマ式に増えていくことは、想像に難くない。

「結局、一社当たり五〇万ぐらいずつ五社から借りて、合計で二〇〇〇万の借金ができたんです。それがもう、スパイラル状に増えていくんです」

妻には黙っていたが、やがて自宅や職場に業者から催促の通知や電話がくるようになって、バレてしまった。

「借金の理由を聞いたら、そりゃ怒りますよね」

いったい、どんな電話がかかってきたのか。

「返済期限過ぎてるけどどうなってんのとか、返す気あんの、誠意ないんじゃないの、ぐらいの言い方ですね。考えてみればこっちが客なんですけど、向こうが上の感じでした」

だが、本当に恐ろしいのはここからだ。

長期間返済を怠っていよいよ取り立てという段になると、借りた業者とは別の業者が現れるというのだ。要するに、最初に借りた業者が別の業者に債権を売却してしまうわけだが、当然ながら、後から出てくる業者の方がおっかない。

「離婚と同時に転職をして、新聞の専売所に入りました。会社名義でアパートを借りてくれたんですが、二年半ぐらい何もなかったんで住民票を移したら、すぐに取り立てが来ました。アパートのドアに貼り紙がしてあったり、ポストに催促の手紙が入ったりしていたんで、自宅まで来ていたのは間違いありません」

結局、居づらくなって、長鎌は専売所をやめてしまった。

「たった二〇〇万で逃げるオレもオレだなって思いますけど、オレにはハードルが高すぎちゃって、ひとりで乗り越える自信はなかったですね」

暗黒の時代

母親に早く死なれ、父親とも音信不通だった長鎌には、離婚してしまうと頼る人も帰る場所もなかった。専売所をやめた後は、飯場に入ったり、日払いのバイトをしながらネットカフェに寝泊まりしたりしていたが、徐々に働く意欲も生きる意欲も失っていった。

それでも、三七歳で離婚してからの四年間はなんとか自力で生きていたのだが、四一歳になったとき、完全にバッテリーが切れてしまった。

「二週間ぐらい路上生活をして、公園のベンチに荷物を持ってぼーっと座っていると、『おい兄ちゃん、どうしたんだ』なんて飯場の手配師が声を掛けてきたりするんですが、その中にNPOのスカウトマンがいたんですよ」

いわゆる貧困ビジネスのスカウトマンである。

長鎌は複数のNPOにスカウトされた経験を持っているが、基本構造はみな同じだった。スカウトしたホームレスに生活保護申請をさせて、保護費の中から家賃や食費として一定の金額を天引きする。残りは申請者本人に渡してくれるが、天引額が約一〇万で本人に渡されるのが三～四万という相場は変わらなかった。

建前では就労支援を謳っているし、実際にそうしたNPO施設への入所を足掛かりに就労していくホームレスもいたというから、一概に悪徳NPOと言い切れない面もあるが、内情を聞けば限りなくブラックに近いグレーである。

「いろんなNPOがあるんです。ドヤと同じ三畳ぐらいの個室を用意してくれるところもあるし、古いアパートを一棟丸ごと借り切っていて、一部屋を半分に仕切っているパターンもある。食事はどこも三食出ました。炊飯器と一カ月分の米を一〇キロ渡されて、おかずだけ仕出し屋から届いたり、炊事当番を決めて、届いた食材を当番が料理してみんなで食べるとか。基本的には集団生活なんで、寮長がいて、食事とか掃除の当番を決めるんです。寮長も元ホームレスの人がほとんどで、施設に長くいると、寮長やらないかって声がかかるんです」

当時の長鎌には何の目的もなかったし、こう生きたいというビジョンもなかった。意外にたやすく生活保護を受けることができ、何の苦労もせずに一カ月を暮らせることを知って、NPOへの依存度を深めていった。

「自立してがんばろうなんて、思いもしませんでした」

長鎌にとって唯一の苦痛は、集団生活だった。飯場が長続きしなかったのも、タコ部屋暮らしが性に合わなかったからだ。NPOの施設も基本は集団生活だったから、たとえ部屋は個室でも何かと気を遣うことが多かった。

NPOでの集団生活が辛くなると、長鎌は飯場に入った。飯場の生活が苦しくなると、日払いのバイトをしながらネットカフェに泊まった。ネットカフェが辛くなると、再びNPOに戻った。NPO→飯場→日払いバイト→ネットカフェ→NPO……。長鎌はこの循環を、実に四年以上も繰り返したのである。そして、この時期こそ暗黒の時代だったと述懐する。

「こういう生活に慣れてくると、スカウトされてNPOに行くんじゃなくて、『空いてますかー』って自分から入るようになっちゃうんです。この四年間で、オレ、九回も生活保護の申請したんです。でも、そんなことしてたら、当然、役所の心証は悪くなるでしょう。六〇とか七〇になって本当に保護が必要になったときに、受けられないかもしれないじゃないですか。これはマズイなーと、ずっと思っていたんです」

ここで長鎌は意外な行動に出る。二〇一三年の一二月、すでに寒気が厳しいこの季節に、NPOの施設を出て関内駅の地下道に横たわったのである。自ら進んで、ホームレスに逆戻りしたのだ。

翌日には寿町のセンターに出向いて求人登録を済ませ、日払いの仕事を紹介してもらっている。

「手元って呼ばれてるんですが、道路の脇をコンクリで固める時に山の斜面の木を伐るでしょう。伐った木を山から運び出したりね、そういう仕事をいろいろやりましたよ」

明けて二〇一四年の二月、長鎌はたまたまテレビで『ビッグイシュー』という雑誌の存在を知る。ホームレスの自立を支援するための雑誌販売システムだ。『ビッグイシュー』の販売員になると、最初、一〇冊の雑誌を無償で渡され、その売り上げをすべて自分のものにすることができる。それを元手に雑誌を仕入れて販売し、今度は売り上げの一部を自分の収入として受け取る仕組みだ。

主に駅頭に立って販売するため、場所代を払う必要がない。そして、この『ビッグイシュー』が長鎌と櫻井の接点になった。

「販売員をやってみようかなと思って、横浜駅で売ってる人に話を聞いてみると、さなぎ達というNPOが横浜地区の代理店をやってるって教えてくれたんです」

教えられた通りさなぎ達に行ってみると、そこに櫻井がいた。櫻井は長鎌のこれまでの生活状況を事細かに聞き取ると、販売員になるための手続きをしてくれた。

「話しやすいし、温和な人だなと思いました。炊き出しの場所も教えてくれて、『お金以外のことなら何でも相談に乗るから、遠慮なく来てくれ』って言ってくれたんです」

悪くないのに

販売員になっておきながら、長鎌は『ビッグイシュー』に対して半信半疑の気持ちだったという。多くの人はホームレスに嫌悪感を抱いている。それは、実際の路上生活を通して身に染みてわかっていた。そんな嫌われ者が売る雑誌を買ってくれる人なんて、本当にいるのかと。

だが、それは杞憂だった。

「櫻井さんから関内でやってほしいと言われて、関内駅北口の交差点に立ったんですが、初日の朝一〇時半から夜の一〇時半までで、一〇冊全部売れてしまったんです。第一号のお客さんは、白衣を着た飲食店の店員さんでした。自転車で通りかかって『一冊ちょうだい』って……」

世間の風は、予想以上に温かかったのだ。

やがて常連客ができ、話し込んでいく人、励ましてくれる人、飲み物を差し入れしてくれる人、果ては弁当まで作ってきてくれる人が現れた。常連客の七〇%が女性だった。

二〇一四年の二月一八日にスタートして、月末までの一一日間で二一九冊が売れた。やる気になった長鎌はバックナンバーを取り揃えて〝店舗拡大〟をし、次ぐ三月には実に五四九冊を売り上げた。収入は約九万円。依然として路上生活を継続していたが、雨の日にはネットカフェに泊まる余裕ができた。

そして、二〇一五年の七月、約一年八カ月におよぶ『ビッグイシュー』の販売記録を携えて、長鎌は中区《なか》役所を訪れたのである。

「いまの気持ちなら自立できるかなと思って、櫻井さんに相談したんです。『ビッグイシュー』からの収入は、路上で生きていくには充分だけれど、部屋を借りて自立するには足りない。だからもう一度、生活保護の申請をして足りない部分を補ってもらいながら、就職活動をしようと思ったんです」

櫻井が長鎌と役所の間に入って、話をまとめた。長鎌はドヤの部屋を確保して生活保護を受給し、それを足掛かりにして就職活動を展開した。そして冒頭に書いた通り、アルバイトながら船会社に長期の仕事を得た。暗黒からなんとか自力で這い上がったのだ。

だが……。

私は後日、意外なところで長鎌と再会することになった。寿町の恒例行事、夏祭りでフリー・コンサートと銘打った音楽ライブが行われている寿児童公園で、長鎌が『ビッグイシュー』を売っていたのである。

驚いて声をかけると、しばらくして彼の方から近づいてきた。船会社の仕事は事情があって辞めてしまったという。

「あんなに喜んでたのに、何でまた」

「いろいろあって、居づらくなっちゃって……」

長鎌の言うところによれば、船会社での仕事は最初こそ楽しかったものの、やがていろいろなことを任されるようになって、だんだん荷が重くなってしまった。自分の能力では無理かなと思っていたときに、小さな事故が起きて怪我人が出た。直接的には自分の責任ではなかったが、なんとなく居づらくなって辞めてしまったというのだ。

そう言えば離婚についても、その方が相手にとっていいと思ったと長鎌は言っていた。元の妻はギャンブル依存症の治療のために奔走してくれていたというのに……。

いまひとつ釈然としない気持ちを抱えて、数日後、長鎌の『ビッグイシュー』販売の本拠地である、関内駅北口の交差点を訪れた。長鎌は初めて会った時と同じようにチロルハットをかぶって、陽気そうに見えた。

「事故は自分のせいじゃなかったんですが、オレはバイトだから関係ないというふうには思えない。オレのせいじゃないんだけど、オレが悪いと思っちゃう。きっと誰もそんなこと思っていないんでしょうが、昔から、何でも考え過ぎちゃうんですよ」

おそらく長鎌は、責任感が強いわけでもなく、繊細というわけでもないのだ。そうではなくて、周囲からの信号に対して過敏なのだ。そして弱い。意志が弱く、忍耐力が弱く、自己主張が弱い。そういう人間が、ギャンブルの持つ強烈な刺激に囚われてしまう心理は、わからなくはない。

「ギャンブルは、快感。単純に、快感でしたねぇ」

翻って、私は強い人間だった。欲望を抑制して、競争を勝ち抜いて、苦しい時代を耐え抜いて、曲がりなりにもやりたい仕事でメシを食っている。

私にとって弱さは悪しきものであり、弱さは鍛えられねばならず、弱さは乗り越えられねばならないものだった。だが、誤解を恐れずに言えば、私は長鎌の弱さに惹かれていた。彼のように弱さを弱さのままに生きることが、自分の心を押し広げてくれるような、そんな予感があった。

いま一度、櫻井に会いたいと思った。さなぎ達解散の真相を聞くためにも……。

解散

私が取材中の二〇一七年三月末、ＮＰＯ法人さなぎ達は解散した。

さなぎ達の原点である木曜パトロールの始まりから起算すれば、実に三〇年以上の長きにわたる活動にいったん終止符が打たれたことになる。

櫻井に解散の理由を聞くためさなぎ達の元事務所を訪ねると、シャッターが下ろされ、壁に貼り紙がしてあった。連絡先の電話番号が書いてあったのでかけてみると、櫻井本人が出た。寿町の隣の長者町にあるガストで話を聞くことになった。

テーブルを挟んで向き合ってみると、櫻井はそれほど落ち込んでいる風でもなかった。心血を注いできたＮＰＯが解散したわりには、意外にサバサバとした印象である。

櫻井の話を総合すれば、解散の原因は、とどのつまり資金繰りの悪化だった。

皮肉な話だが、二〇一一年の東日本大震災以降、寄付を募るのが難しくなったというのだ。要するに、さなぎ達に寄付をしてくれていた個人や団体の多くが、震災の被災地の方に寄付を振り向けてしまったというのである。一番大口の寄付元がさなぎ達への支援を取りやめたことが響いた。

もうひとつは、さなぎの食堂の収支の悪化だ。原因は、二〇一二年にパン券の支給が停止されたことにある。すでに述べたように、さなぎの食堂の仕組みは、横浜市が発行する約七〇〇円相当のパン券を持っていくと、それにさなぎ達が二〇〇円を上乗せして九〇〇円にし、三〇〇円の食事を三回できるという仕組みだった。

パン券が支給されている間はよかったが、二〇一二年に支給が停止されると、とたんに経営が厳しくなった。

「パン券があれば利用者の負担はなかったわけですが、パン券がなくなって客からの利潤で営業しなければならなくなった結果、さなぎの食堂は普通のレストランになってしまったんです。普通のレストランが三〇〇円で温かい食事を提供しようと思ったら、薄利多売しかありません。これは難しいことでした」

資金繰りを悪化させたもうひとつの要因は、就労継続支援B型事業所「てふてふ」の運営が思うように行かなかったことである。

障害者に就労機会を提供するための施設、就労継続支援事業所にはA型とB型のふたつがあり、A型は雇用型（雇用契約を結んで給料を支払う）、B型は非雇用型（雇用契約は結ばずに工賃を支払う）であり、さなぎ達は二〇一二年からB型のてふてふという事業所を運営していたのである。このてふてふの運営が、赤字を膨らませた。

さなぎの食堂とてふてふの経営難には、共通性がある。それは数の問題だ。さなぎの食堂は薄利多売をしなければならなくなり、てふてふは利用者を増やさなければ立ち行かなかった。

「自由競争になってしまうと、難しかったですね……」

しかし、より本質的な問題は、さなぎ達の活動が櫻井の思い描いていた理想とは異なる方向に進んでいったことにあるようだった。

櫻井が木曜パトロールに参加したのは、まずはホームレスの実態を、彼らがなぜそこにいるのかを知ることにあった。そして、路上の人の中から出てきた要望をサポートする形でクレイジー・サロンが誕生し、クレイジー・サロンがさなぎの家に発展し、やがてさなぎの食堂ができた。

　生態学の研究者でもあった櫻井が目指したのは、あくまでも路上の人たちが自律的に展開していく活動の支援であり、それを通した自立の手助けであった。

「経済的な自立だけが自立ではないんです。それぞれの人が考える自立があるんです。でも、ひとりひとり異なる自立を行政が支援することはできない。行政にはどうしても枠があるからね。でも、路上の人ってそもそも枠からはみ出しちゃった人なんですよね」

　行政にはできない「それぞれの自立」を支援する。それはまさにＮＰＯの役割だと思うが、しかし、さなぎ達がＮＰＯ法人になったことで、手段と目的の転倒が起こってしまったと櫻井は言う。

「組織になったことで、（それぞれの自立の支援という）本来の目的よりも組織の存続自体が目的になるという、本末転倒の状態になってしまった。もちろん職員には職員の生活があるから組織を維持しなくてはならないわけだけど、組織化したことでさまざまな制約ができて、本当にやりたいことができなくなってしまったんです。どこかの段階で、それぞれの事業が路上の人にとって本当に必要なものかどうかを、総括する必要があったのでしょうね」

原点

もう一点、櫻井に尋ねたかったのは長鎌のことだ。

櫻井の考え方に則れば、経済的な自立だけが自立ではなく、「それぞれの自立」があるわけだから、長鎌が『ビッグイシュー』の販売者であり続けても一向に構わないことになる。とは言うものの、せっかくの就労支援がふいになってしまったことに、徒労や裏切りを感じないのだろうか。

「がっかりはするけれど、裏切りだとは思いません。むしろ僕は、路上の人との接触によって、人間は不完全で弱い存在であることを、改めて見せてもらっていると思っているんです。それが自分の原点なんです。路上の人はそれぞれのリアルな苦しみから脱出しようともがいていて、だからこそクリアカットに自分を見つめることができる。自分が弱い人間であることを自覚する契機を持っているんです。その部分で共感さえ得られれば、僕のやっていることが徒労だとは思いません」

櫻井の言う原点とは、以前書いた、中学生時代に遭遇した殺人事件のことである。

犯人を激しく憎み、なぜ自分を慕っていた後輩が殺されなければならなかったのか「半狂乱になりながら」悩んだ末に、櫻井は聖書によって救われたのだった。

「僕が犯人を許すことができたのは、自分も彼と同じようなことをしてしまうかもしれない、つまり殺人をしてしまうかもしれない人間、不完全な弱い人間なのだと思えたからです。そのことを僕は、絶対に忘れてはいけないと思った。でも、人間って大人になるにつれて、そういう大切なことを日常の中に埋没させてしまうんです」

その原点を、路上の人はリマインドさせてくれるのだと櫻井は言う。だから、支援が何度失敗に終わろうと、感謝こそすれ裏切られたなどとは思わないというのだ。

信仰を持たない私には感覚的にわからないことだが、櫻井が「人間は不完全で弱い」と言うとき、彼は完全な存在として神を対置させている。そうしなければ、人間は社会に対する懐疑的な態度から抜け出せないという。

「懐疑というのは、社会に対する不信、人間に対する不信であって、懐疑を超えていくにはまずは自分の不完全性を認めなくてはなりません。それには神という完全な存在を信じる必要があるんです」

誰もが不完全な存在であると思うことは、他者の不完全さに寛容になれるということでもあるだろう。同時に櫻井は、人間は弱く不完全な存在である一方で、社会性を持てるというプラスの側面もあることを強調する。ここには、生態学者としての知見が反映しているらしい。

「生態学というのは絶対性を求める一般の科学とは違って、社会学にも通じる相対性の学問なんです。生態学では、競争に勝つ力だけが生存能力の主体であるとは考えない。共存する力も、生存能力の主体のひとつなんです。ヘビとカエルとナメクジの三すくみのように、生き物は単に弱肉強食の生存競争をしているわけではなくて、それぞれ弱点を抱えながら、共存というテーマを生きているのです。だから一番弱く見えるナメクジだって、命ある限りヘビと同等の意味を持っているんです。人間の社会で言えば、弱者と呼ばれる障害者も路上の人も、みんな生きている意味があるということです。彼らが存在することで、世の中は確実に豊かになっている。そして人間は、社会性を持てる生き物なんですよ」

自身の弱さ不完全さを自覚し、そして社会性を発揮すること。この櫻井の言葉から浮かび上がってくるのは、他者に対する寛容な姿勢を基本にしながら、強者も弱者も共存を目指す生き方である。櫻井はそれこそが、

「人間が生きる証だ」

と言い切った。

クレイジー・サロンからさなぎの家という流れの中に櫻井が見ていたのは、そのような社会が路上の人たちの間から自律的に立ち上がっていく姿ではなかっただろうか。

「僕は神のような完全な存在になりたいと思っているわけではないんです。社会に懐疑を抱いている人が、たったひとりでいいから信頼できる人間に出会うことで、自身の弱さを自覚して、懐疑的な姿勢を超えていくキッカケを掴める場合がある。僕はそのひとりになりたいんです。支援した人の生活が実際に変わるかどうかではなく、僕を信頼してくれて、僕なりの一所懸命に共感さえしてくれたら、それでいいんです」

どれだけ落胆させられることがあっても、路上の人を絶対に見放さないという櫻井の姿勢に、私は打たれた。

だが……。

デタラメ

こうした感想を根こそぎ覆されるような証言に、私は遭遇することになったのである。

さなぎ達の活動に一時期関わった人物（仮にA氏としておく）に、ここまでの原稿を読んで貰う機会があった。するとA氏から、この原稿はまったくの「デタラメ」で「嘘の情報」だとの指摘を受けたのだ。

A氏によれば、まず、クレイジー・サロンの発案者である〝文学者〟は、決して文学者などではなく、自分ではまったく原稿の書けない人物だったという。彼の文章はすべて口述筆記によるもので、文学者どころの話ではないというのだ。

また、さなぎ達のNPO法人化を企図したのは櫻井ではなく、あくまでも文学者（話が混乱するのであえてこの呼称を使う）であって、櫻井はむしろ傍観的だったという。さなぎの食堂しかり、介護事業所の誘致しかり、すべての活動を焚きつけたのは文学者であり、櫻井を含めた周囲の人々は、彼に巻き込まれる形でさまざまな事業に手を染めていった。それが結果的に、さなぎ達解散の原因になったというのである。

文学者はさなぎ達の広告塔であり、弁の立つ彼は大学教授から学生ボランティアまで、さまざまな人種を弁舌で籠絡しては仲間に引きずり込み、コンサートやパーティーを開いてはマスコミを動員して、「ホームレスが作ったＮＰＯ・さなぎ達」の名を一躍有名にした。Ａ氏によれば文学者は、「寿町を変えたホームレス」として、一時期マスコミから持てはやされたという。

しかしその裏側では、さなぎ達のスタッフや関係者のみならず、行政までを恫喝によって思い通りに操ろうとし、さらには、さなぎ達の会計を実質的に掌握して運営資金を使い込んでいたというのである。

文学者が精神障害を抱えた相当にエキセントリックな人物だったことは櫻井から聞いていたし、文学者という呼称は櫻井と私の間の一種の符牒のようなものであって、私とて彼が本物の文学者だったとは思っていない。だから、櫻井から得た情報がすべて「嘘の情報」だとは思わないが、しかし、さなぎ達というＮＰＯは櫻井が主導して作ったと理解していたので、Ａ氏の言うことが真実だとすれば、この点は私の完全な誤解だったことになる。

この点を櫻井に尋ねてみると、果たして、

「僕はＮＰＯ化には消極的でした」

という答えが返ってきた。

「文学者がさなぎ達をNPOにすることを思いついたわけですが、役所は住所のないホームレスが代表になってNPOを作ることはできないという。ところが彼に入れ知恵する人がいて、代表者として僕の名前を使わせてくれというわけ。そうやって書類を整えて法人格を取得して、文学者が大々的に新聞社に売り込んだんです」

櫻井は、さなぎの家とさなぎの食堂を作ることには賛同していたが、少なくともさなぎ達のNPO化に関しては、担がれただけであることは間違いないようだ。

櫻井から「詳しく話せば多くの人が傷つくから文学者については語りたくない」と言われていたし、A氏以外の関係者は取材に応じてくれなかったのも事実だが、A氏の証言は櫻井へのインタビューのいわば陰画であり、自分の取材の甘さを恥じるしかない。

ただ、櫻井が文学者の行為を黙認しながら傍観者を決め込んでいたのかといえば、そうではなかったのではないか。文学者は周囲のホームレスを焚きつけ、ボランティアや行政を恫喝しながらやりたい放題をやって最後に寿町を追われた人間かもしれないが、それでも櫻井にとっては、あくまで支援の対象だったのではないか。櫻井は傍観していたのではなく、文学者の言動をきっかけに路上の人たちの中から自律的な活動が芽生えていく可能性を、見守っていたのではないだろうか。

私は再び櫻井に、文学者のことを尋ねた。あなたにとって、彼は何者だったのかと。

「彼は、僕にとって課題でした。僕は共感さえ得られれば、いくらがっかりさせられてもいいと思っているんだけど、彼からはついに共感を得ることができなかった。僕には彼の精神障害を治すことはできなかったんです」

　A氏は、名前だけでなくアイデンティティーがわかる情報はすべて伏せるという条件で、私にこう言った。

「彼は典型的なサイコパスです。いま現在、彼の生死がわからない以上、話したことへの報復が怖いのです。彼は、それほどのサイコパスなんです」

　サイコパスとは、いわば善悪の彼岸にいる人間のことだ。櫻井ですら支援できなかったという人間が、いかなるキャラクターの持ち主なのか、私には想像もつかない。

　現在櫻井は組織の制約から解放されて、本来の目的であった路上の人の支援に専念するため、賛同者の支援を受けて阪東橋に小さな事務所を借りている。木曜パトロールは継続し、いずれ路上の人の居場所づくりだけは実現したいという。

　最後に、櫻井はこう言った。

「どんな人間でも利己を突き詰めていくと、どこかで壁にぶつかって自己嫌悪に陥るものですが、文学者にはついにそれが見られなかった。だから僕はギブアップしたんです。キリストだったら諦めないのでしょうが……」

第八話　刑事

昭和四六年、宮崎県からひとりの若者が上京して、横浜の本郷台にある神奈川県警警察学校に入校した。

若者の名前は西村博文。宮崎県の県立高校を卒業した西村が警察官を目指したのは、『七人の刑事』（TBS）というテレビドラマの影響もあって、小学生の頃から将来は刑事になると堅く心に決めていたからである。

警察学校で一年間学んだ西村は、昭和四七年四月、伊勢佐木警察署の地域課に配属されることになった。およそ元辣腕刑事とは思えない温顔で、西村が言う。

「伊勢佐木町と言えば有名な繁華街ですから楽しみにしていたんですけれど、配属されたのはなんと、寿町の交番だったのです。当時はともかく臭いがひどくて、ドヤ街なんて言葉も知りませんでしたから、横浜にこんな街があるのかってびっくりしましたね」

現在の寿町の名誉のために言っておくが、西村が語っているのはあくまでも昭和四〇年代半ばの寿町のことである。

寿福祉プラザ相談室発行の資料によれば、昭和四五年当時、寿町には八六軒のドヤがあり、総室数は五四二六室。しかし、西村の記憶では、当時の寿町の総人口は約一万四〇〇〇人だったという。では、残りの約一万人はいったいどこで寝泊まりしていたのかといえば……。

「飲み屋で夜明かししたり、路上で寝たりしていたんですよ。朝の四時から五時ぐらいに手配師が来るんですが、その時間帯はもう寿町の道という道に人が溢れて通勤ラッシュの駅の構内みたいになる。夕方は夕方で仕事から帰ってきた人でごった返して、また通勤ラッシュのような騒ぎです。当時は二部通し（交替番の仕事を連続でやる）で働けば、一日で四万ぐらい貰えました。それを全部酒と賭け事で使っちゃうんだから、そりゃあ賑やかなもんでしたよ」

西村によれば、当時の寿町には四つの顔があった。

第一の顔はワゴン車と手配師が現れ、職安がシャッターを開ける朝の顔。第二の顔は仕事にアブレた人たちが酒を飲み、路上でサイコロ賭博に興じる昼の顔。第三の顔は、仕事から帰った人たちがメシを食い酒を飲んで大騒ぎをする夜の顔。では、第四の顔とは、いったいどんな顔なのか。

「日雇いの人たちが寝静まるのが午前一時ごろ。泥棒やシャブの売人みたいな悪い連中は、その後の二時か三時ごろになってようやく姿を現すんです」

さしずめ、寿町の裏の顔といったところだろうか。

暴動

寿町の交番勤務についてから最初の三カ月間、西村は町の臭気に慣れることができず、ろくに食事も喉を通らない日々を送った。だが、三月を過ぎた頃から、徐々にこの町に魅力を感じるようになっていったという。

「実は、食べ物がおいしかったんですよ。焼き肉屋とかホルモン屋もありましたが、当時は和食の定食屋がたくさんあって、どの店ものすごくおいしいんです」

多くの店がカウンターに大皿を置いて客が自由におかずを取れるスタイルだったが、そこは労働者の町である、塩分控えめやカロリー控えめの正反対で、しっかりと味のついた煮つけや揚げ物が主流だった。

「よく交番に出前をしてもらいましたけれど、寿町の外の店とは比べものにならないぐらいうまかったですね」

もうひとつ、西村を惹きつけたものがある。まさに本書のタイトルそのものの、寿町のひとびとである。

「たとえば、福富町（伊勢佐木町に近い歓楽街）あたりで飲んでるサラリーマンと寿町で酔っぱらってる労働者と、どっちが扱いやすいと思います？　一般のサラリーマンは権利意識ばっかり強くて、喧嘩を止めに入っても『なんだこの野郎』って態度の人が多いんです。でも、寿町の人は『ダンナ、どうもすみません』ってね、根がいい人が多いんですよ。寿町の方がずっと人情味があるんです」

交番勤務についた翌年、西村はある出来事に遭遇して、寿町が——人情とは言わないまでも——理屈や権利意識とは、まったく異なる原理で動いていることを実感することになる。

寿炊き出しの会が発行している『第２４次　報告集』の「寿地区の歴史」を見ると、一九六五年（昭和四〇年）の欄に「日雇い労働者への警察官の対応で寿派出所を取り囲む騒ぎ」とあるが、この文言とほぼ同じ事態を、西村は八年後の昭和四八年に経験している。

当時の寿町交番は現在の「木楽な家」のあたりにあり、常時七、八人の警官が配備されていたが、昭和四八年のある晩、約五〇〇人の暴徒によって包囲されてしまったのである。

暴徒の憤りの理由は、まさに報告集の記述と同じ「日雇い労働者への警察官の対応への不満」だった。しかしそれは、決して弾圧への不満ではなかったと西村は言う。

「当時の寿町は、西部の町と呼ばれていたんです。西部劇の西部ですよ。なにしろ駅のラッシュみたいな騒ぎが朝から晩までずっと続いているわけだから、もう切った張ったの世界でね、盗みだの喧嘩だのが毎日二〇件以上もある。だから、他の交番だったら事件化するようなことでも、寿町では事件化している暇がないんです。そうすると、警察は俺たちを守ってくれないのかってことになるわけです」

暴動と聞くと、背後に左翼系活動家の存在を想像してしまうが、西村の言葉を借りれば、寿町のひとびとは「賢明にも」活動家の扇動には乗らなかったという。

ともあれ、寿町交番は五〇〇人もの暴徒に取り囲まれて、絶体絶命の危機に陥った。いくら屈強な警察官でも、わずか七、八人で五〇〇人を相手にはできない。伊勢佐木警察署に応援要請をする以外、打つ手はなかった。

暴徒はジリジリジリジリ包囲の輪を狭めてきた。命の危険を感じた西村の体の中で、何かが弾けた。

「私ね、スジの違うことをやられると、自分自身が見えなくなってしまうんですよ。私、残りの警官を全員交番の中に入れましてね、ひとりで交番前の段差に腰を下ろしたんです。開き直ったんですよ。そうしたら早速石が飛んできて、右の頬に当たりました……」

西村が少しでも動けば、暴徒に踏み殺されるかもしれなかった。一触即発の睨み合いが続いた。西村はもはや、俎板の上の鯉の心境だった。

すると、ある人物が暴徒をかき分けて西村の前に進み出てきた。それは、寿町界隈をシマにしているヤクザの親分だった。親分といっても、三〇を少し超えたぐらいの年齢だ。背後に若い衆をふたり従えていた。

暴徒がしんと静まり返ると、親分が口を開いた。

「ダンナ、どうしたんです」

どうしたもこうしたも、見ての通り、一触即発の状態だ。

すると親分は、暴徒の方にくるりと向き直って、例の仁義を切る格好を取った。

「頼むから、帰ってくれ」

こうひとことだけ言うと、暴徒に頭を下げた。

「そうしたら、ものの一〇秒で五〇〇人からの暴徒がサーッと居なくなってしまったんです。まるで、東映のヤクザ映画を見ているような気分でした。私ね、この親分とは疚《やま》しい関係は一切ないし、ヤクザを美化するつもりもないんだけど、このときに命を助けられたのは事実なんです」

暴徒が散ると、親分は再び西村の方に向き直って、

「ダンナ、どっちが出世するか……お互い頑張りましょう」

と言い残して静かにその場を離れていった。親分の方も、たったひとりで五〇〇人の暴徒と対峙していた西村に、何か感じるものがあったのかもしれなかった。

命拾いをした西村が交番の中に戻った直後、遅ればせながら、伊勢佐木警察署の内勤の警官たちが駆けつけてきた。すでに暴徒の姿は跡形もない。応援部隊の第一声は、

「なんだ、なんでもないじゃないか」

であった。

命を張って寿町交番を守った西村は、いまでもこのひと言が忘れられない。だから現役時代、若い警察官たちをこう言って諭してきたという。

「現場に行ってみて、たとえなんでもなくても、一一〇番を受けた以上は、『どうしましたか』って聞くんだぞ。そして、『困ったら、またいつでも電話してください』ってつけ加えるんだ。それが警察官の仕事だ」

寿町のひとびとの純朴さとヤクザの親分の侠気に西村が魅了されたのには、西村なりの背景があった。

宮崎の西村の実家は、貧しい農家だった。両親は一所懸命に働いていたが、農閑期になると父親は出稼ぎに出ざるを得なかった。九州からの出稼ぎ先は大阪か名古屋だ。大阪には釜ヶ崎があり、名古屋には笹島の寄場がある。

「親父も現場仕事をしていたから、寿町の人たちが親父とダブって見えたのかもしれません。どっかで歯車が狂っちゃって、故郷に帰りたくても帰れない寂しい人たちなんだから、大切に扱わなくちゃいけないと思っていたんです」

しかし、西村が寿町に魅了されたのは、寿町が人情味溢れる町だったという理由ばかりではなかった。

効率のいい釣り堀

西村の元に刑事課への異動の話が舞い込んだのは、寿町交番に勤務してちょうど二年が過ぎた頃だった。いくつかの偶然と幸運が重なって、西村は警察官を拝命してから二年と九カ月で、子供の頃からの憧れだった刑事になることができたのである。

最初の配属先は、伊勢佐木警察署の刑事課一係である。ちなみに当時の刑事課の内部は、扱う事案によって以下のように区分されていた。

・一係　殺人、強盗、傷害、暴行などの強行犯

・二係　選挙違反、贈収賄、詐欺などの知能犯
・三係　窃盗犯
・四係　暴力団
（注・現在の一般的な呼称は「捜査〇課」。また、四係は一般的に「組織犯罪対策課」と改称されている）

寿町のひとびとの九割九分は善良な人たちだったと前置きした上で、西村は当時の心境をこう語る。

「刑事課に配属されてみると、寿町は別な意味でとても魅力的な町だったのです。魚の少ない川に竿を出すより、魚がたくさんいる釣り堀で竿を出した方が効率がいいでしょう。当時の寿町は、たった三〇〇メートル四方の中で一係から四係まで、すべての仕事ができたんですよ」

わずか〇・六ヘクタールの中に五〇〇〇室を超える部屋があり、しかも部屋数の三倍もの人間が蝟集していた当時の寿町は、犯罪者が身を隠すのに格好の場所であり、同時に、刑事にとっては〝効率のいい釣り堀〟に他ならなかったのだ。

晴れて刑事になった西村は、まず、寿町の中に協力者を確保することから仕事をスタートさせた。

寿町には警察が苦手な人も少なくなく、路上で人が刺されるような事件が起きても、「さぁ、見てませんね」という反応が多かった。そんな環境で協力者を作るために、西村は一計を案じた。休日返上で、早朝から深夜まで寿町に張りついたのである。

一日中、覆面パトカーの中から寿町を観察していると、怪しい動きをする人物が浮かび上がってくる。ある日、その人物に近づいてこう耳打ちする。

「この前の夜、××××に会っていただろう」

「ダンナ、何でそんなこと知ってるんですか」

「俺は細かいことは言わないけれど、何かあったら頼むよ」

まさに、刑事ドラマのワンシーンである。

後に西村は県警本部の機動捜査隊（初動捜査専門の刑事集団）に異動になるのだが、ここでは反対に、刑事ドラマには決して出てこない、地味な作業を毎日欠かさず行った。

「当時の寿町には指名手配犯がたくさん逃げ込んでいたので、毎朝、共助課に行って、全国の指名手配犯の写真を何百枚って見るんです。「見当たり捜査」っていうんですが、指名手配写真を頭に叩き込んでから寿町に出かけていくと、写真とよく似た奴がその辺を歩いているわけです。そこでもう一度写真を確認してから、これは間違いないと思ったら声をかける。ほとんど百発百中でしたね」

どの部署からでも仕事を依頼できる機動捜査隊こそ西村のベストポジションだという幹部の判断もあって、西村は通算二九年という長きにわたって機動捜査隊に勤務した。そして地道な努力の甲斐あって、県警の幹部に「寿町は西村しかいない」と言わしめる存在になったのである。

途中二年間だけ加賀町警察の盗犯係に配属されたが、機動捜査隊に復帰すると、ある幹部から「西さん、最後まで（退職するまで）寿町を頼む」と言われたそうである。

「たくさんの刑事がいる中で、この町はお前しかいないって言われるなんて、最高でしょう。刑事冥利に尽きますよ」

警察は実績主義である。学歴が無くても実績があれば昇進できる。そして、西村の実績はすさまじかった。

「私ね、合計一二五〇人ぐらい逮捕したんです。多いときには、一年間で一二〇人捕まえたこともあります。はっきりとは言えませんが、おそらく捕まえた人数としては、日本の刑事の中で一番じゃないかと思います」

それもこれも、見当たり捜査で百発百中の逮捕ができた、寿町という〝釣り堀〟のお蔭だと言えなくもない。

交番勤務

ところが、刑事としてこれほどの実績を誇りながら、退職の数年前になって西村はいきなり機動捜査隊を外されてしまったのである。異動先はなんと、寿町交番であった。しかもその後、さらに小さなひとり勤務の交番に飛ばされている。一度、私服で仕事をした人間（刑事の経験者）が再び制服を着ることは珍しい。完全な左遷であった。

「原因は上の人間と反りが合わなかったからなんですが、刑事が一番偉いんだと思い上がっていた私に、神様がもう一度勉強をさせてくれたのかもしれません」

西村がすっかり意気消沈していると、意外な人物が交番を訪ねてきた。暴動を収めてくれた、あのヤクザの親分である。

どういう事情があったのかわからないが、親分はヤクザ稼業からすっかり足を洗って堅気になっていた。そして、ふたりともすっかり年をとっていた。

「ダンナが交番に居るって噂を聞いたんで、どうしたのかと思ってね」

「いや、上と合わないとこうなっちまうんだよ」

「組織ってのは、ヤクザの世界も同じことでね、喧嘩だなんだのときは使われるけど、アイツは要らないとなったら、いいようにされちまうんですよ」

それだけ言うと、元親分はやはりあの時と同じように、静かに交番を離れていった。

西村が言う。

「元親分には子供がいるらしいんで、もしも彼に万一のことがあったら、私、こう伝えたいと思っているんです。あんたのお父さんはね、ヤクザはヤクザだったけれど、ただのヤクザじゃなかった。窮地にいる人間に手を差し伸べる心を持ったヤクザだったって……」

その後西村は、ある幹部の計らいで県警本部の分析課に異動になり、退職までの三年間、若い警察官たちに犯罪捜査のノウハウを引き継ぐ仕事に従事した。現在は、寿町にある某施設で警備の責任者を務めている。

刑事人生に、悔いはないという。

第九話　寿共同保育

「家庭の幸福、諸悪の根源」

こんな言葉が太宰治の小説に出てきたのを記憶していた。妙に心に引っかかる言葉だった。

いま子育てをしている世代で、家庭の幸福を追い求めることを悪だと考える人など、ほとんどいないに違いない。むしろ、家庭は大きな価値を持つものであり、家庭の幸福を願うことは善きことでありこそすれ、悪などであろうはずがない。そう考える人が大半ではないだろうか。

お前はどうかと問われたら、私は何と答えるだろう。家族のことは大切に思っている。それは、混じり気のない気持ちだ。しかし、自分の家庭の幸福を他の家庭や家庭を持たない人の幸福よりも優先するのは、果たしてよいことなのかどうか。善か悪かというよりも、自分の家庭の幸福だけを優先することに、どことなく後ろめたい気分がついて回るのも嘘ではない。さりとて、他の家庭の子供も自分の子供も平等に扱うべきだと言われたら、やっぱり自分の子供の方を可愛いと思うのが人間の本然の姿ではないかとも言いたくなる。

なぜ太宰は、冒頭のような言葉を吐いたのか。いやそれ以前に、太宰はいったいどのような文脈の中でこの言葉を使ったのだろうか。

本棚からページがすっかり茶色く変色した『ヴィヨンの妻』（新潮文庫）を取り出して、「家庭の幸福」という短編を読み返した。冒頭の言葉は、この短編の最後の一行である。

「家庭の幸福」の中で太宰は、普通に考えればまったく善良な人物である町役場の役人を津島修治という自身の本名で登場させ、津島の家庭の幸福を追求する行為が、結果として「見すぼらしい身なりの女」を自死に追いやってしまう経緯を描く。そして、最後にこう書き加えている。

「あのヘラヘラ笑いの拠って来る根元《こんげん》は何か。所謂「官僚の悪」の地軸は何か。所謂「官僚的」という気風の風洞は何か。私は、それをたどって行き、家庭のエゴイズム、とでもいうべき陰鬱な観念に突き当り、そうして、とうとう、次のような、おそろしい結論を得たのである。曰《いわ》く、家庭の幸福は諸悪の本《もと》。」（前掲書より引用）

正確には、「家庭の幸福、諸悪の根源」ではなく、「家庭の幸福は諸悪の本」であった。「根元」という言葉が近くに出てくるから、私の頭の中で「諸悪の本」が「諸悪の根源」にすり替わってしまったのだろう。

いずれにせよ、子育てをしている世代にとっては嫌な言葉だ。しかし、否定し切ることのできない言葉でもある。

かつて寿町が文字通りの「日雇い労働者の町」だった頃、寿共同保育という試みが行われていた。おおざっぱな言い方を許してもらえば、寿共同保育は太宰が指弾した「諸悪の本である家庭」を解体しようとする試みであった。

寿共同保育に別々の方向から関わった、ふたりの人物に会うことができた。

家庭の解体

最初に会ったのは、現在、寿町にある高齢者ふれあいホーム「木楽な家」の代表を務めるT氏（八五）である。

「きらく」が「気楽」ではなく「木楽」なのは、木楽な家の前身が、寿町の老人クラブ「櫟《くぬぎ》の会」だったからだ。櫟の字を分解して木楽にしたというわけだ。

木楽な家では、入浴サービス、昼食会、健康相談、ふれあいサロン（カラオケやゲーム）、囲碁・将棋等の娯楽の場の提供などが行われているが、特徴的なのは、こうした事業のそれぞれが、寿町内で活動している異なる団体によって主催されているということである。

運営は委員会形式（寿地区高齢者ふれあいホーム運営委員会）で行われており、T氏はそのとりまとめ役ということになる。

木楽な家の三階の部屋でT氏に会った。昭和七年生まれのT氏はすらりと背が高く、なかなかのハンサムである。細長い建物の階下では昼食会の準備が行われているのか、いい匂いが階段を伝って上ってくる。T氏が言う。

「共同保育は、（T氏が関わった）当時はマンションを借りていて、昼間だけ生活館に来ていたんです。やり出したのは、田中俊夫さんたちだね。俺の理解では、始まりは女性の解放と子供の解放。昔の寿には男が女をぶん殴るような風土があったし、親が子供を学校に行かせなかったり、手をかけなかったりで、不登校の子が多かったんだ」

T氏の言葉にはわずかだが、訛りがある。出身地を尋ねてみると、青森の津軽地方だという。奇しくも太宰治と同郷である。

T氏によれば、共同保育をスタートさせたのは、後にことぶき共同診療所を設立する田中俊夫を中心とした約一〇人であり、学校の教員や会社員、日雇い労働者など、さまざまな職業の人がいたという。

初期の目的は、女性の解放と子供の解放にあったとT氏は言うのだが、『寿共同保育』（一九八二年・寿共同保育発行）の中の「寿共同保育の歩み　―九年間をふりかえって―」には、次のような文言がある。

「七〇年代初頭からの、差別抑圧からのさまざまな解放運動の理念の系符の中に私たちも生きていました。被差別部落解放運動、「障害者」解放運動、そして、女性解放の理念、それらの斗いに参加していく中で、それらの斗いのはざまにあって子供の存在がお荷物のようにあつかわれていくことの矛盾に対して、おかしさを感じた私たちは、子供解放もあわせて真剣に考えるようになり、その具体的な帰結としての共同保育の運動があったと思います。」（原文ママ）

たしかにT氏の言う通り、女性解放、子供解放が寿共同保育設立の大きな柱であったことがわかる。

では、寿共同保育の日常とは、具体的にどのようなものだったのだろうか。

『寿共同保育』によれば、寿共同保育は資格を持った保育士がいる、いわゆる保育所ではなかった。一般の保育所は、朝、働きに出る親が子供を預けにきて、仕事が終わる夕方から夜にかけて子供を引き取りにくるが、日雇い労働者の町だった寿町は、九時五時で働いている人ばかりが暮らしていたわけではなく、また、いまで言うところのネグレクト（育児放棄）も多かった。

そうした背景もあって、一九七三年の九月、マンション（小柳ビル）の一室でゼロ歳児四人からスタートした寿共同保育は、早くも翌七四年の二月には、二四時間体制へと移行しているのである。

子供の世話は参加者である大人たちが共同で行い、財政面での共同化も行われた。要するに、お財布をひとつにしてしまったのだ。『寿共同保育』はこうした状態を、「家族単位の生活の解体」と表現している。T氏が言う。

「食事を作ったり、掃除、洗濯といった家事はみんなで分担してやっていたね。朝ご飯を食べると、学校の先生もいたし、会社員もいたから、そういう人は出勤する。俺も住民懇（寿地区住民懇談会）の医療班の班長をやっていたから、仕事があったんだ。お昼ご飯を食べ終わると、学校に行っている子供たちを迎えに行く。共同保育の子はみんな南吉田小と富士見中に通っていたんだけど、中には障害を持った子もいたから、迎えに行く必要があったんだ。晩ご飯はみんなで一緒に食べましたね」

マンションの一室から始まった寿共同保育は、時代によって保育の場を何度か変えている。

それには、寿生活館の使用をめぐる、横浜市当局と寿町内で活動する諸団体との対立も大きく関係しているのだが、いまはそこには踏み込まない。

T氏は、寿共同保育に関わり始めた時期を正確に記憶していないが、関わり始めた当時、子供たちは寿生活館に寝泊まりしていたというから、寿共同保育が寿生活館の二四時間使用を始めた七六年六月から八〇年五月にかけてのどこかの時点だろう。

『寿共同保育』には、この時期に「昼間の専従制（人はずいぶん入れかわった）を解消し、交代で担当もやり、就労もするという体制が実現しました」という記述があるから、T氏の言っている内容とほぼ合致する。

さらにこの記述の直後には、こうした体制を敷けたのは「子供との関係をもとめて参加してきた生活保護受給者などが定着し、協力してくれることなどが」あったからだという記述があり、これも、若い頃から生活保護を受けざるを得なかったT氏のプロフィールと合致するのである。

なぜ、T氏は共同保育と関わるようになったのか。T氏の来し方に、そのヒントがあるかもしれない。

飯場めぐり

T氏は一九三二年、青森県の津軽地方に生まれている。実家があった地域は豪雪地帯で、父親は八百屋を営んでいた。兄弟姉妹が合わせて九人。姉のひとりが一歳で亡くなっているから実質的には八人で、T氏は上から五番目の三男坊だった。

「俺は若い頃に結核をやってさ、東北には結核の病院がなかったから、二三歳のとき東京に出てきて、当時は三多摩（西、南、北多摩の旧三郡）と言ったんだけど、三多摩の北多摩郡にあった総合病院に五年ぐらい入院したんだ。その病院には結核患者が二〇〇人ぐらい入院してたな」

ちょうど、結核の特効薬であるストレプトマイシンやカナマイシンが発売された頃だったとT氏は言う。しかし、結核菌は背骨にも感染して、T氏は脊椎カリエスを発症。重い物を持てない体になって、就労が困難になった。

生活保護を受けながら東京で一五、六年を暮らし、四〇代の前半、横浜に移ってきた。寿町と関わりを持つようになったきっかけは、たまたま寿町で暮らしている友人と碁を打つためにセンターにやってきたとき、寿生活館の封鎖騒動に遭遇したことにある。

「二月一七日って日付をはっきり覚えているんだけど、この日は大雪が降って、日雇いの人は雪で仕事に行けないからドヤに泊まる金もないし、パン券が打ち切られたから食べるものもなかった。だから、路上で人が死んでたんですよ。もう、どうにもならないから生活館の四階を占拠して、布団屋から布団を借りてきて、ともかく食べ物を出そうということになったんだね」

寿生活館をめぐる一連の騒動を当事者（寿生活館職員）の立場から記録した野本三吉の『寿生活館ノート』（田畑書店）と照らし合わせると、T氏の言っている「二月一七日」は一九七五年の二月一七日で間違いないと思われる。

七三年の第一次オイルショック、七四年の狂乱物価の影響で、七五年、日本経済は戦後最大の不況の波を被り、その波は「日雇い労働者の町」を直撃した。

『寿生活館ノート』によれば、T氏がセンターを訪れた翌日の二月一八日に、横浜市の寿対策室が寿町の越冬実行委員会に対し、二月二三日をもって市の越冬対策を打ち切ることと、生活館の業務中止を通告しているのである。

T氏は、横浜市当局と寿町の住人たちが最も厳しく対峙していた、まさにそのさ中に、たまたま寿町へやってきたことになる。

「ちょうど囲碁が終わった頃、生活館前の寿児童公園が大騒ぎになっていたんだけど、生活館の中に入ってみてさ、これは俺の生活のやりがいのひとつになるのかなと思ったんだ」

T氏が寿町にやってきた時には、まだ、寿町日雇労働者組合（寿日労）は存在しておらず、T氏はその創設に参画している。そして、同年の五月一八日に寿日労が結成されると、専従組合員となっている。数年間を寿日労の専従として過ごし、路線の違いから寿日労と袂を分《わか》った後、T氏は共同保育と関わるようになるのである。

「共同保育は、俺が入る何年か前からマンションの部屋を借りてやってたんだけど、その後、昼は生活館、夜はマンションという時代があって、生活館を占拠して寝泊まりしていた時期もあったんだ。市と話し合って、市がお金をつけるという条件で生活館を出て、バプテスト教会の前の一軒家に移ったんだけど、多いときは三〇人ぐらいの子供がいたな。寿町以外の地域の子で、親が育てられないっていう子も預かっていたね」

先述のように、寿共同保育は「さまざまな解放運動」の「具体的な帰結」のひとつであり、だからこそ障害を持つ親も子供も受け入れ、他地域でネグレクトに遭っている子供も受け入れたのだろう。しかし、T氏の目に映っていた寿共同保育は、解放というような厳めしい言葉で表現されるものではなかった。

「青森の実家にいた頃は、どの家の子も平等に扱われるのが当たり前だったんだ。俺はしょっちゅう親に怒られて家を追い出されてはさ、向かいの家でメシを食って、向かいの家から学校へ行ったりしていたんだもの。朝起きたら親戚の人が家でメシ食ってるなんて普通のことで、とにかく家の中が賑やかだった。共同保育もとても賑やかだったんだ」

T氏が小学校五年生になった時には、上の兄弟は全員家を出ていた。後に一家は北海道に転居し、T氏も中学校を三年生のときに退学して働きに出ている。結核を病んで東京に行くまでに、仕事をしながら徒歩で北海道を一周したことがあるという。

「一五、六歳の頃からかな、飯場で働いて金を貯めては、その金を持って次の飯場まで歩いていくという暮らしをしたんです。昔の飯場は、タオル一本持っていれば受け入れてくれたんだ。しかも、せっかく訪ねていったのに仕事がないと、朝メシ食わしてやるから他の飯場探しなよなんて言って、弁当まで持たせてくれたりしたんです。人情があったから、そういう気ままな生活ができた。共同保育も同じで、子供が友だち連れてくればメシ食わしてやったんです。青森と同じ、北海道と同じですよ」

T氏にとって寿共同保育とは、子供の頃に経験した、どんな家庭の子供も平等に扱われ、大人同士が情で支え合う社会の再現だったのかもしれない。

寿共同保育では、子供たちに自分の親のことをお父さん、お母さんと呼ばせなかった。

「全部の子供に対して平等に接したから、俺のことを本当の親だと思っている子もいたんだ。勉強のできるできないには関係なく、みんな一緒に、平等に育てたからね」

T氏は単にノスタルジックな思いを満たすために、共同保育に参加したわけではなかった。『寿共同保育』にあるように、子供のいないT氏が「子供との関係を求めて」参加した面はあるかもしれないが、そればかりではなかった。

「北海道の飯場にも、差別のあるところとないところがあってさ、差別のないところの方が仕事がスムーズに行くんだよ。共同保育の中には、差別は一切なかった。知的障がいの子にも差別はなかった。みんなの考え方がそうだったから、自然にそうなったんだ」

Ｔ氏は一家が北海道へ渡った理由も、中学を退学して働きに出た理由も話してはくれなかった。この穏やかな老人の痩躯には、あるいは差別への激しい憎悪が眠っているのかもしれない。

ぶーさん

寿共同保育に関わったもうひとりの人物は、金子祐三という。

寿町でドヤの住人の支援を行ったりイベントを開催したりしている人の中には、あだ名を持っている人が少なからずいる。以前取材した寿学童保育の指導員・山埜井聖一はのりたま、寿支援者交流会の事務局長・高沢幸男はオリジンである。金子祐三は高沢幸男から紹介してもらったのだが、金子のあだ名は「ぶー」。寿町のひとびとや支援者たちの間では、「ぶーさん」と呼ばれている。ぶーさんは、寿夏祭りの際に開催される名物イベント、寿町フリー・コンサートの実行委員を長年にわたって務めている人物である。

このぶーというあだ名、実は寿共同保育と深い関係がある。Ｔ氏が話してくれたように、寿共同保育では実の親のことをお父さん、お母さん、あるいはパパ、ママと呼ぶことを禁じていた。それは、自分の子供だけかわいがることを抑制するためだった。

寿共同保育で、ひとり息子を生後一〇カ月から四歳まで育てた金子も、息子に自分のことをお父さんと呼ばせなかった。息子は言葉を覚え始めると、やがて金子のことを「ぶー」と呼ぶようになった。それがそのまま周囲の大人たちにも定着して金子のあだ名となり、現在に至っている。少々大袈裟な言い方をすれば、金子のあだ名は、寿共同保育の思想の痕跡なのである。

下層に依拠する

ぶーさんが寿共同保育に参加したのは、一九七七年のことである。背景には、一九七〇年代の初頭から始まったウーマンリブ運動があったとぶーさんは言う。

「当時は寿町だけでなく、日本全国に共同保育的なものができていました。それらに共通する基本的な考え方は、男が外で働いて金を稼ぎ、家事と育児は女性が担う性的な役割分業は、おかしいのではないかということです」

いまでこそジェンダー・フリーの考え方は——建前としては——当たり前のことになったが、七〇年代当時は革新的な思想であった。

「子供が生まれるに当たってどのように子育てをしようかと考えたわけですが、私としては性的な役割分業はおかしいと思っていたので、つれあいと一緒に九州や京都の共同保育を見学に行ったのです。そうした見学先のひとつが、寿共同保育だったというわけです」

なぜ、寿共同保育に決めたのかといえば、理由は案外単純で、ぶーさんもつれあいの亘理あきも、横浜の出身だったからだ。九州弁や京都弁の中で子育てをしていくのは、ちょっとキツイと感じたという。

ちなみに亘理あきは本名ではなく、やはりあだ名のようなものであり、彼女を知る人たちは親しみを込めて「あきさん」と呼ぶので本稿でもそれに従うことにしたい。

さて、ぶーさんとあきさんが共同保育に求めたことは何かといえば、「個別の家庭で子育てをするのではなく、地域みんなで子育てをする方向性」と「下層に依拠する」ということであった。前者は言葉通りの理解でいいと思うが、「下層に依拠する」とはいったいどういう意味だろうか。

ぶーさんが、ひとつひとつ言葉を選ぶような話し方で説明してくれた。

「たとえば……ビルをつくるのは誰かということです。『山谷ブルース』ではありませんが、実際にビルをつくるのは建設会社のエリート社員ではなく、日雇いの労働者たちです。では、建設会社のエリートと共に生きるのか、それとも、日雇い労働者と共に生きるのか。下層に依拠するとは、実際にビルをつくっている日雇い労働者と共に生きることを選択する、ということなのです」

岡林信康が『山谷ブルース』を発表したのは一九六八年だから、寿共同保育が始まる一九七三年より少し前のことである。調べてみると岡林自身は同志社大学の出身であり、実家は教会、父親は牧師だったという。同志社といえば関西の名門私大だから、岡林はエリートのひとりだったと言っていい。

ぶーさんも学費未納で抹籍になったとはいえ、早稲田大学に入学した経歴を持ち、あきさんは東京教育大学を卒業して通産省の東京工業試験所に勤務していた理系のキャリア官僚（技官）だったというから、岡林同様、ふたりともエリートだったといっていいだろう。

エリートが下層に依拠する生き方を選択することとジェンダー・フリーとは、どのように繋がるのだろうか。

「私は、現在も続いている性的な役割分業が、このロクでもない日本社会を育んでいると考えているのです。男性は家族を養う役割を負わされ、職を失うわけにはいかないので従順な会社人間となって、日本の支配体制に組み込まれていく。一方、女性の多くは結婚すると夫のことを主人と呼びますが、夫と主 - 従の関係を結んで自分が家事と育児を担当することによって、やはり日本の支配体制に組み込まれていくのです」

日本社会のロクでもなさとは？

「特定の人々、一部の人々を差別し、抑圧し、従属させることによって成立している社会であるという点で、日本はロクでもないのです。沖縄に米軍基地を押しつけているのもそう、福島の原発問題もそう、在日韓国・朝鮮人に対してもそうです。日本という国全体が、そうすることによって成り立っているのです」

「下層に依拠する」とは、こうした「ロクでもない日本社会」を支配する側に加担せず、押しつけられ、差別され、抑圧されている側に立つ生き方だと言えるだろう。そして、支配する側に加担しないためには、まず、ジェンダーの問題から解決していく必要があるということだろうか。

「私は大学に入学したので、そのまま卒業して一流企業に就職をする道もありました。そういう道を選ぼうと思えば選べたのです。でも、自分さえよければいいとは、どうしても思えなかった。それでは、納得のいく人生を送れるとは思えなかったのです」

読者は、ぶーさんを過激な思想の持ち主であると感じるかもしれない。実際ぶーさんは、学生時代から活動家として生きており、逮捕された経験もある。しかし、ぶーさんが理想として思い描いてきた世界は、むしろ牧歌的な世界のように思える。そして寿共同保育とはおそらく、そうした理想世界の具現化の一例であったに違いない。

「私には、キューバという国がとても魅力的に見えたのです。どのように魅力的かというと、キューバの共産党の機関誌の名前が『グランマ』、つまり『お婆ちゃん』という名前だったのです。これはカストロとゲバラがメキシコからキューバに乗り込むときに乗っていたヨットの名前なのですが、『赤旗』なんていう権威主義的な名前じゃなくて、『グランマ』っていうところがセンスいいでしょう」

センスがいいと思うかどうかは個人の嗜好の問題だが、キューバ革命やベトナム戦争でアメリカに徹底抗戦したベトナムに理想の世界を見ていたぶーさんは、大学入学と同時に反代々木系、つまり反日本共産党系のセクト、フロントのメンバーになっている。

一方、つれあいのあきさんは、一九六八年、原子力空母エンタープライズ寄港阻止闘争に触発されて、通産省を退職。新宿労働者共闘のメンバーとして活動していた。

ぶーさんが言う。

「一九七〇年ごろ、入管闘争というのがあったのです。出入国管理令を管理法に改悪して、在日の中国人、韓国・朝鮮人への管理、迫害を強めようという動きに反対する闘争でした。私はこの闘争を通して、日本の繁栄が中国人や韓国・朝鮮人を踏み台にして成り立っていることに気づきました。入管闘争のとき、千代田区の清水谷公園で法務省へ向かう約三〇〇人のデモ隊を前に、新宿労働者共闘を代表してハンドマイクを握ってアジテーションをしていたのがあきでした。あきを見たのはそれが初めてでした」

ぶーさんは、元通産省のキャリア官僚が新宿労働者共闘のメンバーになること自体、大変に珍しいことであり、あきさんは「根底的という意味でラジカルさを持った女性だった」という。

そしてぶーさんもまた、同じ意味において、ラジカルな人物のようである。

たとえば、入管闘争についてだが、入管闘争の中心をなしたのは日本人の新左翼ではなく、当事者である在日華僑の若者が一九六九年に結成した華青闘（華僑青年闘争委員会）だった。しかし、一九七〇年の七月七日（三十三年前に盧溝橋事件の起きた日）、闘争の主導権を握ろうとする日本人の新左翼系学生組織の行動に失望した華青闘は、「華青闘告発」という声明を出して解散してしまう。声明文の原文は残っていないようだが、以下のような趣旨だったらしい。

「当事者（華青闘）の意向を無視する日本人の新左翼もまた、われわれ在日華僑や在日韓国・朝鮮人にとっては抑圧者に他ならない」

ぶーさんが言う。

「この華青闘告発をきっかけに入管闘争に加わっていった人も多いのですが、私はすでに一九六七年から、ベトナム戦争に異を唱えて日本への亡命を求めた韓国の陸軍兵士、キム・トンキを支援する活動を通して在日の問題に興味を持ち始め、その後「チョッパリの会」の結成に参加しました。当時の日本人の新左翼諸党派は、在日の問題について極めて無知でした」

つまり、華青闘告発を受けてにわかに在日の問題を口にするようになった人々とは違う、ということであろう。

ぶーさんとあきさんは「下層に依拠する」という考えを共有しており、ふたりとも「根底的であるという意味でラジカル」な人間同士であった。

「あきは身長が一六〇センチあって、細身でした。初めて彼女を見たときも、決してきつい女闘士というイメージの女性ではありませんでした。頭でっかちの人ではなく、自然体な感じの人でした。ただ、感覚的に受けつけないことは絶対にやらないという徹底性はありました」

写真で見る限り、あきさんは美しい人である。一目ぼれしたのかと尋ねてみると、

「うん、まぁ、ステキな人でしたね」

と、ぶーさんは少し照れくさそうに言った。

東大安田講堂事件

一九四七年（昭和二二年）生まれのぶーさんは、団塊の世代の一番上の年代である。父親は復員兵だったが外地で戦った経験はなく、「そもそも日本がアメリカに勝てるわけがなかった」とよく口にしていた。男三人女三人の下から二番目だったぶーさんは、前述したように、早大に入学した年の夏、フロントというセクトに入っている。逮捕されたのは一九六九年一月の、いわゆる東大安田講堂事件においてである。

ぶーさんたちフロントのメンバーは、安田講堂の地下一階（東大本部事務所があった）をバリケードで封鎖して、約二〇人で守備（逆の立場から言えば占拠）していたが、機動隊によってバリケードを突破されてしまった。

機動隊との対峙とは、いったいどのようなものだったのか。

「機動隊が警棒を持って部屋に入ってきました。受け持ちのバリケードが突破されたら、上の階には逃げないという全体の方針だったので、われわれはバリケードのそばに全員で集まってスクラムを組んでいて、ゲバ棒で戦ったりはしませんでした。興奮していたので恐怖感はありませんでしたが、事務所を守備していた全員が逮捕されてしまいました」

安田講堂の講堂部分や一階は東大全共闘が守備し、講堂の屋上はブント、社青同解放派、中核派が守備していたそうである。彼らが放水車で水をかけられる映像を子供の頃見た覚えがあるが、あれが一月だったとは知らなかった。

安田講堂に近い文学部の建物は革マル派が守備していた。ぶーさんの言葉通りに書けば、革マル派は文学部の建物を機動隊に「明け渡してしまった」そうである。

「文学部の屋上は、安田講堂に向かって催涙弾を撃つのに最適な場所でした。その場所を明け渡してしまったのは、革マル派の裏切りです。安田講堂の闘いまで活動を続けてきた人たちは、みんな革マルが嫌いになったと思います」

ぶーさんは、革マルのどこがどのように嫌いなのだろう。

「当時、火炎瓶を投げたり投石をしたりすると罪が重くなりました。組織にとって重要な人がそうした行為によって獄中に入ってしまうと組織が弱くなってしまうので、革マル派は火炎瓶を投げなかった。彼らの主眼は、組織防衛と組織の拡大にあったのです」

話が横にそれるが、私は寿町のドヤで元革マル派だった人物に会ったことがある。その人もやはり早稲田大学の出身で、大学院で日本史を専攻していたと言っていた。一般企業に就職ができなかったので、組織の仲間に助けられながら塾の講師として糊口をしのいできたと言っていた。

柔らかくウェーブした銀髪をオールバックにした知的な風貌の人だったが、私の目の前でウイスキーをがぶ飲みしては吐き出すことを何度も繰り返しながら、

「こういう人生もあるんだよ。なぁ、これも人生なんだよ」

と言って泣き崩れた。

革マル派の残党のひとりと狭いドヤの部屋で向き合いながら、私は辛かったというよりも、人間がそのように生きていることが恐ろしくてならなかった。

さて、機動隊に逮捕されたぶーさんは、起訴されて中野刑務所内の拘置所に入ることになった。容疑は公務執行妨害、不退去、傷害などなど七つもあったそうである。

「知ってることを全部話せば在宅起訴にしてやると言われたのですが、私は罪を軽くしたいとは思いませんでした」

八カ月間勾留されて、六九年の秋、ぶーさんは保釈された。逮捕された人数が多く、事件を矮小化せずに自分たちの行動の真意を評価してほしいという希望もあって統一公判を望んだが、二〇人程度のグループに分かれての公判となった。

安田講堂事件までは学生運動に対する世間の目はむしろ温かく、ぶーさんの父親も「ハレンチ罪じゃないからいいだろう」という程度の反応だったという。しかし、この安田講堂事件が分水嶺になった。公判で同じグループになった人の中には、安田講堂事件が起きた一月には存在していなかった赤軍派のメンバーがいたそうである。赤軍派は、あの放水を浴びていたブントから分かれた組織だという。

「東大闘争までは、捕まっても起訴されて拘置所に入るとは限りませんでした。社会に流動性があって、早稲田で学生運動をやっている女子学生の中にゼネコンの副社長の娘がいたりして、面白い時代でした。正直言って、フロントの活動は楽しかったのです。政治犯は独房に入れられるので孤独だし恐ろしかったですが、でも、六九年の秋に保釈されたとき、私は心に固く誓ったんです」

ぶーさんの口調が険しくなった。

「頭のてっぺんから爪の先まで、国家権力に反逆しようと」

「根底的という意味でラジカルなあきさん」との出会いは、このようにして準備されていった。

清水谷公園

金子ぶーさんが千代田区の清水谷公園で初めて亘理あきさんの姿を見たことは、すでに述べた通りである。ふたりは入国管理令を入国管理法へ〝改悪〟する動きに反対する入管闘争に参加しており、清水谷公園は国会と首相官邸へ向かうデモ隊の集結場所であった。

地図で調べてみると、清水谷公園とはホテルニューオータニの真向かい、かつての赤坂プリンスホテルの並びにある公園のことだった。ぶーさんの記憶では、清水谷公園を出発したデモ隊は赤坂見附交差点を通過して外堀通りを虎ノ門まで直進し、文部省を左手に見ながら虎ノ門交差点を左折して、日比谷公園内で解散したという。

一九七〇年のある日、若きぶーさんとあきさんは、国家の中枢機関が蝟集する霞が関界隈を数百人のデモ隊の一員として行進したのだ。それはいったい、どのような光景だっただろうか……。

あきさんと出会った当時、ぶーさんは東大安田講堂事件で逮捕・起訴されて保釈中の身の上であり、京王線の笹塚駅に近い学生寮に住んでいた。

笹塚は新宿に近いわりに家賃の安いアパートが多く、私が学生だった一九八〇年代の後半にも学生が多く住んでいる街だった。一方、あきさんは高田馬場の和室ひと間の部屋に住んでおり、後に西武新宿線の武蔵関駅に近い、やはり六畳一間のアパートに転居している。

ふたりは闘争を通して親しくなり、一九七五年ごろ、ぶーさんがあきさんの転居先に転がり込む形で、同居生活を始めている。同居はしていたが、婚姻届は出さなかった。ふたりとも、男女のあり方として、入籍という法律的な形を取ることに反対の立場だったからだ。ぶーさんが言う。

「入籍をすると姓を統一しなければならなかったり、配偶者控除などといって税制面での優遇措置を受けたりするわけですが、なぜそんなふうに、男女の関係を法律によって認められようとしなければならないのでしょうか」

では、あきさんの両親は、ふたりの関係をどのようなものとして認識していたのだろうか。

あきさんの父親は、当時、横浜国立大学の工学部で化学を教えていた。つまり大学教授である。あきさんは、父親と同じ化学の道に進んで通産省の東京工業試験所に入っており、いわば父親の跡継ぎだった。さらに言えば、ぶーさんと出会った当時、あきさんはやはり化学を専門とする男性と、別居はしていたとはいうものの、法律的には〝普通の結婚〟をしていた。

ぶーさんには悪いが、自分と同じ専門分野を学んで通産省のエリート技官になった娘が、役所を辞めて新左翼の活動家と同居を始めたことを、いくら学生運動に対して寛容な人物だったとはいえ、大学教授の父親が快く思うはずはないと私は思う。

ぶーさんが言う。

「あきの父親は、われわれの関係を野合だと言いました」

野合。辞書的に言えば「正式な手続きを踏まない結婚」のことである。ぶーさんたちは入籍をしなかったのだから、たしかに正式な手続きは踏んでいない。しかし、ふたりとも正式な手続きを踏むことに反対の立場だったのだから、野合するしかなかったとも言える。

あきさんの母親は黙って見守るという姿勢だったそうだが、父親はふたりの同居生活に口を挟んできたのだろうか。

「あきの父親はそのころパーキンソン病を患っていたので、体もあまり動かなくなっていたし、そんなに口も利けない状態でした」

あきさんの父親はすでに他界している。彼があきさんの選択を無念に思ったかどうかは、確かめようがない。

ぶーさん出血する

あきさんの父親から野合と謗られながらも同居生活を続けていたふたりは、同時に、ノンセクトの活動家としての日々を送っていた。

当時の世相を実感として知らない私は、ぶーさんの言葉をそのまま記述するのみだが、少なくとも、ぶーさんが逮捕された東大安田講堂事件までは、学生運動、新左翼の運動に対する世間の目は温かかったという。

「たとえば、王子野戦病院設置反対闘争というのがありました。この時、塀を乗り越えて敷地内に突入した中核派の人がいたのですが、そこまでやった人でさえ、起訴されることはなかったのです」

ぶーさんも、世間の寛容さ、あるいは暗黙の支持に触れる経験をしていた。

「私もこの王子野戦病院設置反対闘争に参加したのですが、機動隊に包囲されてボコボコに殴られ、頭から何カ所も出血したことがありました。なんとかお茶の水あたりまで逃げてきたとき、近くの大病院の医師が、名前も尋ねず、お金もとらずに治療をしてくれるという不思議な体験をしたことがあります」

王子野戦病院とは、一九六八年、東京都北区十条台にあった米軍の王子キャンプ内に設置された、ベトナム戦争の傷病兵を収容するための野戦病院である。

当時、埼玉県入間市のジョンソン基地内（現在の航空自衛隊入間基地）にベトナム戦争の傷病兵を収容する野戦病院が設置されていたが、一九六六年、ベトナム戦争の激化による傷病兵の急増によってジョンソン基地内の野戦病院が手狭になると、米軍は野戦病院の一部を王子キャンプ内に移転することを計画した。

その計画が明らかになると、べ平連などの市民団体や地域住民を中心に野戦病院の移転に反対する運動が起こり、そこに反日共系の学生組織が合流することによって、反対運動は大規模な反対闘争へと拡大していったのである。

反対運動を展開した地域住民の中心は、割烹着を着た主婦たちだったという。王子キャンプは住宅密集地に隣接していたため、主婦たちは、米軍キャンプ内にベトナムから病気の兵士が運び込まれることによる感染症の拡大を恐れた。

一方、反日共系の学生組織が野戦病院の移転に反対したのは、言うまでもなく、ベトナム戦争への加担に反対し、それを阻止するためであった。あきさんが感化されたという佐世保港への原子力空母エンタープライズ寄港阻止闘争もベトナム反戦闘争のひとつだったから、後につれあいとなるぶーさんが王子野戦病院設置反対闘争に参加していたのも、むべなるかなである。

王子野戦病院設置反対闘争では、反対派と機動隊が数次にわたって激しい衝突を繰り返し、死者一名（一般の通行人）を含む一五〇〇人もの怪我人が出た。米軍は一九六八年の三月に野戦病院の移転を実行に移したが、激しい反対に遭って、一九六九年の十一月に野戦病院を閉鎖。米軍王子キャンプの跡地は、現在、北区立中央公園として一般に開放されている。

この王子野戦病院の設置に対しては、周辺住民や市民団体だけでなく都議会も保守系議員を含む超党派で反対決議をしたというから、「世間の目は温かかった」というのも頷ける話である。お茶の水でぶーさんのことを無償で治療してくれた医師も、あるいは、胸にベトナム反戦の思いを秘めていたのかもしれない。

しかし、ぶーさん自身、東大安田講堂事件が分水嶺だったと言うように、六九年以降、学生運動と世間との距離はどんどん開いていくことになる。そして、一九七二年二月の連合赤軍によるあさま山荘事件の後、山岳アジトでの凄惨なリンチ（同志の殺害）の実態が明らかになるにつれて、乖離は嫌悪へと変質していった。

あさま山荘事件当時、私自身は九歳だった。むろん、事件の背景など理解できるはずもなかったが、クレーンに吊られた鉄の球が大きく振られて、あさま山荘の壁に穴をあけるシーンを白黒テレビで見たことはよく覚えている。

あさま山荘事件の翌年の一九七三年にはパリでベトナム戦争の和平協定が結ばれ、一九七五年、サイゴンが陥落してベトナム社会主義共和国が成立する。

世間が学生運動に冷たい視線を浴びせるようになり、運動全体が退潮していく中で、ぶーさんとあきさんは同居生活をスタートさせたことになる。

あきさん日雇い仕事を始める

同居を始めて間もなく、あきさんが妊娠したことがわかると、ふたりは明大前（京王線と井の頭線が交差する駅）のアパートに転居した。六畳ひと間しかなかった武蔵関の部屋とは違い、六畳と三畳にキッチンのついた、曲がりなりにも二間ある部屋だった。ぶーさんが言う。

「私が入っていた笹塚の学生寮は、もともと病院だった建物を学生寮に転用したものでした。その寮の持ち主が無認可の保育園を始めたので、子供を保育園に入れる可能性も考慮して（笹塚に近い）明大前への引っ越しを決めたのです」

あきさんは妊娠中、外に勤めに出ることはせず、家で翻訳の仕事をしていた。翻訳といっても、文芸書の翻訳や工業翻訳ではなく、フランス語で書かれた化学の文献を日本語に訳す仕事だった。

一方のぶーさんは、東大安田講堂事件の裁判が終わった七四年頃までは、工事現場で日雇いの仕事をしており、結審した後は、印刷関係の材料会社で普通のサラリーマンとして働いていた。職種はセールス・エンジニアである。

「印刷会社に製版カメラを売り込む仕事でした。ただ売るのではなくて、販売した機械の調整をして、使い方を教えるところまでやるのです」

だから、単なる営業マンではなく、セールス・エンジニアだったわけだ。

明大前のアパートは、警視庁公安部に家宅捜索を受けたことがあるという。

「私の知り合いには、共産同（ＲＧ《エル・ゲー》）の人が多かったので、関係先ということで家宅捜索を受けたのです」

共産同とは共産主義者同盟＝ブントのことであり、ＲＧはローテ・ゲバルト＝赤い暴力というドイツ語の略だという。共産同（ＲＧ）とはいったいどのような組織だったのだろうか。

「爆弾をたくさん作って、交番の裏に仕掛けたりしていた人たちのグループです」

ぶーさんは、恐ろしいことを淡々と語る。

家宅捜索とは、どのように行われるのか。

「朝早く、警視庁公安部の人たちが四、五人でやってきて、ドアをトントンとノックするんです。ドアを開けると令状を見せて、『これから家宅捜索をします』と言うのです。そして、彼らが押収すべきだと思ったものは、持っていくんです」

公安部の主たる目的は住所録の押収であり、ぶーさんは捜査を撹乱するために偽物の住所録を作ったりしたそうである。あきさんは私的な住所録を下着の中に隠して、押収を免れた。

「ひとりで暮らしていたときも家宅捜索を受けたことがあって、その時は身体検査をされたのですが、ポケットに一五円しか入っていなかったのです。すると刑事が、『お金がないなら、あげようか』と言いました」

それは、人情で言ったのだろうか。

「懐柔のためでしょう。家宅捜索は淡々と行われるものですが、いきなり来るので、そりゃびっくりしますよ」

一九七六年の夏、男の子が誕生した。

あきさんは、男の子が生まれる前から子育てを半々でやることを提案していた。ぶーさんも性的役割分業こそ「このロクでもない日本」を育んでいる根本的な問題だと考えていたから、異存はなかった。

だが、実際に子育てを半々でやるとなると、普通のサラリーマンを続けるのは不可能だ。一週間のうち一日はふたりで一緒に子育てをするとして、残りの六日を半々にするには双方とも三日ずつ休みを取る必要がある。つまり週に四日休まなければ、完全な折半はできないのだ。

いまでこそイクメンなどという言葉が流行しており、子育てをする男性が市民権を得てきてはいる。しかし、妻と子育てを折半でやるから週休四日で働かせてくれと言って、それを了承してくれる会社は、現代でもまずないだろう。さすがのぶーさんも、完全週休四日を認めてくれる会社が存在するとは思っていなかった。

「それが、あったんですよ」

ぶーさんの言葉遣いが、生き生きし始めた。

先述したように、ぶーさんは裁判が終わった後、印刷関係の材料会社でセールス・エンジニアとして働いていた。材料会社の顧客は、当然ながら印刷会社である。ある日、営業先の印刷会社のうちの一社が、ぶーさんに声をかけてきた。

「当時は人手不足だったので、最初はただ単に、うちで働かないかと誘われたのです。そこで、給料は半分でいいから週休四日でいいなら行くよと言うと、その条件でいいというのです」

こうしてぶーさんは、某印刷会社で印刷オペレーターとして働くことになった。印刷オペレーターとは、いわゆるブルー・カラー＝現場の労働者である。

一九七七年の六月ごろ、ぶーさんとあきさんは、生後一〇カ月の男の子を連れて、寿共同保育に参加するため横浜の石川町に移り住んだ。

あきさんは寿共同保育に参加すると同時に、建設現場で日雇いの仕事を始めた。差別的な言い方かもしれないが、元通産省のエリート技官という肩書と日雇い労働者の間に、私は大きなギャップを感じる。あきさんは無理をしていたのではなかったか。

「いや、あきは、寿町で暮らす以上そういう仕事をやってみたいと言っていたのです。ビルの建設現場で片付けや掃除の仕事をやっていましたが、頭で考えてそうしたのではなく、本当にやってみたかったのだと思います」

ぶーさんは、石川町から東京の印刷会社に週三日通い、残りの四日は寿共同保育で地域の人々と一緒に子育てをする生活を始めることになった。

ふたりが共有していた「下層に依拠する」生き方の、実践が始まったと言っていいだろう。

家族の解体

一九七三年にスタートした寿共同保育は、時代とともに保育の場所も中身も変化させていくのだが、ぶーさんが参加した一九七七年当時は、どのような形を取っていたのだろうか。

「当時の寿共同保育は、生活館の三階に入っていました。下は一〇カ月の乳児から上は小学校六年生ぐらいまで、総勢で一二、三人の子供がいました。重要なポイントは、子供たちは二四時間、生活館の三階で生活していたということです」

一般の保育園のように、仕事を終えた親が夕方から夜にかけて子供を引き取りに来るのではなく、子供は基本的に生活館に寝泊まりをし、親は別の場所で生活をしていたということだ。保育は保育士に任せるのではなく、寿共同保育に参加している親と地域の人たちがローテーションを組んで、昼担当三人、夜担当三人の二交替制で行っていた。

「食事は生活館の三階に作った台所で自炊していました。夜は、夜担当の大人三人が子供たちと一緒に寝るのです」

なぜそんなことをしたのかといえば、それは寿共同保育の理念である「家族単位の生活の解体」を実践するためだった。寿共同保育の参加者たちは、いささか杓子定規な気はするが、この理念を生真面目に実践しようとしていたのだ。

参加者である親と地域の人たちの顔ぶれは、以下のようなものであった。

・（ぶーさんのような）サラリーマン
・（あきさんのような）日雇い労働者
・横浜市の職員と教員
・電電公社の職員
・看護師
・寿町の住人

「子供たちには、自分の親のことをパパ、ママと呼ばせず、基本的にはどの大人のことも、「さん」づけで呼ばせるようにしていましたが、完全に親子の意識を無くそうとしたわけではなく、月に何回かは自分の子供を自分の家に泊めることも認め合っていました。ただ、そういう時も自分の子供だけ連れて帰るのではなく、必ず他の子供も一緒に連れていくことにしていたのです。自分の子供だけ、というのはやめようということです」

お金では揉めなかった

保育の費用は、どのように負担していたのだろうか。

寿共同保育には収入の安定している公務員から不安定な日雇い労働者まで、さまざまな職業の人が参加しており、子供が複数いる人から子供がいない人までいたわけだから、費用負担のルールを決めるのは難しかったのではないだろうか。

「私が参加していた時代は（自主管理中の）生活館に入っていたこともあって、家賃はかからなかったし、横浜市が（生活館の）電気、ガス、水道を止めなかったので、水道光熱費もかかりませんでした。お金がかかったのは、専ら食費と子供たちの学用品でしたが、特段、会費のようなものは決めておらず、各自が出せる範囲で出していました」

ぶーさんによれば、余裕のある人が多めに出し、余裕のない人はあまり出さないスタイルだったそうである。たいていは横浜市の職員と教員が多めに出し、生活保護を受けている人や子供の養育が経済的に難しいという理由で参加している人は、あまり出さなかった。中には出そうと思えば出せるのに、ズルをしてまったく出さない人もいたというが、それで揉めることはなかったのだろうか。

「厳しく徴収するのではなくて、ゆるく集める感じでしたけれど、それでなんとかなっていたのです。お金の面で揉めたことは、ほとんどありませんでした」

意外なことに、お金以外の面での揉め事の方が多かったと、ぶーさんは言う。

「いちばん揉めたのは、昼担当のローテーションを決めるときでした。毎週、ローテーションを決める会議を開いていましたが、その日は大変でした」

これは、現代の保育園にも通じる話だろう。たとえば子供が病気になって保育園に行けないとき、日中の子供の面倒を誰が見るのかという問題は、保育園に子供を預けている夫婦なら必ず直面する問題だ。たとえ夫婦双方がどうしても仕事を休めない日でも、どちらかが休みを取らざるを得ない。その場合、妻と夫のどちらが仕事を休むのか……。

夫婦間でも答えの出しにくい問題を、赤の他人同士が調整するのだから紛糾は必至だっただろう。ぶーさんは週休四日の身分だったからまだしもだが、横浜市の職員、教員、電電公社の職員などが昼担当になるのは、事実上、不可能だったのではないか。

「昼担当の中心は私や日雇い労働者や寿町の住人たちでしたが、公務員や電電公社の職員も何回かは休暇を取って昼担当に入っていました」

だが、こうした運営面ばかりでなく、寿共同保育はより本質的な部分で問題を抱えていたと、ぶーさんは言う。

「理屈ではなく感覚的なことなのですが、「家族の解体」などと言っている人ほど、実際には、家族を温存している感じがありました。自分の子供にだけ食べ物を食べさせるというような意味ではなくて、自分の子供をとりわけ可愛がるとか、ひいきするという感じです。そういう親子がいると、その間に入っていけない雰囲気が出来てしまって、それが私には不快でした」

自分の子供だけ可愛がり、ひいきすることを不快だという感覚は、少なくとも現代ではマジョリティーとは言えないと思うが……。

「もちろん、自分の子供を大切にするのは自然な感情だと思うし、私自身、自分の子供だけを可愛がらないようにするのは難しい面もありました。ですが、完全に実践できたとは言えないものの、自分の子供も他の子供も一緒に育てるんだという方向性は、常に念頭にありました。もし、それほどまでに親子の関係を大切だと思うのなら、何も共同保育で子育てをする必要はないのではないかと、私は思ったのです」

こうした不快感が募っていき、やがては寿共同保育のやり方に納得がいかなくなって、一九八〇年、息子が四歳のときに、ぶーさんとあきさんは寿共同保育を離脱することを決める。

寿共同保育での子育ては、失敗に終わったのだろうか。

「息子にはパパ、ママと呼ばせずに、男らしくしろとも言わずに育てたつもりですが、いま、四〇歳になって、ごく普通のパパになりましたね」

ぶーさんとあきさんが寿共同保育で実践しようとしたことは、息子に伝わったのだろうか。

「……それは、よくわかりません。私自身も、寿共同保育のことがきちんと総括できているとは言えません」

ぶーさんは、突き詰めてものを考える人であると同時に、とても正直な人でもある。突き詰めてものを考えるから、信念を曲げずに人生を歩んでいけるのかもしれないし、突き詰めてものを考えるから、衝突の多い人生になるのかもしれない。

ちなみに、『寿共同保育―寿ドヤ街での9年間―』（一九八二年一二月一五日、寿共同保育発行）は、共同保育開始からの九年間を次のような言葉で総括している。

「一人一人弱さをひきずりながらも、生活も、子供も、仕事も没入し、生きざまをさらし、二度とはもどれない地点にまでやってきてしまったという感慨は、各々深いと思います。親と子、男と女、あるいは暴力の問題などを自らも経験して、傷つきながら、人間存在の根源にまで行きついてしまった私達にとって、階級斗争の内実として、それをどう止揚していくのか、荷の重さに考え込んでしまいます」

「人間存在の根源にまで行きついてしまった私達」という表現に、書き手のヒロイズムが滲んでいるように私は感じる。その実態が、ぶーさんの言うような「家族の温存」だったとすれば、寿共同保育とは、果たしてどれほどの深みを持った試みだったのだろうか。

日本の社会は、ぶーさんとあきさんが寿共同保育に参加していた当時よりも、一層「自分の子供だけは」という方向性を強めているように思える。寿共同保育は、しょせん人間の生理に反した、不自然な試みに過ぎなかったのだろうか。

ベッドの上での戦死

「下層に依拠する」ぶーさんとあきさんは、寿共同保育を離れはしたが、寿町を離れはしなかった。

あきさんは寿共同保育を離脱した後、現在の寿交番の裏あたりに風車小屋という子供たちのたまり場を作った。ぶーさんとあきさんが志向していた「個別の家庭で子育てをするのではなく、地域みんなで子育てをする方向性」を、寿共同保育という既存の組織の中で実現しようとするのではなく、自力で実現しようとしたのだ。

その風車小屋にひとりの家出少女が現れると、あきさんはその少女と息子を連れて、センターの上にあった市営寿町住宅で暮らし始めた。一方のぶーさんは、寿町周辺の民間アパートで暮らすことになった。要するに、別居生活を始めたわけだ。

ぶーさんはサラリーマンだったから、ぶーさんが一緒だと所得制限にひっかかってしまって市営住宅に住むことができなかったのだ。ぶーさんは風車小屋に関わっていたから、息子とはそこで顔を合わせることができた。

「私とあきの関係が、あまりうまく行かなくなったということもありました。男と女というものは、五、六年一緒に暮らすとお互いに飽きてしまうものかもしれません」

風車小屋は、発展解消する形で行き場のない不登校の子供の受け皿としてのフリー・スクールとなっていった。

寿町の子供たちは学校で差別を受けることが多く、不登校になりがちだった。そうした子供のために始められたフリー・スクールだったが、フリー・スクールの存在がむしろ不登校を固定化するものだという理由で、あきさんは公教育の側から指弾されることが多かったという。

あきさんはフリー・スクールの運営を通して、「個別の家庭ではなく、地域で子育てをする」という理念をはるかに超えて、本当の教育とは何かという深いところにたどりついた人だと私は考えている。しかし、このフリー・スクールに関しては、あきさんと一緒に運営に当たっていた人物の了解が得られず、詳しいことを書くことができない。あきさんの寿共同保育以降の足跡を記録できないことは、返す返すも残念でならない。

さて、新宿労働者共闘のメンバーだった頃から、一貫して国家権力に背を向け続けてきたあきさんは、年金の保険料を支払っていなかったばかりでなく、国民健康保険にすら加入していなかった。国家と闘っているのに国家の世話になんかなれるか、というわけだ。

一九八八年に体調を崩したときも医者にはかからず、実践していた野口整体（野口晴哉が創始した整体法）で治癒するものと信じていたそうである。ぶーさんも、それを疑わなかった。だが、あきさんの病気は結核であった。この年の秋には東北地方の温泉に長期滞在をして湯治を試みたが、病状は改善しなかった。ぶーさんが言う。

「湯治から帰ってきた後は、フリー・スクールにもほとんど顔を出しませんでした。家でひとりで寝ていると怖いから泊まっていってほしいと頼まれたことも、何度かありました」

一九八九年九月二五日、あきさんは痛みを取るために緊急避難的な入院をしたが、その晩に容体が急変して、あっけなく帰らぬ人となってしまった。

「私は入院につき添って、また明日面会に来るよと言って別れたのですが、まさか、あきがあのまま死ぬとは思っていませんでした」

駆けつけた女友達は、こう言った。

「ベッドの上で鉄砲に撃たれたわけじゃないけれど、あきの死は戦死だ」

私は二〇一七年の八月一二日、ぶーさんが三九年間関わり続けている寿町フリー・コンサート（第三九回目）を聴くため、生活館の向かいにある寿児童公園に出かけていった。ぶーさんが座っている受付の横には、チェ・ゲバラの顔写真が高々と掲げてあった。

ぶーさんは、あきさんと歩んだ半生をどのように総括しているのだろうか。

「私はいまでも、国家のない社会、分業のない社会、支配と差別のない社会を理想としていて、変革の展望があろうとなかろうと、やるべきことをやるだけのことです。フリー・コンサートを通して寿と外の世界の交流も生まれているし、手ごたえも感じています。これまでやってきたことは無駄ではなかったし、後悔もしていません」

あきさんの享年は、四二歳。ぶーさんはあきさん亡き後も例の印刷会社の印刷オペレーターとして働き続け、五八歳で円満に早期退職をした。現在は、月額一一万円というささやかな年金で暮らしている。

第一〇話　山多屋酒店

二〇一七年一月五日の夕刻、私は寿町の山多屋酒店で角打ちをしていた。

山多屋は、街の様子が激しく移り変わった寿町にあって、戦前と同じ場所で営業をしている数少ない店舗のひとつだ。この日はまだ松の内だったこともあって、ステンレス張りのカウンターの上に薦被《こも》りの樽酒が据えてあり、二六〇円で升酒がふるまわれていた。文字通りの角打ちである。

わずかふた坪ほどのスペースに七、八人の客がいたが、全員が高齢の、そしておそらくは単身の男性、要するに爺さんであった。

一パック一〇〇円の塩豆を爪楊枝でつつき回しながら升酒を飲んでいると、店内の小さなテレビから「いきものがかり活動休止」のニュースが流れてきた。

皆さんいい調子だったこともあって、ニュースを聞いた爺さんのうちのひとりが独り言のように口を開いた。

「女ひとりに男ふたりは難しいねぇ」

いきものがかりのことだ。

「ああ、女ひとりに男ふたりは無理があったんだろうね」

この会話をきっかけにして、店内にいかにも正月らしい和やかな空気が流れ始め、何を言っているのかさっぱりわからなかったが、寿の人間ではない私にも隣にいた爺さんが話しかけてきたりした。

現在の山多屋の店内で交わされるのは、お互いの脛《すね》の傷には絶対に触れない、よく言えば思い遣りに溢れた会話ばかりである。

五〇〇円べろ

山多屋酒店が建っているのは、日本バプテスト横浜教会からセンターに向かう寿町のメインストリートの、ちょうど真ん中あたりである。

寿町の飲み屋にはノミ行為をやっているところが多く、そうした店は長い暖簾などで目隠しをしているのが常だから、一見の客は入りにくい。しかし、酒やツマミを売っている普通の酒屋に立ち飲みコーナー（角打ち）を併設している山多屋は、ガラス戸越しに店内を見渡せるから誰でも入りやすいし、寿町には珍しく店の周囲もよく清掃されていて清潔感がある。

改めて店内に張り出されているメニューを眺めてみると、当節流行の千べろ（千円でべろべろに酔えるという意味）どころか、山多屋は五〇〇べろではないかと思えてくる。

メニューの一部を挙げてみるが、メニューといってもカウンターの背後の壁に小さなメモ用紙を貼っただけの簡素なものであり、限定だの伝説だの秘伝だのといった御託は一切書かれていない。

らっきょ八〇円、納豆八〇円、お新香一〇〇円、かにかまぼこ一〇〇円、そら豆一二〇円、

だし巻き玉子一二〇円

ここまでは安い方で、高い方はというと、

ベビーハム一九〇円、合鴨二〇〇円、ウインナ・ソーセージ二三〇円、生ハム四四〇円

といったところだ。

生ハムだけが突出して高く、三〇〇円台のツマミはない。酎ハイは二〇〇円。日本酒は常時数種類置いてあるが、すべてグラス一杯三〇〇円台である。

ほとんどのツマミがあらかじめ小さなプラスチックの容器に入れてあり、注文すると店員が「はいよ」と言ってステンレス張りのカウンターの上に出してくれる。待ち時間ゼロ。透明なプラスチック容器から、そのまま爪楊枝で食べる。

酒店の方で売っているひと袋六〇円のツマミ（柿の種やピーナッツ）も注文できるから、これに一杯二〇〇円の酎ハイ二杯で切り上げれば、まさに〝五〇〇円べろ〟の世界なのである。

私がこの店を好きなのは、もちろん値段が安いこともあるし、万事簡素なのが性に合っていることもあるのだが、一番大きな理由は、寿町内にある店にしては荒んだ感じがしないからである。店員もいつもにこやかで愛想がいいし、常連が多いせいか客同士も仲がいい。

山多屋が戦前と同じ場所で営業している数少ない店舗のひとつであることは以前から知っていたが、もしかするとそうした来歴がこの店独特の雰囲気に関係しているのかもしれない。

そんな予感を持って、山多屋の店主に取材を申し込んだ。

山多屋の謎

山多屋は、ヤマダヤではなくヤマタヤと読むそうだ。私はてっきり自分の苗字と同じ読み方をするものだと思って勝手に親しみを感じていたのだが、そうではなかった。

店主の織茂浩章（六二）が言う。

「山多屋という屋号は、創業者である織茂勘次郎（浩章の祖父）の出身地にちなんだものなんです」

浩章は、わざわざ勘次郎の戸籍謄本を用意してくれていた。それによると、創業者の織茂勘次郎は明治二四年に都筑郡中川村山田で生まれている。中川村は後に横浜市港北区に編入されているが、一九九四年、港北区と緑区の一部から新たに青葉区と都筑区が作られたとき、今度は都筑区の一部となった。

都筑区は横浜市一八区のひとつとは言うものの、港町・横浜のイメージとは程遠い丘陵地帯にある。横浜市営地下鉄ブルーラインのセンター北という駅の周辺に中川という地名が残っており、現在は東京のベッドタウンになっているが、おそらく明治時代は雑木林に覆われた農村地帯だったに違いない。浩章が言う。

「勘次郎の出身地である中川村山田の読みが、ヤマダではなくてヤマタなんです。出身地にちなんで店の名前をヤマタヤにしたわけですが、山田屋だとヤマダヤと読まれてしまうというので、わざわざ山多屋にしたんですね」

なるほど。本来の表記は山田だが、読みがヤマタだから山多と表記したというわけだ。

「勘次郎は中川村から横浜に出てきて、いまの扇町二丁目で質屋を始めています。まさに、横浜に出るという感覚だったようです」

ちなみに扇町は寿町の隣の町であり、扇町二丁目は中区役所、横浜スタジアムの横を通るバス通りを中央に挟んだ、ほぼ正方形をしている。このあたりの区画が碁盤の目のように整然としているのは、そもそも明治の初めに南一つ目沼という沼地を埋め立ててできた人工的な土地だからだ。

南一つ目沼の埋立地には七つの町、すなわち松影町、寿町、扇町、翁町、不老町、万代町、蓬莱町がつくられ、これらを総称して埋地七ケ町と呼ぶ。ちなみに浩章は、埋地七ケ町連合町内会の副会長を務めている。

勘次郎は大正一二年の関東大震災の後、扇町二丁目から寿町二丁目に移転して山多屋酒店を開業しており、その当時から現在に至るまで店の場所は変わっていない。

勘次郎は浩章が小学四年生の時に亡くなったので、浩章は震災以降の寿町のことをそれほど詳しく聞いた覚えはないという。

「戦前の寿町には、貿易関係の商売をしている人が多かったようですね。下町は下町でも、港の下町といったところでしょうか」

戦前の寿町は、現在のいわゆるドヤ街とはまったく異なる町だった。浩章の養父で山多屋の二代目の店主である織茂實が描いた「寿町・扇町記憶絵図（戦前）」（『中区わが町 - 中区地区沿革外史』一九八六年・横浜市中区刊に所収）を見ると、戦前の寿町、扇町界隈は、銭湯があり、酒屋があり、タバコ屋があり、蕎麦屋があり、パン屋があり、そして船に貨物を積み込む際に使う梱包用の木材や船具を扱う商店がいくつかある、まさに港の下町だったことがわかる。

そんな寿町が日本三大ドヤ街のひとつと呼ばれる特異な街に変貌を遂げたのは、終戦後、約一〇年間にわたって進駐軍によって接収され、接収が解除になったとき、戦前の住人たちとは異なる人々が一斉に簡易宿泊所（ドヤ）を建設したからである。

では、なぜ戦前の住人たちがほとんどいなくなってしまったのかといえば、それは、福島の原発事故のことを考えれば容易に想像がつくことだ。原発事故で避難を強いられた人々のうちの少なからぬ人数が、避難解除になった後も故郷に戻らない選択をしているが、それは避難生活が長引くうちに避難先での生活が出来上がってしまったからだ。

戦後約一〇年にわたって進駐軍によって接収された寿町でも、これとまったく同じことが起こった。港の下町を追われた人々は、各々行きついた場所に根を生やした。一〇年という歳月は、その根を動かし難いほど太くするのに十分な長さだったということだろう。

しかし、そうだとすると、なにゆえに山多屋酒店は戦前とまったく同じ場所に戻ってきたのか、いや、戻ってくることができたのだろうか。

謎というと大げさかもしれないが、戦前に寿町で商売をしていて現在も寿町に店舗を構えているのは、私の知る限り、山多屋の他にはアジア産業、南雲ガラス（松影町）など、ごくわずかしかないのである。

予科練帰り

昭和二一年、米軍に接収された寿町は主に進駐軍のモーター・プール（駐車場）として利用され、一部にはいわゆるかまぼこ兵舎も建てられていたという。

なぜ駐車場としての利用が可能だったかといえば、寿町界隈のみならず、横浜の中心地（大岡川と中村川に挟まれた釣鐘型のエリア）は、終戦の年の五月二九日の横浜大空襲によってほぼ全域が灰燼《かいじん》に帰してしまったからである。要するに、ほとんど更地の状態だったわけだ。

接収の解除は段階的に行われたが、浩章によれば、山多屋の地所が接収解除になったのは昭和三三年のことだという。

では、終戦から接収解除までの間、創業者の勘次郎は何をしていたかといえば、中村川の対岸にある石川町五丁目に同じ山多屋酒店という名前の店を出して、酒屋の営業を続けていたのである。浩章が言う。

「勘次郎はミナとの間に六人の子供をもうけましたが、次男は早くに亡くなって、長男の孝雄（浩章の父）と三男の實は出征しました。終戦後、勘次郎はミナと子供たち、そして孝雄の嫁のマチ（浩章の母）を引き連れて石川町で商売を再開したわけです。私の兄は昔の石川町の家に天井板がなかったのを覚えているそうですが、要するに天井を張れないほど厳しい生活だったということでしょう」

やがて、出征していた孝雄と實が復員してきた。予科練に入隊して内地で終戦を迎えた實が先に戻り、南方（ブーゲンビル、ラバウル）にいた孝雄が少し遅れて帰還した。

「孝雄が乗った復員船が横須賀の馬堀海岸に接岸するというので、實と絹江（勘次郎の次女）が迎えにいったのですが、孝雄は栄養失調で痩せこけてひどい黄疸にかかっていたのでなかなか見つけられなかったそうです。そのうち孝雄が号令をかけている声が聞こえてきて、その声でやっと孝雄であることがわかったそうです」

復員してきた孝雄と實は、石川町の山多屋で勘次郎と一緒に働くことになった。パイロットだった實は英語が堪能だったこともあって、ＧＨＱや金沢区の日本飛行機（現在も同所にある）でも仕事をしていたという。

つまり、昭和三三年の接収解除のとき、石川町の山多屋には勘次郎、孝雄、實という三人の成人男性がいたわけだ。孝雄には二人の男の子、すなわち長男と次男（浩章）がいたが、實には子供がいなかった。そこで勘次郎は将来のことを考え、實と浩章を養子縁組させて、寿町の土地に山多屋酒店の二号店を出店することを計画したのである。

「私も詳しくは知らないのですが、接収が解除されたとき、接収前の土地に戻る権利は貰えたらしいのです。だから、戦前に寿町に土地を持っていた人は、戻ろうと思えば戻れたはずなのです。でも、ほとんどの人は別の土地に根付いてしまって、戻ってこなかったのでしょうね」

養子縁組の件は、浩章が「親元を離れたくない」と泣いて拒否したため先送りになったが、實は妻の惠江とともに、戦前の山多屋酒店と同じ場所に新たに山多屋酒店を出店することになったのである。

もしも、孝雄か實のどちらかが戦死していたら、寿町に山多屋酒店が戻ってくることはなかったはずである。漫画家の水木しげるが『総員玉砕せよ!』(講談社文庫)で描いたように、孝雄のいたラバウルが激戦の地であり、實のいた予科練が特攻隊の母集団であったことを考えると、いま山多屋があの場所で営業をしているのは、いくつもの偶然が重なった結果であるに違いなく、そして、寿町には珍しいあの鷹揚な雰囲気は、この店が戦前の港の下町にルーツを持っているからに違いないと思えてくるのである。

第二の故郷

私は織茂浩章の話を、寿町の山多屋酒店の二階で聞いた。

石川町の方の山多屋酒店は長男が経営を引き継いでいるそうだから、現在、浩章が経営しているのはいわば山多屋酒店寿町店であり、長男が経営しているのはいわば山多屋酒店石川町店である。経営は別々だが、この二店舗は姉妹店ならぬ兄弟店の関係にあるわけだ。

二階にある仏壇の脇に飾られた實と惠江の写真を眺めながら、浩章が言う。

「實と僕の養子縁組の話は、一度は沙汰やみになったのですが、僕が高校生のときにまた出てきまして、もしも僕が希望の大学に受かったら、一度社会人になった後に叔父さん（實）のところへ行き、希望の大学に受からなかったらそのまま寿町の山多屋に入るという約束になったのです」

石川町で生まれ育った浩章は、地元の横浜市立石川小学校、富士見中学校を経て、神奈川県屈指の名門、県立柏陽高校に進学している。

「でも、希望の大学に落ちちゃったんですよ」

これも、山多屋酒店の現在を形作っている偶然のひとつと言えなくもない。

昭和五八年五月、浩章は織茂實、惠江夫妻と養子縁組をし、同年九月に結婚して寿町の山多屋酒店を継ぐことになった。

「だから、僕の結婚式の席次表では實が養父になっていて、僕のお袋なんて生みの親って書いてあるんです。生んだだけで何もしなかったみたいですが、実際は僕が結婚するまで石川町で一緒に暮らしていたんですよ」

石川町で生まれ育った浩章にとって、寿町は異界だった。

「差別的な表現かもしれませんが、小さい頃は川の向こうには行っちゃいけないってよく言われていました」

富士見中には寿町から通っている生徒も何人かいたが、彼らに対して特別な感情はなかったという。

「友だちのひとりに寿町の飲み屋さんの子がいました。放課後遊びに行ってお母さんに挨拶をして、夕方帰ろうとすると別のおばさんがいる。よく見ると、化粧をしたお母さんだったなんてことがありましたね」

当時の富士見中は荒れた中学で、浩章は激烈ないじめに遭った。

「部活に行くとカツアゲをされる。特に、僕みたいに実家が商売をやっていると、店から金をくすねてこいって言われるわけです。嫌だと言うと殴られるから、もうヘラヘラしながらやり過ごすしかないんですね。そうすると、コイツはいじめても大丈夫だなって、余計に甘く見られるんです」

店の金をくすねてこいと言われても、店番をしているのは、揃って軍人上がりの父親と叔父さんである。

「親父は曲がったことが大嫌いで、僕を叱るのもコラじゃなくて、貴様でしたからね」

浩章はひどいいじめで行き場を失くして、一時は自殺まで考えたことがあるというが、そうした過去の辛い経験が、現在の穏やかで優しい物腰の下地になっているのかもしれない。

「寿町に対して悪いイメージはないですね。地方から出てきて帰るに帰れなくなって、ここが第二の故郷だという人がたくさんいるので、お客さんから『山多屋が開いててよかった』って言われると、それだけでもう嬉しいと思えるんです。こういう町だから偏見の目で見られることがあるけれど、そんな町じゃないんだよって言いたいですね」

浩章によれば、山多屋は意外なことに小豆島と繋がりがあるという。温暖で穏やかな瀬戸内海に浮かぶ小豆島と……。

ひっちゃかめっちゃか

山多屋酒店と小豆島のつながりは、山多屋の現在の店長、佐伯隆夫の父親が小豆島の出身だったことに根があるという。

隆夫の父は小豆島から上京すると、横浜の鶴見区末広町にある旭硝子の京浜工場（現在はAGC京浜工場）に入社して、定年退職まで勤め上げている。最後は本社勤務だったというから、おそらく優秀な人物だったのだろう。

隆夫は昭和二二年に鶴見で生まれている。高校を卒業すると、山多屋酒店の先代の社長、織茂實の紹介で近辰という酒類問屋に就職した。

なぜ、實が隆夫の就職の世話を焼いたかといえば、實の妻の惠江と隆夫が従兄だった（母親同士が姉妹）からである。要するに、實は隆夫の義理の従兄だったわけだ。

隆夫が言う。

「昭和四〇年か四一年頃のことですが、山多屋の従業員が結婚して退職するというので、實さんに冗談半分で『僕が山多屋に行こうか』と言ったら、實さんが本気になっちゃったんですよ」

隆夫は昭和四二年の一〇月二日、近辰を辞して山多屋酒店に入社した。その日から現在に至るまで、実に五〇年以上の長きにわたって、山多屋の店頭から寿町の変遷を眺め続けてきた。

「カウンター（立ち飲みコーナー）と配達の仕事をやってきたわけですが、私が入社した当時は、朝早くからお客さんにドアをドンドンと叩かれて起こされるぐらい賑わっていましたね」

昭和四二年といえば、寿町の住人の多くが港湾労働者だった時期だ。山多屋は夜勤帰りの労働者のために朝の八時には店を開け、夜の八時まで営業していたという。日中の二時から四時頃までは客足が途絶えたが、それ以外の時間は、隆夫の表現を借りれば「ひっちゃかめっちゃか」な状態だった。

「カウンターの前に、お客さんが二重三重に重なって、後ろの方からお札を渡そうとする手がにょきにょき出てくるんですよ。当時は五〇〇円札か一〇〇〇円札で払うお客さんが多かったけど、売り上げを入れる木の箱がすぐにお札で一杯になっちゃうんです」

現在の寿町の道路はきれいに舗装されているが、当時はまだ舗装されていない、あちらこちらに水たまりがあるボコボコの道で、自動車はあまり入ってこなかった。

仕事帰りの労働者たちはそのボコボコの道に瓶ビールの空き箱を並べて椅子の代わりにし、四、五人の仲間と車座になって飲むことが多かった。

「真ん中に一升瓶を立ててね、後はサッポロが出していたジャイアンツっていう持ち手のついた特大の瓶ビールですね。もう、配達なんかに行ってる暇はないんで、店の電話機なんて布団をかぶってましたよ」

わざわざ配達に行かなくても、店売りだけで十分商売になったということだろう。

ちなみに隆夫の記憶では、配達はほとんどやらなかったとは言うものの、配達先はゼロではなかった。隣の中華料理屋と焼き鳥屋、近所の屋台が数軒、あとはセンターができる前にあった四、五軒の食堂が配達先だった。

「いまのセンターの場所には、長屋みたいにして食堂が何軒かあったんですよ。仕事に行く前に、みなさんそこで朝飯を食べていったんですね。いまでもやってるのは、「にのみや食堂」さんだけかな」

にのみや食堂には何度か入ったことがあった。取材を申し込もうと思ったが、店番をしている娘さんが「父は取材をされるのが嫌いです」と言うので、取材の申し込みを諦めた経緯がある。

おそらくにのみや食堂も、昭和四〇年頃は、早朝から労働者でごった返していたのだろう。壁一面に貼られた、威勢のいい大きな文字で書かれた一品ごとのメニューが、活気に溢れていた時代の雰囲気をいまに伝えている。隆夫が言う。

「あの頃の寿町は西部の町なんて呼ばれていましてね、いまと違って、仕事をしていて金を持ってる人が多かったし、若い人もたくさんいたから、喧嘩が多かったですね」

ちょっとしたことで口論が始まると、港湾労働者たちはすかさず鳶口を構えたというから、おっかない。彼らは積荷を動かすときに短い鳶口を引っかけて使ったから、常に鳶口を携行していたのだ。

「あの頃は、道端にゴロゴロ寝ている人が大勢いましたね。よく、タクシーの運転手は寿町に入るのを嫌がるなんて言われていましたけれど、下手にクラクションなんか鳴らすとすぐに怒鳴られましたからね」

隆夫によれば、先代（織茂實）が亡くなった平成元年頃から、町の様子が急速に変わってきたという。

「バブルがはじけた後あたりから、若い人が少なくなって、高齢者ばっかりの町になってしまいました。生活保護の人が多くなったのも、平成になってからじゃないですか。先代はいい時に亡くなったのかもしれませんね」

看板娘

店長である佐伯隆夫の妻、秀美は小豆島の出身である。

隆夫の父が小豆島の出身だったことはすでに述べたが、小豆島には隆夫の従兄が暮らしていて、山多屋が従業員を募集する際、隆夫の両親がその従兄に従業員の募集をさせたそうである。以来山多屋は、数年間にわたって小豆島の中学校で従業員の募集を行い、総勢一〇名以上の小豆島出身者が山多屋で働くことになった。小豆島から最初のひとりがやってきて以降、ほぼ毎年ひとりのペースで小豆島から新しい働き手が採用されたが、秀美はその四番目。昭和四〇年に、一五歳という若さで寿の地を踏んだ。

中学を卒業したばかりの秀美の目に、西部の町はいったいどのように映ったのだろうか。

「臭いがねー。昔はみんなその辺でオシッコしちゃってたからさ。だから私は、雨が降ると嬉しかったんですよ。みんな流れるからね」

秀美はいかにも瀬戸内育ちらしく、のんびりとした、そしてユーモラスなしゃべり方をする。私は取材を申し込む前から彼女のことを知っていて、山多屋には面白い人がいるもんだと思っていたのだが、取材の場でもまったく構えるところがない。

「秀美さん、看板娘ですね」

「そうよー」

生真面目な印象の隆夫とは好対照だが、隆夫は秀美のどこに惚れたのだろうか。

「えっ、そういうこと聞くの？　小豆島に迎えに行ったのが僕の母親だったからさ……」

「そうよ。この人のお母さんから、隆夫の嫁になってくれーって頼まれたのよ。だから、本人からはまだプロポーズを受けてないの」

「取材の趣旨から離れてるんじゃないの」

困った隆夫がこう言うと、

「プロポーズの言葉、死ぬまでに頼むわよー」

と秀美。万事この調子である。

従業員の宿舎が店の近く（現在、アジア産業が入居しているビルの隣のビル）にあって、隆夫と秀美が出会った当時は、女性が四人、男性が三人、合計七人が宿舎で暮らしていたという。宿舎の一階は倉庫になっており、倉庫の奥に卓球台と風呂場があった。秀美が言う。

「みんな若かったから、楽しかったわよー。春と秋は社長が旅行に連れていってくれて、冬はよく湯沢とか草津にスキーに行きました。社長は子供がいなかったから、みんなを可愛がってくれて、あの頃は最高でしたね」

一五歳で風光明媚な小豆島からいきなり西部の町にやってきて、恐ろしかったとか、苦労の連続だったとか、私はそういう言葉を聞くものだとばかり思っていたので、秀美の話はまったくもって意外だった。

昭和四七年一〇月一五日、隆夫と秀美は中華街の華正樓で結婚式を挙げた。費用のほとんどを社長が出してくれたという。秀美の親類縁者約二〇人が、数台の車に分乗して小豆島から駆け付けた。

「まったく、夢みたいだったわよー」

結婚して宿舎を離れ、ふたりは鶴見の家で暮らすことになった。やがて子供ができたのを機に秀美はいったん山多屋を離れて子育てに専念し、隆夫の父親の看取りもした。昭和六二年に職場復帰し、以来三〇年近く、山多屋の看板娘であり続けている。

小豆島を出てからの秀美の行動範囲は、旅行などを除けば、ほぼ山多屋の店内と鶴見の自宅周辺に限られている。

「いまは常連のお客さんばっかりだから、ここ（店）は気を使わないね。でも、鶴見のスーパーとかはダメだねー。行きたくないんですよ。私もそろそろ引退だと思うけど、他には行けないから、それまでずっとここにいます」

酒屋は酒屋らしく

私は寿町での取材が終わった後、何度か、いや何度も山多屋で角打ちをした。その際に、不思議なものをふたつ目にしている。

ひとつは立ち飲みコーナーに置いてある、「平和の群像」と書かれた木工細工のようなものである。今回、秀美にインタビューしてこの置物のようなものの正体が判明したのだが、それは、映画化された壺井栄の小説『二十四の瞳』をモチーフにして小豆島の土庄港に建てられたブロンズ像、「平和の群像」(矢野秀徳作)にちなんだものだった。

「平和の群像は、小豆島のキャッチフレーズですからね。大石先生と一二人の子供たちを、伊豆の遊木民っていう人に頼んで作ってもらったの」

もうひとつの不思議は、秀美の振る舞いである。

私が客のひとりとして角打ちをしているとき、彼女がカウンターで何か書き物をしていた。盗み見ると、どうやら絵葉書きを書いているようだった。私の視線に気づいた彼女はこう言ったのである。

「簡易宿泊所で暮らしてるお客さんが、手紙をもらったことがないって言うからさ、私が書いてポストに投函してあげてるんですよ」

秀美が見せてくれた絵葉書きには、オリーブの実やオリーブの木の写真が印刷してあった。オリーブオイルは小豆島の名産品である。

今回、話を聞けることになって、実は真っ先に質問したかったのがこの絵葉書きの件だった。毎日のように顔を合わせる常連客にわざわざ絵葉書きを送ってあげるなんて、いかにも「いいね!」が何百個もつきそうな話である。

「秀美さん、優しいですよね。私、以前ここで飲んでいるとき、手紙をもらったことのない常連のお客さんにわざわざ絵葉書きを送ってあげているのを見て、感激しました」

「寂しい人が多いからね。小豆島から年賀状を出してあげたこともありますよー」

「やっぱり、優しいんだ」

「私、葉書き書くのが好きだからね。自分で二〇〇円とか三〇〇円の絵葉書きセットを買ってきて出してあげるんだけど、あれは小豆島のＰＲですよ」

「えっ、ＰＲなんですか？」

「そうよー。小豆島は私の誇り、自慢だから」

平和の群像の置物といい、小豆島の絵葉書きといい、それは秀美が故郷の小豆島に対していまだに強い思い入れを持ち続けていることの証だった。寿町には故郷に帰りたくてもさまざまな理由で帰れなくなってしまった人が大勢いるが、彼らをもてなす側にも、同じように望郷の念を抱えている人がいるのだ。

佐伯隆夫、秀美夫妻は、いったい寿町の住人たちのことをどのように思っているのだろうか。隆夫が言う。

「そうですねぇ、いまになって思えば好きなんですかね。大学出てる人も結構いるし、もともと総理府にいたんだなんてお客さんもいましたから侮れませんよ。でも、昔はすぐに喧嘩だったし、ちょっとした口の利き方ひとつで、この野郎、バカ野郎って因縁つけてくるお客さんが多かったですからね。私なんかは、当たらず触らずでやってきたって感じですね」

隆夫は先代の教えを守って、客と一緒に遊びに行くような深い関係にならないよう、注意してきたという。

「先代は、『酒屋は酒屋らしく』とよく言ってました。うちは酒屋なんだから、一、二杯飲んで下地を入れてもらうための、本番前の店なんだって。昔は店の中に酒販組合の貼り紙があって、「立ち飲みは五分以内」なんて書いてあったんですよ。今のお客さんは、あの人ちょっと見ないなと思ってると、入院しちゃったとか、亡くなっちゃやたとかね……。元気で飲んでくれればいいんですけどね」

秀美はどうだろうか。

「この町は変わんないんじゃない？　ずっとこんなもんじゃないですか」

寿町の住人を支援している人の多くは、「ドヤの住人は何者かの犠牲になった人々である」という認識を持っている。しかし、だからといって、ドヤの住人がいい人ばかりとは限らない。実際、どうしようもない人も、嫌な人間もいるのだ。隆夫や秀美のように寿町で仕事をしている人たちは、そうした事実を淡々と見ている気がする。

寿町は、金と切っても切れない関係にある。怪我、病気、失業、あるいはアルコール依存症やギャンブル依存症のせいで所持金を使い果たしてドヤに流れ着いた人が大半だから、もしもこの世に金というものが存在しなければ、こうした人々は生み出されなかったのではないかと思うことがあった。

参加者みんなが応分の金を出し合って共同生活を送りながら、自分の子供も他人の子供も分け隔てなく育てる寿共同保育に興味を持った理由も、そこにある。しかしその一方で、金を貰って仕事をすることには、ものの見え方をリアルにする作用があるのかもしれない。

佐伯夫妻の、想像していたよりもはるかにクールな答えを聞きながら、私はそんなことを考えた。

※山多屋酒店はオーナーが代わって、ことぶき酒店と店名を変えた。角打ちは継続している。

第一話　寿生活館

寿町を語る上で避けて通れない建物がふたつある。

ひとつは寿町のひとびとからセンターと呼ばれている寿町総合労働福祉会館、もうひとつは生活館と略称されることの多い横浜市寿生活館である。

寿町は大阪の釜ヶ崎、東京の山谷と並び称される日本三大寄場のひとつに数えられるが、なぜこの三カ所が寄場と呼ばれるかといえば、それぞれに日雇い職安があり、そこを目指して日雇い労働者が寄り集まってくるからだ。

センターには日雇い職安である横浜公共職業安定所横浜港労働出張所と寿労働センター、そして寿町勤労者福祉協会診療所が入居しており、まさに寄場機能の中核をなす建物だと言っていい。

また、横浜港労働出張所はアブレ手当を支給する機能も持っている。職安に登録している日雇い労働者は雇用保険手帳を携帯しており、この手帳は表紙が白いことから通称、白手帳と呼ばれている。白手帳を持った日雇い労働者が雇用保険に加入している業者の下で一日働くと、白手帳に雇用保険印紙を一枚貼ってもらうことができる（ただし印紙代は業者と折半）。

手帳に貼った印紙の合計枚数が二カ月の間に二六枚を超えると、三カ月目から、就労できなかった日一日につき七五〇〇円の雇用保険金を受け取ることができるのだが、日雇い労働者が就労できないことを俗に「アブレる」と言うため、この雇用保険金はアブレ手当と呼ばれているのである。アブレ手当とは、要するに日雇い労働者の失業保険であり、横浜港労働出張所はこのアブレ手当の支給窓口なのである。

寄場には日雇い職安が紹介する仕事だけでなく、非合法の手配師が運んでくる仕事もあって、最盛期のセンター前は、毎朝ラッシュアワー並みの混雑だったという。

早朝の六時三〇分、日雇い職安で仕事紹介が始まると、それに合わせて手配師のワゴン車もセンター前に続々と集まってくる。その日の仕事にありついた労働者は仕事先へと散っていくが、アブレた人たちはセンターの中の娯楽室や図書室で時間を潰したり、センター前の広場で焚火を囲んで朝から酒を飲んだりしていたという。

焚火の周囲で飲んでいる人の中には単なるアブレではなく、アルコール依存症のために仕事を貰えない人も多くいて、そうした人たちは「ヤンカラさん」と呼ばれていた。ヤンカラとはアイヌの言葉で焼酎の意味だという説を聞いたことがあるが、確証はない。

ヤンカラさんの中には泥酔の果てに燃え盛っている焚火の中に足を突っ込んだまま眠ってしまう人もいて、そのまま亡くなってしまうケースも多かった。

私はヤンカラさんという呼び方の中に、生活の安定も健康も顧みない無頼な生き方を貫いている人への、親しみと畏敬の念のようなものを感じていたのだが、文字通りの日雇い労働者の町だったかつての寿町のことを知る人たちの話を総合してみると、どうもそうではなかったようだ。

寄場に集まっていた日雇い労働者にはさまざまな理由で家族と離別したり、故郷に帰れなくなってしまった人たちが大勢いた。ヤンカラさんとは、酒に溺れることでそうした辛さ苦しさから逃れようとしたひとびとに付された、一種の蔑称だったらしい。

私には、異端者や落伍者にシンパシーを持ってしまうところがあるが、生きながらに焚火の中で体の一部を燃やしてしまうようなヤンカラさんたちの生きざまは、軽々に共感するなどと言えるものではなかったのかもしれない。

生きて奴らにやり返せ

センターと並んで寿町の中核をなす建物のひとつである生活館は、ひとことで言えばホームレスやドヤで暮らすひとびとの福利厚生を主眼として建設された施設である。

私は四階建ての生活館の三階に入居している寿学童保育の指導員、のりたまこと山埜井聖一を取材するときに初めて生活館の中に足を踏み入れたが、正直言って、内部の様子に驚きを禁じ得なかった。

生活館の一階には保育園が入居している。生活館の向かいには寿児童公園があり、昼間から缶ビールや缶酎ハイを呷っている人が大勢たむろしている。そうした公園の真向かいに保育園があること自体が、まず驚きだった。

かつて横浜市の職員による生活相談が行われていた二階には、現在、町内会館が入居しており、三階には寿学童保育、女性こどもホール、児童ホールなどがあり、四階には集会室や炊事場、洗濯室、シャワー室などがある。

集会室のテレビは終日つけっぱなしになっていて、いつ行っても何人かの男性、主に高齢の男性がぼんやりとテレビを眺めている姿に出くわす。

階段の踊り場には結核感染の注意を喚起するポスターが貼られ、四階の奥にある炊事場を覗いてみると、フライパンで湯をわかしてインスタントラーメンを茹でている老人の姿があった。

かつて二階にあった相談室は、後にことぶき共同診療所を設立することになる田中俊夫と、後にノンフィクション作家兼大学教授になる野本三吉という、寿町を語る上で避けては通れない人物が働いていた場所であり、彼らが活躍した一九七〇年代の相談室は、田中や野本の記述によれば、さながら野戦病院のようだったという。

仕事の相談、健康相談、家庭の相談、賃金未払いの相談、借金の相談、アルコール依存症の相談、妊娠の相談、生き方そのものについての相談などなど、引きも切らずに訪れる相談者をわずか数人の横浜市の職員がさばいていた。

それだけ相談者が多かったということは、裏返して言えば、当時の寿町が日雇い労働者の町、港湾労働者の町として機能していたことの証、活気のある町だったことの証でもあるだろう。

相談に当たった職員たちも、日雇い労働者たちの置かれた過酷な状況にたじろぎながらも、純粋な気持ちで彼らに共感を寄せ、なんとか彼らの役に立とうと身銭を切ってまで支援に奔走していた。

野本三吉の著書、『寿生活館ノート　職場奪還への遠い道』（一九七七年・田畑書店）には、相談業務の一端を示す以下のような文章がある。

「箱崎さんという53歳の人が相談に来る。

今まで清掃屋（便所のくみとり屋）に勤めていたけれど、人員整理でダメになり、寿に来て数年。この不況で船舶の仕事もなく、就職しようと思って、あちこちの会社に面接に行くんだが、寿に住んでいるとわかると、どこでもことわるのだと言う。（中略）話しているうちに涙ぐんで、もう死にたいと言う。

『焼身自殺してやりますよ。どこも駄目だったら、生きてゆくことないですからね。

毎日、パン一個ですよ。こんな状態だったら栄養失調になっちゃう。どうして寿というとみんなキラウンだろうか。』」

こんなヘビーな相談者が引きも切らずにやってくるのだから、精神的にも厳しい仕事だったに違いないが、その一方で、目の前にいる困窮者に手を差し延べる仕事には、納得感や一種の充足感があったのではないかと私は想像する。

昭和四〇年に建設された生活館の歴史が込み入ってくるのは、一九七三年（昭和四八年）の第一次オイルショックで戦後一貫して右肩上がりの成長を続けていた日本経済が大打撃を被り、昭和四九年に寿地区越冬実行委員会が設立されてからである。

多くの読者は、横浜という寒冷地でもない土地で越冬のための委員会が組織されることを不思議に思うかもしれない。実はこの越冬、現在も寿町で継続されており、しかも委員会の名前は一九九五年の再建時に越冬闘争実行委員会に変更され、闘争の二文字が追加されているのである。

この越冬闘争という言葉に出会ったとき、私はいったい何に対する、何のための闘争なのか、まるで見当がつかなかった。しかも、越冬闘争が行われている寿児童公園には、「黙って野垂れ死ぬな！　生きて奴らにやり返せ!!」と書かれた横断幕が掲げてあるのだ。「奴ら」とはいったい誰だというのだろう。

越冬闘争を見に行く

実際に越冬闘争の現場を見に行ったのは、二〇一六年一二月三〇日のことである。

いつものようにJR石川町駅の中華街口を出て、扇荘新館、Y荘、××××館と、親しくなった帳場さんのいるドヤに顔を出してから越冬闘争が行われている寿児童公園に足を向けると、何と表現すればいいだろう、住人の大半を単身高齢者が占める寿町の寒々とした、枯れ果てたような年の瀬の風景の中を、瑞々しく爽やかな五月の風が吹きぬけていくように、若者たちの歌声が聞こえてきたのである。

「あの素晴らしい愛をもう一度」「カントリーロード」「風になりたい」……。
林立するドヤの谷間にある寿児童公園に美しいハーモニーを響かせていたのは、神奈川県立神奈川総合高校のOB合唱団であった。毎年一回、この日にOBたちが集まって、この場所で歌声を披露しているという。
合唱団の周囲にはいつものように缶ビール、缶酎ハイ片手の男たちが何人かいて、野次とも独り言ともつかない奇声を発したりしていたが、私はしみじみと「若いって素晴らしい」と思った。人生で初めて、心の底からそう思った。合唱団の歌声と寿町の風景には、それほど大きなギャップがあったのである。
越冬闘争がいかなるものかを理解するためには、スケジュール表を見るのが早道かもしれない。公園内に建てられたプレハブ小屋の壁には、第43次寿越冬闘争実行委員会発表の「第43次寿越冬闘争スケジュール」が貼ってあった。一部分を抜粋してみる。
12／30　炊き出し、学習会「薬物依存について」、各種相談（医療・法律・生活・労働）、パトロール
12／31　年越しソバ、各種相談（医療・法律・生活・労働）、パトロール
1／1　餅つき、芝居・さすらい姉妹、各種相談（医療・法律・生活・労働）、パトロール
1／2　炊き出し、カラオケ大会、各種相談（医療・法律・生活・労働）、パトロール
1／3　炊き出し、学習会「故・矢島祥子さんを偲んで」、囲碁・将棋大会、各種相談（医療・

法律・生活・労働）、パトロール

スケジュール表の字面を見れば、なんとなく越冬闘争の内容がわかると思う。ひとことで言えば、ホームレスやドヤの住人を対象とした越年対策だ。闘争というものものしい言葉を使ってはいるが、カラオケ大会や餅つきといった年末年始の〝お楽しみイベント〟も含まれている。神奈川総合高校ＯＢによる合唱が終わって陽が傾いてきた頃、三〇日のメインイベントである炊き出しが始まった。

事前に告知活動が行われた成果だろうか、配膳テーブルが置かれた公園の入り口を先頭に、公園をぐるりと取り囲むようにしてホームレスやドヤの住人とおぼしきひとびとが行列を作っている。中には鍋やフライパンを手にしている人もいる。公園で食べるだけでなく、ねぐらへ持ち帰って食べる算段だろう。尾羽打ち枯らした感じの高齢男性ばかりが数百人、長蛇の列を成している様子は、壮観と言えばいいのか、凄絶と言えばいいのか……。

炊き出しのメニューは雑炊とアジのフライ、それにミカン。プラスチックのカップに雑炊をよそってもらった人たちは、公園の中に臨時に設置されたテーブルで雑炊を啜り終えると、出口の下げ膳口にカップと箸を返して公園から出ていく。

ハンドマイクを握った人が、

「雑炊はたくさんあるから、お代わりをしてくださいね。テントで医療相談、生活相談、法律相談もやってます」

と大きな声で叫んでいる。

医療相談のテーブルには血圧計が置かれ、クリップボードにはさんだ問診票を手にした若い女医が、真剣な表情で相談を受けていた。ことぶき共同診療所の医師だという。

さすがに野本三吉や田中俊夫の時代のような野戦病院の雰囲気はないが、この越冬闘争の目的がホームレスやドヤの住人を無事に越年させることにあり、現在でも少なからぬ人々にとって、公的機関の多くが活動を停止してしまうこの時期は生き死にのかかる時節であることを、炊き出しと各種の相談業務が教えてくれる。

陽が完全に沈んで衣類の上から寒気が肌を刺すようになった頃、国会議員の山本太郎が秘書とおぼしき女性と連れだって寿児童公園に現れた。

赤いダウンジャケットを着込んだ長身の山本は、くすんだような高齢男性の群れの中でいやが上にも目立っていた。多くの人が彼の動きに注目していたが、私が感心したのは、山本が配膳口だけでなく下げ膳口でも仕事を手伝っていったことだった。

私は山本の思想信条もよく知らないし、少々エキセントリックな政治家ぐらいの認識しかなかったが、彼は短い時間ではあったが下げ膳口で食器を洗っていった。宣伝活動のためなら、配膳口で雑炊をよそって手渡す役の方が効果的だっただろう。

炊き出しのボランティアに親子で参加している人が多いことにも驚かされた。おそらく、世間一般の子を持つ親にとって、寿町は子供を近づけたくない場所の筆頭株だろう。ましていわんや、ホームレスやドヤの住人と直接触れ合う炊き出しの現場である。だが、この日は三角巾をかぶりエプロンをかけてボランティアにいそしむ小学生ぐらいの子供の姿が、たくさん見られた。

現代の越冬闘争はお祭り的な要素も含みながら、切実に助けを必要としている人に手を差し延べる場でもあり、同時にボランティア活動を通して多くの人が寿町のことを知る場でもあるようだった。

炊き出しの様子を首からぶら下げた小さなメモ帳に書きとめていると、ひとりの男が声をかけてきた。

「私、越冬闘争の事務局長ですが……」

取材許可を取っていなかったので、不審に思われたのだ。男が差し出した名刺には、「寿支援者交流会事務局長　高沢幸男」と書いてあった。

横断幕のゲバ文字

高沢幸男から名刺を渡されたとき、正直に言うと、私はこの男とあまり関わり合いになりたくないと思った。例の越冬闘争実行委員会の横断幕の文言が、気になっていたからである。

「黙って野垂れ死ぬな！　生きて奴らにやり返せ!!」

この、相当に激越で、しかも相当に時代錯誤のイメージが強い横断幕を、高沢本人ではないにせよ、彼が事務局長を務める実行委員会が作ったとなると、なんとなく怖かったのだ。

しかもこの横断幕の文字は、左翼団体が使う奇妙に角ばったいわゆるゲバ文字で書かれている。寿町には、過去に学生運動をやっていた人が少なからず暮らしていることはすでに取材済みだったが、高沢もその手の人物のひとりだとすると、ちょっと厄介な気がしたのである。

しかし、高沢は寿越冬闘争実行委員会の事務局長であると同時に、生活館の歴史と深い関わりを持つ寿地区住民懇談会の事務局も務めているという。話を聞くべき人物であることは、間違いなかった。

果たして私は「左翼か否か」の踏み絵を踏まされることなく、高沢に話をして貰うことができるのだろうか。

少々重苦しい覚悟を持って、後日、高沢の元を訪ねる約束をとりつけた。

食えない、泊まれない

待ち合わせ場所である寿町内の某所に現れた高沢は、黒縁の四角い眼鏡をかけ、天然パーマなのか、少しウェーブのかかった髪を短めに整えていた。青白きインテリ左翼という感じではなく、むしろ骨太で、頑丈そうな体つきをしている。

高沢は寿地区住民懇談会の事務局を務めている。この立場を説明するには、少々回り道になるが、一九七〇年代の生活館の歴史からひもといていく必要がある。

先に生活館の歴史が「込み入ってくるのは」という表現を用いたが、その発火点は昭和四九年の寿地区越冬実行委員会の結成にある。

私は過去の生活館にまつわる記述の大半を野本三吉の『寿生活館ノート』（田畑書店）と『風の自叙伝』（新宿書房）に拠っているが、同書によれば寿地区越冬実行委員会が結成される前年までの越冬は、年末年始総合対策という名称であり、寿町自治会が中心となって、そこに寿地区の有志やボランティアが加わる形で行われていた。

ところが、第一次オイルショックによる不況の煽りを受けて、寿町では仕事につけない日雇い労働者＝アブレが増えていき、四九年の一〇月に入ると日雇いの求人が激減。食えない、泊まれない労働者が街じゅうに溢れた。

こうした状況の中、日雇い労働者たちによって寿立会という組織が結成され、昭和四九年は自治会ではなく、この寿立会を中心として越冬実行委員会が組織されることになったのである。自治会はあくまでも、越冬実行委員会に協力するという立場をとった。高沢が言う。

「当時、寿町の日雇い労働者の中心は港湾労働者だったので、不況で港に船が入ってこなくなると、みんないっぺんに仕事がなくなってしまった。そこで、みんなで集まって『どうすべーか』と、そういう話だったらしいですね」

冬の到来とともに事態は深刻化していき、餓死者や凍死者が出るまでになった。横浜市は越冬実行委員会と交渉の末、生活館の三階と四階を「利用者住民の責任において」使用することを認めた。要するに、三階と四階で日雇い労働者たちが寝泊まりすることを許容したのである。このとき生活館では、同時に炊き出しも行われている。

野本の『寿生活館ノート』には以下の記述がある。

「当時、生活館の三、四階で泊まった人は、平均して二百人。廊下までビッシリとなった時には三百人にも達した。ぼくらの（横浜市の）発行していた宿泊券のピークが、12月23日で三百三人だったが、あわせると六百余人が、宿泊できずにいたことになる」※カッコ内は筆者

注意が必要なのは、横浜市が三階、四階での越冬を承認した相手は、正式には寿地区越冬実行委員会ではなく、寿地区自治会越冬実行委員会だったという点だ。寿地区と越冬実行委員会の間に自治会の三文字が挟まっている。

なぜなら当時の横浜市は、自治会以外の日雇い労働者の組織や支援団体を活動家集団と見なしており、自治会だけを地元を代表する唯一の交渉団体として認めていたからである。

こうした事情もあって、横浜市はどこかの時点で越冬対策自体を打ち切って、生活館の三階と四階での越冬を中止しなければならないと考えていた。そうしなければ、やがて生活館は活動家集団に乗っ取られてしまう……。

こうした流れの中で、翌昭和五〇年の二月一七日、自治会が越冬から降りることを宣言する。

活動家集団との行動には責任を負い切れないというのが、自治会降板の理由であった。そして自治会の降板は、横浜市が待ち望んでいたチャンスでもあった。

なぜなら、生活館の三階、四階はあくまでも寿地区自治会越冬実行委員会に対して使用を認めていたわけだから、自治会が越冬から降りたということは、寿地区自治会越冬実行委員会が越冬から降りたのとイコールであると解釈できるからだ。

自治会の降板宣言の翌日の二月一八日、横浜市は間髪を入れずに越冬対策の打ち切りを発表する。そして、二月二九日には、越冬対策打ち切りに抗議するため横浜市役所を訪れていた自治会抜きの越冬実行委員会のメンバーを、機動隊を導入して排除するという強硬手段に打って出たのである。

三月二五日、横浜市は生活館の休館を発表。二階で行われていた相談業務も打ち切って、二階部分をシャッターで閉ざしてしまう。しかし、越冬実行委員会は三階、四階の占拠を続行した。

では、三階、四階で行われていた越冬の実態とは、いったいどのようなものだったのだろうか。高沢が言う。

「私自身は九〇年から寿町と関わっているわけですが、当時のことを知っている人の話を聞くと、みんなで飯をつくって、みんなで飯を食べて、毎日、楽しかったと言うんです。大晦日なんて、「俺たちの紅白歌合戦」なんていうイベントをやったりしたらしいですよ」

食えない、泊まれない惨状とはいささか乖離がある。野本三吉が書き残している越冬の状況とも、ずいぶん違うように思える。悲惨な状況だったことは確かだろうが、一種、お祭りのような高揚感があったのかもしれない。

それはさて置いて、やがて越冬実行委員会の中から寿日雇労働者組合（寿日労）が誕生し、三階、四階の占拠は、実に昭和五六年まで、五年間もの長きにわたって継続される。この間、金子ぶーさんと亘理あきさんが参加した寿共同保育も、生活館に拠点を置いていた。

ぶーさんが、「横浜市が（生活館の）電気、ガス、水道を止めなかったので」と言っていたのは、この時期のことを指していたわけだ。もっともぶーさんは、占拠ではなく自主管理という言葉を使っていたが……。

生活館の再開

生活館の機能を再開し、占拠状態を解消するための話し合いである三者協議がスタートしたのは、昭和五五年のことである。

三者とは横浜市民生局、地元＝寿地区住民懇談会、横浜市従《しじゅう》民生支部の三者だ。寿地区住民懇談会は、自治会にかわって横浜市が認めた、地元を代表する唯一の交渉団体であり、自治会、寿日労、寿夜間学校などを包含する団体であった。

この三者協議という交渉テーブルを作ったのは、寿地区住民懇談会の初代代表である日本バプテスト横浜教会の益巖牧師であった。すでに触れた、NPO法人さなぎ達の源流である木曜パトロールを始めた人物である。

三者協議は二年間にわたって粘り強く話し合いを重ね、昭和五六年三月一〇日、ようやく生活館の再開に漕ぎつけている。再開に際しては、以下のような内容を持つ覚書が三者の間で取り交わされた。

すなわち、生活館三階、四階の管理は地元の公共的団体に委託し、運営方針は住民懇談会の代表を含む行政・学識経験者からなる運営委員会の意思を尊重して行うこと、また、四名の有給職員を配置するが、このうち三名は住民懇談会が推薦する者とすること、などである。

この取り決めの性質と、そこに込められた当事者たちの期待はどのようなものだったのか。野本は『風の自叙伝』の中で、住民懇談会発行の「ニュース」（№40）から以下の部分を引用している。

「自治体所有の建物に、住民の要求を最大限くみとってもらっての改築、レイアウト、住民参加の運営委員会の設置、そして、労働者、住民の中から選ばれた職員を実現するなど、他に類をみない成果は、そのまま寿地区住民、労働者の個別の利害をこえた、熱意と団結の成果であるといえます。」

高沢は、この三者協議から二〇年以上もたった平成一一年（一九九九年）から、住民懇談会の

事務局の一員として、その活動を支えることになるわけだが、高沢はこうした生活館の歴史を私にレクチャーしながら、

「つまり生活館は、住民活動を支える場所なんですよ」

と言う。住民活動とはいったい何だろうか。

たとえば、私が知っている地域の住民活動といえば、せいぜいが児童公園で催される盆踊りぐらいのものである。それは、元地主である地方議員や町内会長、古くから地元で商売をしている工務店や酒屋が中心になって行う、〃地元の人たちによる〃イベントであり、転入してきた新住民や転勤族は、何年たってもお客さん、あるいはよそ者であるに過ぎない。

一方で私たちは、地方自治体に税金を払うことと引き換えにさまざまな行政サービスを享受しているが、自らが地方自治の主体であるという意識をほとんど持っていない。主体は役所と役人であり、私たちは盆踊りの時と同じくここでもお客さんだ。客は金を払ってサービスを買い、サービスが悪ければ文句を言うだけである。

私は高沢の話を聞きながら、住民活動という言葉が、自分にとっておよそ縁遠いものであるように感じた。

この高沢幸男という人物は、いったいどのような人生経路をたどって〃住民活動が行われている町〃にたどりついたのだろうか。

良い子悪い子すごろく

高沢幸男は昭和四五年（一九七〇年）、群馬県山田郡大間々町（現在のみどり市）で生まれている。

赤城山の東側に広がるみどり市は、その名の通り緑が豊かで、おいしい水が湧く地域である。高沢が言う。

「母方の実家のそばに造り酒屋があって、僕はその酒屋の子と幼馴染みの同級生だったので、よく遊びに行っては水浴びをしました。考えてみれば酒を仕込むミネラルウォーターで水浴びしていたわけで、贅沢な水浴びでしたね」

造り酒屋には東北からやってきた杜氏がいた。正月前に床屋に行くと、隣で散髪していた杜氏のおっちゃんが、

「坊主、俺はこれから田舎さ帰るんだ」

と東北訛りで話しかけてくれた。

風光明媚で人情に溢れた田舎町ですくすく育ったと言いたいところだが、高沢は小学校六年生にしてすでに、生きにくさを感じていたという。その理由が、本人には申し訳ないが、ちょっと面白い。

「いまだったら、教師の価値観を押しつけ過ぎだと新聞沙汰になるような話だと思うんですが、

小六の担任が「良い子悪い子すごろく」というのを作ったんですよ。テストで百点取るとよい子の方に二コマ進むとか、友だちから何か悪い点を指摘されると悪い子の方に一コマ進むとか、もう訳のわかんないすごろくで、しかも一定期間に悪い子の方に進むコマ数が多いと、ドリルをやらされるなんていう罰ゲームまでついていた。僕はこのすごろくが嫌で嫌で、やらなかったわけです。そうしたら、親が学校に呼ばれる事態になってしまったんです」

高沢の父親は高卒の猛烈サラリーマンで、高沢が三八度の熱を出しても学校を休ませてくれなかったが、反対に母親は、のんびりとした鷹揚な性格の人だったという。

「学校に呼び出された後、母親に『だってオレできねーんだもん』と泣きながら訴えると、母親が『担任には、やってる振りをしておきなさい』と言ってくれたんです」

この母親の存在によって高沢は追い詰められずに済んだのかもしれないが、すでに小六にして、自分はサラリーマンには向かないと自覚していた。

「とにかく人が決めた一方的なルールに従うのが辛いというか、理解できない。世の中のルールに則った模範的な生き方を押しつけられると苦しくなってしまうというか……」

やがて高沢は横浜の大学に進学すると、教育問題を研究するサークルの門を叩いた。動機は、自分を追い詰めた管理教育の正体を知ることにあった。

「それがわかれば、自分の生きにくさの理由がわかるんじゃないかと思ったんですね」

横浜の五重苦

高沢が群馬県から横浜の大学に進学したのは、一九九〇年のことである。横浜では、前年の八九年に市政一〇〇周年、横浜港開港一三〇年を記念して横浜博覧会が開催されており、八三年に始まったみなとみらい21という横浜市中心部の再開発も進行中だった。

バブル経済の崩壊が九一年だから、高沢が横浜の地を踏んだのは、まさにバブルの絶頂期であり、同時に横浜が大きく変貌を遂げようとしている時期だった。

ちなみに横浜市は、いわゆる五重苦（関東大震災、昭和恐慌、第二次大戦の空襲、戦後の占領・接収、人口爆発）を解消するため、一九六五年（飛鳥田一雄市長時代）に六大事業を策定しており、みなとみらい21はこの六大事業のひとつだった。

ちなみに六大事業とは、以下の六つ。

・みなとみらい21
・金沢地先埋立工事
・港北ニュータウンの建設
・高速道路の整備
・地下鉄の整備
・ベイブリッジの建設

六大事業はほぼ完遂されているが、この六大事業の存在が寿町の寄場としての機能を延命させたとも言われている。別な言い方をすれば、六大事業の現場には、寿町から多くの日雇い労働者が送り込まれていたということだ。みなとみらい地区の美しい景観の背後には、寿町というドヤ街があったのであり、ブルーラインやグリーンラインという市営地下鉄網整備の背後にも寿町があったわけだ。

関内にも中華街にも元町にも近い横浜の一等地に、なぜ、寿町というドヤ街が存在するのか訝しく思う人は多いだろう。正直に言えば、私もそのひとりだった。しかし、横浜の五重苦解消のために寿町が果たした役割を考えてみれば、寿町があの場所に存在し続けていることには、もっと敬意が払われてもいいのかもしれない。

あゝ上野駅

さて、小六にして生きにくさを感じた男・高沢幸男は、大学の教育系サークルの一員として社会活動に関わることによって、横浜が大きく変貌を遂げていくその変曲点の、生々しい現実を目の当たりにすることになる。

「僕は九〇年に初めて越冬闘争のパトロールに参加して横浜駅を巡回したのですが、ちょうど横浜博の後だったこともあって、駅の地上部分は、おそらく日本でも有数のイルミネーションまたたく世界でした。ところが、一歩地下道に下りてみると、そこには野宿者がたくさんいる。もう、俺はいったいどこにいるんだろうって思ってしまって……」

パトロールとは、ホームレスの見回りのことだ。寿町の近隣地域でホームレスが寝泊まりする場所は、横浜駅の地下街、横浜スタジアム、関内駅の地下通路など数カ所あるが、真冬には凍死してしまうホームレスが出る。それを未然に防止するために、越冬闘争の時期、越冬闘争実行委員会がホームレスの訪問を行い、同時に寿町で行われる炊き出しなどへの参加や横浜市の越年対策事業の利用を呼びかけている。

高沢は、このパトロールに大学のサークルの先輩たちとともに参加したわけだが、初めてのパトロールで面白い野宿のおっちゃんと出会っている（高沢はホームレスと呼ばずに野宿者と呼ぶ）。

「話を聞いてみると、そのおっちゃんはもともとは上野駅にいたんだけど、何かトラブルを起こして上野駅にいられなくなって横浜駅に流れてきたというのです」

その野宿者は東北の出身であり、彼にとって上野駅はまさに井沢八郎の「あゝ上野駅」の世界だった。駅で寝泊まりをしていると、目の前を行き交う人々の息遣いから故郷の匂いや風を感じることができた。

「ところが、横浜駅も上野駅に似てるんだと、そのおっちゃんは言うんですよ。線路は故郷に繫がっている。今は帰れないけれど、駅にいるといつか帰れる気がするって」

なぜ今は帰れないのかと尋ねてみると、

「だって、土産を持って帰りたいだろう。握りこぶしじゃ帰れねぇよ」

と答えた。握りこぶしとは手ぶらという意味だ。この表現に、高沢は痺れた。

「詩人でしょう。もう、すっかりやられてしまいました。僕自身、世の中に生きにくさを感じていたこともあって、おっちゃんの言葉になんとも言えない魅力を感じてしまったんです」

以来高沢は、パトロールの時だけでなく、個人的にも路上の野宿者の話を聞いて回るようになるのである。

初めてのパトロールから二年経った一九九二年の一二月二八日、やはり越冬闘争のパトロールで横浜駅を巡回していた高沢は、ある決定的な出来事に遭遇することになる。

越冬闘争のメインプログラムは、二九日から本格的にスタートする。したがって、この二八日のパトロールには越冬闘争への参加を促す、呼びかけパトロールの意味合いがあった。

この日、高沢が目撃したものは何かといえば、それは横浜駅の駅員によるホームレスへの暴行であった。高沢が言う。

「地下街の一角に何本かの杭がロープで繋がれた一角があって、その中に野宿のおっちゃんが寝ていたのですが、それを見つけた駅員が、僕らの目の前でおっちゃんの足を持って杭の中から引きずり出すと、胸倉を掴まえて『ここは入っちゃいけないところだ』と投げ飛ばしたのです」

高沢は、反射的に駅員に抗議をしていた。

「まだバブルの余韻がある年の瀬でしたから、駅には酔い潰れて倒れているサラリーマンがたくさんいました。もしも、あの野宿者がスーツを着てネクタイを締めていたら、駅員は『旦那さん起きてください。ここは入ってはいけない場所ですよ』と言ったんじゃないかと思うんです」

高沢たちの抗議に対して、駅員はこう反論した。

「仕事もしないで駅に寝泊まりしている人間に同情の余地はない。それに、殴る蹴るが暴行であって、足を引っ張ったり胸倉を掴んだりするのは暴力とは言わない」

これは、「横浜駅としての見解だ」と駅員は言ったそうである（現在の横浜駅の公式見解ではない）。

この駅員のように、ホームレスを「働きもしない」から路上で暮らさざるを得なくなった存在であると捉えている人は多いと思うが、この考え方を突き詰めていくと、それは必然的に自己責任という言葉の肯定につながっていく。そして、自己責任論を肯定するか否かは、ホームレスを支援する際のスタンスに大きく影響を与えることになる。

しかしこの日、高沢はホームレスに対してより、むしろホームレスを取り巻く社会に対して、強い感情を持ったという。

「当時、僕は大学三年生でしたけれど、結局、仕事がない人、家のない人って、こうやって社会的にも、物理的にも排除されていくんだなと思って、もう、いたたまれなくなってしまったんです」

上野駅から流れてきた東北のおっちゃんが、故郷大間々町の造り酒屋にいた杜氏を彷彿させる懐かしい存在だったとすれば、この日見た排除される野宿者の姿は、良い子悪い子すごろくを泣きながら拒否した、子供の頃の高沢自身と重なるものだったのかもしれない。

高沢は、自己責任という言葉を嫌う。なぜなら、どんなに努力をしても、世の中に適応しにくい、あるいは適応できない人間は存在するからだ。そして社会では、富の分配を巡って常に〝椅子取りゲーム〟が行われている。結果、必ず椅子に座れない人間が出てくる。では、社会に適応できない人間は、社会から物理的に排除されるしかないのか。適応できないのは、椅子に座ることができないのは、その人間の責任なのか？

おそらく左翼的な人間の多くは、社会に適応するのが難しい人間を変えようとするより、変わるべきは社会の方であると発想するのだろう。

では、私はどうだろう。

それなりの努力をして身を立ててきたという自負はあるから、自己責任という言葉を丸ごと否定する気にはなれない。しかし同時に、高沢と同じように生きにくさを感じてきた人間であるのも事実だ。

これが、高沢という人間が無意識のうちに私に踏ませようとしている踏み絵なのかもしれなかった。お前はいったい、どちら側の人間なのかと……。

野宿する家族

横浜駅で駅員によるホームレス排除の現場を目撃した高沢たちは横浜駅への抗議を行ったが、サークルの先輩から、

「パトロールに行かない越冬の時期以外に、腹いせ的に、一層厳しいホームレスの追い出しがあったらどうするんだ?」

という問いかけがあった。

「僕は咄嗟に、野宿者を支援するためにやってるんだから、越冬の時期以外も、ひとりだってパトロールをやりますよと啖呵を切っていました」

この時、たまたま高沢と同じ考えの支援者たちがいて、そこから寿支援者交流会が立ち上がることになった。そして九三年の一月から、越冬闘争の期間以外もこの交流会と寿日労が協力して、横浜駅のパトロールを定期的に行うことになったのである。

当時、大学三年生だった高沢が、初期の定例パトロールで出会った最も印象的な野宿者は、乳飲み子を抱えた家族だった。

「横浜駅の東口には、僕らが「ルミネ前」と呼んでいる外通路があります。九三年の秋のことですが、その外通路で三人の子供を抱えた夫婦が野宿をしていたのです」

四〇代の父親と母親。三人の子供のうち一〇歳と六歳の子は母親の連れ子で、一番下の子は生後九ヵ月。まだオムツをしていた。それは、凄惨な野宿だった。

その頃の高沢は、まだ福祉制度に関する知識が乏しかったこともあって、頻繁に家族の元に通っては紙オムツを差し入れるぐらいのことしかできなかった。もちろん行政には掛け合ったが、行政は行政で「世帯で野宿」という事態を想定しておらず、対応に苦慮していた。

「当初行政は、家族を分離して保護する方法を考えました。母親と子供が婦人相談所（現在の女性相談所）に、父親が更生施設に入所する形なら、生活保護を適用できるというのです。父親がまだ四〇代だったので、がんばって働いてアパートの敷金礼金を貯めたら、アパートを設定して家族で暮らせるように支援するという方針でした」

ところが、この行政の提案に意外な人物が異を唱えた。

「なんと、子供たちが反対したのです。やっとみんなで一緒に暮らせるようになったのに、またバラバラになってどうするんだと」

高沢たちも、広めの簡易宿泊所に二部屋を確保して、

「一時的には父親と別々に暮らすことになるが、アパートを借りる資金が貯まったら一緒に暮らすようにすればいい」

と提案をしてみたが、子供たちは頑として聞き入れなかった。それだけ、辛い思いをしてきたに違いなかった。

それにしてもこの家族、いったいどんな理由でルミネ前に流れ着いたのか。高沢が話を聞いてみると、どうやら県外からやってきたらしいことがわかった。

「当時はまだ、家族が飯場で生活する住み込み型就労という形態があったのです。夫は外に働きに出て妻が飯場の賄いなんかをやるわけですが、この形態の場合、女性がいることがトラブルの原因になる場合があるのです。この家族も、そうしたケースだったようです。特にトラブルの相手が飯場の親方だったりすると、ややこしいわけです」

離れ離れになりたくないという子供の気持ちはわからなくはなかったが、さりとて乳飲み子に野宿を続けさせるわけにもいかない。高沢は自身の無力を痛感した。

結局この件は、たまたまルミネ前を通りかかったある社会福祉法人の役員が一家の惨状を見かねて、アパートの敷金礼金を個人的にたて替えるという形で決着した。

その後この家族がどうなったか知る由もないが、高沢はこうしたハードな支援活動を何度も経験することによって実践的な支援のスキルを身につけていき、やがて生活困窮者支援の専門家として、多くの講演を引き受け、国や地方自治体の制度や施策の策定に関わるようになっていくのである。

究極の自立形態

高沢はこの原稿の執筆時点（二〇一八年八月）で、「神奈川県ホームレスの自立の支援等に関する実施計画」策定会議の副座長を務め、内閣府や厚生労働省の委員も経験するなど、斯界で枢要な位置を占める存在になっている。

子供の頃から生きにくさを感じてきたという高沢が、やはり生きにくさを感じてきたであろう野宿者の人たちに共感を寄せるうち、いつの間にかそのこと自体が仕事になっていった印象である。

寿地区住民懇談会のメンバーとして寿生活館の運営にたずさわり、寿支援者交流会のメンバーとして野宿者のパトロール活動を続ける傍ら、高沢は興味深い作業を継続している。野宿者たちの個人史の聞き取りである。

寿支援者交流会のメンバーとともに数時間をかけて野宿者の個人史を聞き取っては、それを活字に起こして、寿支援者交流会の会報誌に掲載するのである。

「もともと路上での聞き取りはやっていたのですが、二〇〇〇年頃、僕らの活動に参加していたある大学生が、卒論を書くために野宿者の個人史をもっと深掘りしたいと言い出して、たまたま同じ時期に、やはりメンバーのひとりが野宿者のありのままの人生を聞き取って、何も脚色しないでそのまま記述してみたいと言い出したわけです」

マスコミは、野宿者にステレオタイプ（紋切型）のドラマを求めるものだと高沢は言う。野宿者は時代の変化によって社会からはじき出された被害者であり、社会的弱者であり、可哀想な人たちである。しかし、困難な状況からなんとか這い上がろうと懸命にもがいている……。

「僕もこういう決めつけ方がたまらなく嫌だったので、野宿者の個人史を脚色しないで記録するということに賛成しました。だって、野宿というのは究極の自立形態ですよ。野宿者の多くは、アルミ缶を集めて金に換え、コンビニの残物を食らいながら生き抜いている人たちなんです。そういう人たちに向かって、お前のやり方ではダメだから過去を否定して、社会復帰しろなんて……。僕はそういうことを絶対に言いたくなかった」

二〇〇〇年といえば、バブルが崩壊して七、八年が経とうとしていた頃である。

「野宿者は弱い人たちだと思っている人が多いでしょうが、そんなことはないんです。バブルの頃は別荘を持って外車を乗り回していたなんていう話が、当たり前の個人史として野宿者の中にはありました。たとえば、産炭地の出身で、集団就職で東京に出てきて会社を興し、社長にまでなったと。でも、社長は事業資金の借入で連帯保証人になるのが普通だから、会社が潰れたときに借金を背負ってしまう。妻や子供に迷惑はかけられないから、離婚をして、夜逃げをして路上にやってきたんだと。こういう人は金の面でうまく行かなくなっただけで、決して弱い人ではない。チャレンジをした人ですよ。僕はこんな人まで可哀想な人にされてしまうのは耐えられなかったんです」

高沢は野宿者の個人史を、決して〝こちら側〟にとって都合のいい、耳当たりのいいドラマに仕立てることはしてこなかった。

四人のお母さん

高沢らによる聞き取りの成果をいくつか読ませてもらったが、たしかに何の脚色も施されていないのがよくわかる。言葉に重複があったり、指示語の内容がわかりにくかったり、あるいは自慢が過ぎると感じる部分もあったが、そうした部分も丸ごと残されている。

いま、私の手元には『こんにちは。寿支援者交流会です。』(二〇〇三年夏祭り版)という冊子があり、その中にふたりの野宿者の個人史が掲載されている。

そのうちのひとり、横浜駅で野宿をしていたK・Hさん(当時六三歳)は、「お父さん、お母さんと呼んだ人の数なら誰にも負けない」という人物であり、義理の母親が四人もいたそうである。そうした生い立ちのせいか人間不信に陥って、それが野宿生活を送る遠因になったようだが、一方で、複雑な生い立ちが彼に特異な能力を与えた面もある。

伊勢佐木町のキャバレーでボーイとして働いていた時代のことを、K・Hさんはこんなふうに語っている。

「だいたい3回くらい会えば、その人がどんな考えかなっていうのがわかったから、人の顔色みるって能力は、すごい人一倍すぐれていたっていうか、これはいまでも負けないって思ってます」

「最初に相手の心をつかんで相手のなかに入り込んでしまっちゃうと、もうそのままそれを継続して、その人を逃がさないようにするわけですよ」

K・Hさんはこの特異な能力によって、その後に就職した会社でも抜群の営業力を発揮する。離婚して退職金をすべて妻に渡して野宿者となってからも、コンビニの店長と懇意になって売れ残りの弁当を貰っていたから食うには困らなかった。やがて、野宿者のリーダーのような存在になって、何人もの野宿仲間の面倒をみるようになったという。

高沢の言う通り、これは決して弱い人間の生き方ではないだろう。K・Hさんはこんなことも言っている。

「こういう生活してるときは、横のつながり、人の信頼関係っていうのは、絶対に必要。おれがおれがっていうのが意外と多いけれど、そうじゃなくて、絶対に助け合わなくちゃダメだってこと。それで裏切らないっていうのが、これが絶対条件ですよ」

K・Hさんは、不良少年に襲撃されて頭部を四〇針も縫う大怪我をした経験がある。この時は他の野宿者からの通報で高沢が駆けつけて救急車を呼び一命を取りとめたが、野宿生活はまさに死と隣り合わせだ。そうした極限的な生活から出てくる言葉は、切実で凄みがある。高沢の「野宿は究極の自立形態」という形容は、こうした文章を目にしたときに初めて、リアリティーを持って感じられるのである。

「奴ら」とは誰か

「自分（野宿者）を追い出した社会に戻ることを自立と呼ぶなんて、おかしなことでしょう。野宿者の中には、景気の調整弁として解雇された人もたくさんいるわけです。そういう人が社会復帰する努力をしないと、生きてる価値がないなんて評価される。僕たちの生活は、野宿者のように富をほとんど持たない人が存在することによって成り立っている側面があるんです。価値がないどころか、追い出して申し訳なかったと謝るべきなのは僕らの方なんです」

高沢の言いたいことはわからなくはないが、では、高沢自身はイノセントなのか。

「僕だって家族に不自由な思いはさせたくないし、大学だって出ているわけだから、富の分捕り合戦の中では少しは得をしている側にいるのかもしれません。内省すべきは僕らの側だと思うのです」

では、例の「黙って野垂れ死ぬな！　生きて奴らにやり返せ!!」というスローガンの「奴ら」とは、いったい誰なのか。

「それは、僕自身も含めた、人間を野垂れ死にさせる社会のことです」

寿生活館は、野宿者も自由に使うことのできる貴重な場だと高沢は言う。そして、寿という町のよさを象徴する場でもあると言う。

「寿は、他の町では暮らせなかった人が暮らすことのできる、包容力のある町です。何事も強制されない、管理されない町、社会的には困った人たちが自分らしく生きることのできる町なんです」

行政も支援団体の多くも困った人を何とかしようとする。私自身にも、自分が困った人になってはまずいという思いがあるが……。

「何とかしようとする前に、野宿のおっちゃんたちの生きる知恵をもっと認めてほしいのです。できそこないかもしれないけれど、自分らしい人生を歩んできた人たちの生き様をちゃんと見てほしい。おっちゃんたちにすれば、『何とかされてたまるかよ』ってことですよ」

何とかされてたまるかよ。いい響きだ。

第一二話　人間の謎

寿町を語る上で欠くべからざる人物が何人かいる。そのうちのひとりが、村田由夫である。村田の名前は田中俊夫と並んであちらこちらで耳にするのだが、私にとって村田は永らく謎の人物であった。

村田は、寿町にある寿福祉センターの所長と同センターが運営する保育所の所長を兼務していた。おそらく寿町を初めて訪れた人は、ドヤ街に保育園があることに度肝を抜かれると思うが、村田が所長を務めていた寿福祉センター保育所は、横浜市生活自立支援施設はまかぜの真横にあるのだ。

はまかぜはホームレスの自立支援施設であり、はまかぜの周囲ではよく、入所しているホームレスとおぼしき人々が縁石に腰を掛けて日向ぼっこをしている。中には隣の保育所のフェンスにしがみついて園庭を覗き込んだりしている人もいたりして、正直なところ、大丈夫なのかと思わずにはいられない。

寿福祉センターもはまかぜも、運営しているのは神奈川県匡済《きょうさい》会という長い歴史を持つ社会福祉法人であり、要するに寿町における村田の身分は一社会福祉法人の職員だったわけだが、寿町に関する文書を読んでいると、思いがけないところで村田由夫という名前に出くわすのである。

以前触れた、生活館の〝自主管理時代〟に寿地区自治会の事務局長をやっていたのも村田であり、市民の会寿アルクというアルコール依存症患者の支援をしているＮＰＯ法人の理事長も村田であり、寿町にフリー・スクールを立ち上げた亘理あきを支援していたのも村田なのである。亘理あきの追悼文集には、村田の名前が何度も出てくる。

私は、生活館を舞台にして越冬闘争が始まったとき、寿地区自治会は横浜市と結託して越冬闘争を中止に追い込もうとしていたのだと理解していたので、当時の自治会の事務局長が村田だったと知ったときは、はっきり言って驚いた。

村田由夫という人物は、きっと鵺《ぬえ》的な、寿町のフィクサーのような、一筋縄ではいかない人物だと思っていたのである。

ドヤ街で働きたい

寿町の隣の翁町にある第二アルク・デイケアセンターで、村田に会った。第二アルクにはインタビューに適した場所がないというので、寿町の中にあるアルク・デイケアセンターまで村田と並んで歩いた。

歩きながら、きっと何十年にもわたって寿町と関わってきた村田が眺めている寿町の街並みと、私が見ているそれはまるで異なるものではないかという思いがよぎった。閉店してしまったさなぎの食堂の跡地では、次のテナントが決まったのか、内装工事が行われていた。おそらく村田は、いくつもの簡易宿泊所や支援団体の消長を見つめてきたに違いない。

アルク・デイケアセンターの一室に収まって村田と向き合うと、想像していたよりも小柄な人物であった。そして、鷹やフィクサーにしては言葉遣いも物腰も穏やかである。

村田は昭和一八年、川崎大師（平間寺）に近い大師西町に生まれている（現在の大師駅前二丁目）。村田が言う。

「平間寺の東側は門前町なのですが、私が生まれた西町の方は下町と田園の町でした。私の実家は西町で工務店をやっていまして、鈴木町にある味の素の工場にもよく出入りしていました」

実家の三分の一は、住み込みや出稼ぎの職人の宿舎に当てられていた。新潟から出稼ぎで来ていたある若者が、青年時代の村田に強い印象を残したという。

「私が中学か高校の頃、その若い人は二〇代の後半から三〇代の前半ぐらいだったと思いますが、御神楽の舞台を作ったり六郷の花火大会の桟敷席を作ったりするとき、よく私を現場に連れていってくれました。無口で素朴で優しい人でね、決して寂しそうではありませんでしたが、私は彼の姿を見かける度に、きっとこの人は自分の本意でここにいるんじゃないのだろうな、こういう境遇は大変なんだろうなと勝手に想像していました」

大学に進学はしたものの、村田はサラリーマンになって会社に勤めるという将来を思い描くことが、まるでできなかった。漠然と、農業に関心を寄せていた。

「農業なら自然相手の仕事だから、人を傷つけたりすることもないと思って、大学時代の三年間、毎年三カ月ほど山梨の果樹園で住み込みのアルバイトをさせてもらいました。桃とブドウが中心でしたが、木に生《な》った状態で次々に熟れてしまうので収穫が大変で、朝の五時から夜の八時まで働きっぱなし。休みは月に一日だけという重労働でした」

実家の工務店の手伝いで力仕事には慣れていたから体力的には問題なかったが、ある年の台風が村田の農業への憧れを打ち砕いてしまった。

「台風が来て桃の枝がバリバリ折れる音がする度に、お世話になっていた農家の奥さんがキャーって悲鳴を上げるんですよ。その声を聞いて、自分は倫理的な考えから農業がいいなんて思っていたけれど、しみじみ農業って大変なんだなと思ったのです。ある日、農家の御主人から『お前、農家の婿にならないか。お前の働きっぷりを見た人からそういう話が来てるんだ』って言われたとき、それは無理だと思いました。婿に入ったら農業しかできないじゃないかと。その時、自分の本心がはっきり見えたんですね」

農業はあきらめたが、さりとて一般企業に就職する気持ちも持てなかった村田は、大学を卒業すると原宿にあった社会事業学校の専修科で一年間福祉の勉強をした後、神奈川県福祉協会が運営する日雇い労働者のための宿所提供施設、川崎宿泊所の相談員として働くことになった。川崎臨港警察署の近く、日本鋼管（現在のＪＦＥスチール）の高炉が見える場所にあった木造平屋建の古い建物である。

「日本鋼管の臨時雇いの人もいましたけれど、多くは港湾、運輸、土木の仕事に直行（職安を経由しない）で働いている日雇い労働者で、屈強な人が多かったですね。相談員といっても、風呂、トイレの掃除から宿泊費の徴収までやる、要するに何でも屋でした」

月に一回、宿所の玄関に机を出して宿泊費を徴収したが、中には玄関を通らずにわざわざ裏庭を通って自室に戻り、宿泊費を滞納する人もいた。

「そういう人から宿代を貰うために部屋を訪ねたりするうちに、だんだんと身の上話を聞くようになりました。いろいろな境遇の人がいて、こんなに身勝手な人にはこれまで会ったことがないなんて思う人もいましして、もう、宿所の人たちと触れ合うのが楽しくて仕方がなかったですね」

村田はこの川崎宿泊所で、中村という名前の老事務員と出会っている。日本鋼管を定年になった後、宿所に勤めていた人物である。

「ごま塩頭のとても穏やかな人でした。この人の話がめちゃくちゃに面白くて、宿所の中の人のことをあの人はこう、この人はこうって教えてくれるのですが、中村さんが話すとどの人もみんな魅力的に思えてくるんです。ある時、中村さんとトイレの掃除をしていると、壁にうんこがついているわけです。中村さんは『酔っぱらって立ちながらうんこしちゃうんだよ』なんて言いながら、デッキブラシで落としてるんだけど、ちっとも嫌な感じがしないんですよ」

大学まで出た青年が就く仕事としては、いささか変わっているというか、パッとしないというか。そういう仕事を志願した村田の動機が、いまひとつわからない。

「そうですか……。実は大学時代、根岸に住んでいる先輩がいましてね、山谷のドヤ街に連れていってくれたことがあるんです。たぶん小ざっぱりした白いシャツでも着ていたんだと思いますが、山谷の人たちにすれば珍しい奴が来たなということだったのでしょう、粘り着くような、怨念のこもったような視線をこちらに向けてくるのです。その時、恐怖を感じるよりも、理屈抜きにこういう場所で働きたいと思ったのです」

よそ者に何がわかる

川崎宿泊所で働きながら村田が書いた論文、「川崎日雇い労働の実情」が、当時、神奈川県匡済会の常務理事だった芹沢勇の目に止まり、村田は福祉協会から匡済会に移籍をすることになった。匡済会は寿町に福祉センターの開設を予定しており、そのセンターの相談員として村田に白羽の矢が立ったのである。

ちなみに芹沢勇は元横浜市の職員で、民生局にいた時代に寿生活館の必要性を説いて建設に漕ぎつけた人物である。「ドヤ街の発生と形成」（横浜市総務局）、「寿ドヤ街─もう一つの市民社会と福祉」（神奈川県匡済会）という寿町の歴史を知る上で重要な論文を書いており、芹沢は横浜市の職員を辞した後、鶴見大学の教授に就任している。

昭和四三年、村田は寿福祉センターの職員として寿町にやってきた。

「寿福祉センターは隣保施設とかセツルメントなどの範疇の施設で、問題を抱えている地域に施設を通して関わることによって、問題の解決を図ることを目的にしていました」

山谷のような街で働きたいという村田の願いがまさに叶った形である。昭和四〇年代初頭の寿町とは、いったいどのような街だったのだろう。

「生活館ができたのが昭和四〇年ですから、(日雇いの町としての) 寿町のピークの時期でしょうね。とにかく活気があって、毎日が新鮮で、とても楽しかった。それに、私は運がよかったんですよ」

村田がいう運とは、ある火災と関係がある。

ちょうど村田が福祉センターに赴任した昭和四三年、祥雲荘というドヤが火事で燃え、類焼した扇荘、ことぶき荘の住人を含めて二〇四世帯、二六五人もの人が焼け出されるという出来事があった。

当時、生活館で相談業務に当たっていた横浜市職員の田中俊夫と谷川弘は、この火災を寿町に住民自治の機運を盛り上げるための好機と捉えて、罹災者同盟の結成に奔走した。『寿町ドヤ街　第2号　寿町における歴史的記録』(ことぶき共同診療所　寿町関係資料室発行) の中に、谷川弘が当時の「呼びかけ文」を記録している。

ことぶきで又火事!

祥雲荘、木造四階建ての違法建築
経営者の責任、住民が立ち上がろう。話し合いをしよう。

この短い呼びかけ文の行間に、谷川たちは以下のような「熱い思い」を込めたという。
「理不尽なことにはものを言おう。町の住民が立ち上がる時だ。寿の問題は、住民が立ち上がって行動を起こすことで変わっていく。住民が町の主人公になろう。寿町を人間らしい町に変えていく歩みの第一歩を踏み出そう」（前掲書）

田中と谷川、そして数名のボランティアの呼びかけに応じる形で、寿町五・二五火災罹災者補償要求期成同盟が結成され、ドヤの経営者との数次にわたる交渉の末に、罹災者ひとり当り二〇〇〇円の見舞金と無料宿泊券五日分が支払われることになった。

この出来事を契機として『寿しんぶん』が発刊されることになり、今度はこの新聞を舞台にして自治会の創設が呼びかけられていく（田中、谷川らが編集した）。そして自治会準備委員会の設立、「寿地区に夜明けを」の集会を経て、昭和四四年四月一日、職安広場で寿地区自治会発会宣言がなされるのである。

谷川は、「住民を運動に巻き込んでいく熱気の原動力となったのは、同センター職員村田由夫氏であった」と書いている。村田は寿町の住民自治の萌芽の時期にこの町に飛び込んで、その熱気を存分に浴びたのだ。それが「運がよかった」の意味だろう。

村田が言う。

「罹災者同盟ができたときは田中さんと谷川さんが中心になっていましたが、彼らは横浜市の職員ですから、表には出ないで裏で活動していました。新しくできた匡済会の福祉センター（村田の赴任先）とどう連携していくかが、当時の彼らの大きな関心事だったそうです」

福祉センターは七月に保育所を先行してオープンさせていたが、全面的なオープンは一〇月を予定していたから、村田の本業はそのための準備作業だった。しかし夜になると、田中や谷川と連絡を取り合いながら、寿地区自治会設立に向けた活動に没頭するようになっていった。

「自治会設立の活動は、田中さんも谷川さんも僕も、表向きはフリーな立場でやるわけですが、正体は横浜市の職員であり匡済会の職員であって、当然、町の人たちはそれを知っていました。本業には直結しないことですから匡済会の承認を得ないでやっていましたけれど、町の人たちと関わるのが面白くて面白くて、地域のためというよりも、自分が面白いからやっていたんですね」

当時の村田が書いた文章が、野本三吉の著書に収録されている。

「寿地区自治会は、昭和四三年一〇月から約半年有余に亘る実践の中で、さまざまな紆余曲折を含みながら、寿における活動家の総力を挙げての運動の結果として、翌年四月に誕生した。その間、準備事務局の只中にあった私は興奮していた。単なる一時期の運動ではなく、恒常的な組織を産み出そうとするのである。誕生の直前には一〇日間泊まり込みの体制を持って臨ん

だ」（『個人誌　生活者』社会評論社）

村田は寿福祉センター職員という表の顔と、フリーな立場の活動家という裏の顔の、ふたつの顔を持っていたのである。それが、私にとって村田が長らく謎の人物であった原因だ。

寿地区自治会が結成されると、村田は事務局長に就任する。会長は食堂タキトの金原武雄。田中俊夫と谷川弘は、『寿しんぶん』の編集部員という肩書きである。

住民参加の町づくりを目指した彼らの目覚ましい働きによって、寿地区自治会はさまざまなことを実現していった。昭和四九年の寿町総合労働福祉会館（センター）の竣工も、自治会活動の成果のひとつと言っていい。

村田に大きな転機が訪れたのは、昭和四八年のオイルショックを受けた越冬闘争のさなかのことである。

「それまで、いろいろな立場の人たちが自治会という器を使って、さまざまな住民活動を展開していたわけですが、自治会は労働問題を解決することができませんでした。そこで越冬闘争の中から日雇い組合（寿日労）が結成されたりしていくわけですが、行政とのフォーマルなパイプはあくまでも自治会でした」

越冬闘争の際、生活館で炊き出しが行われていたことはすでに述べたが、村田は自治会事務局長として炊き出しにかかった費用の領収証をまとめて横浜市に提出する役割を担っていた。ところが……。

「私が三年近くも親しくしていたある当事者（ドヤの住人）が炊き出しの炊事をしていたのですが、彼が揉め事を起こしたので私が仲裁に入ったのです。すると彼がこう言ったのです。『お前みたいなよそ者に、何がわかるか』と。愕然としました。ショックでした」

この衝撃を、村田はその後二年近くも引きずることになった。

「私は自分が寿町にとって大切な人間だと信じていたし、いろいろなことができる人間だとも思っていました。でも、それは間違いだったのです。私は寿町のことを理解して、この街のために仕事をしていたのではなく、自分が周囲の人たちから認められる存在であるために、自分自身のために、この街の人たちを利用していたのです」

青年らしいナイーブな受け止め方と言ってしまえばそれまでだが、私はこの村田の言葉を聞いて、寿学童保育の指導員、のりたまこと山埜井聖一が同じようなことを言っていたのを思い出した。

「この街で仕事をしていると、自分が何かいいことをしているような錯覚に陥りやすい」

貧困や疾病や障害や依存症が身の回りに溢れている寿町では、容易に人助けをしている気分になれるのだ。

村田はそれまでの自分の姿を振り返って、寿町で働くのをやめてしまおうかというところまで思い詰めた。だが、あるアルコール依存症者との関わりをきっかけに、新たな仕事を立ち上げていくことになるのである。

階段が崖に見える

村田が神奈川県匡済会の施設、寿福祉センターの職員として寿町に赴任してきたことはすでに述べた。この福祉センターの中には保育所があるが、開設当初は寿町のドヤで暮らしている子供の入所が少なく、町外の子供の方が多いという状況だった。

「これでは寿町の家庭と子供を支援するという、寿福祉センター設立の趣旨に沿わないので、横浜市寿生活館の職員と協力して、まずは子供のいる世帯の数と子供の人数の把握をして、保育所への入所を促す活動をしたのです」

当時はまだ孤児院という言葉が社会的に通用しており、ドヤの住人の中には保育所を孤児院の一種だと考えている人もいた。村田がドヤを個別に訪問して子供を入所させることを提案すると、

「そんな可哀想なことができるか！」

と怒り出す人さえいたという。

村田はこうした勧誘や施設内外での相談を通じて、あるアルコール依存症者と深く関わり合うことになった。その男性には妻子があり、子供が保育所に入所していた。

「その人はアルコール依存症だけでなく結核も患っていまして、何度か自己退院（無断の退院）

もしていたので、どの病院も受け入れてくれなくなっていました。唯一、国立の武蔵療養所（現在の国立精神・神経医療研究センター）だけが、外来を受診してくれれば入院できるかもしれないというので、彼と一緒に車で行って外来を受診したのです」

一週間後に再度行ってみると、なんとか受け入れできそうだという返事である。村田が驚いたのは、その数日後、担当の医師とソーシャルワーカーがひょっこり寿町に現れたことだ。受け入れるにしても、患者がどこでどのような日常生活を送っているかを把握しないと治療できないというのが、寿町来訪の理由だった。村田は彼らの真摯な仕事ぶりに打たれた。

「無事に入院した後、一度武蔵療養所まで面接に行きました。するとソーシャルワーカーの方が、『新たにアルコール依存症者の回復支援をする施設ができるのだけれど、その施設のスタッフが、村田さんに会って相談所の内容を参考にしたいと言っている』と言うのです」

後日、実際にふたりのスタッフが寿福祉センターにやってきた。村田は彼らから、新しく立ち上げる施設がＡＡ（アルコホーリクス・アノニマス）のプログラムをベースにした三ノ輪ＭＡＣという名称であり、代表者はジャン・ミニーという、自身アルコール依存症の神父であることを聞いた。カトリックでは、神父のアルコール問題が大きな課題になっているということであった。

「その後、ジャン・ミニーさんから直接連絡がありまして、ＡＡのプログラムや三ノ輪ＭＡＣの施設を紹介してくれたり、実際のＡＡのミーティングに誘ってくれたりしまして、私自身もだんだんとアルコール依存症への理解を深めていくことになったのです」

アルコール依存症はギャンブル依存症と並んで、寿町にとって大きな問題である。寿町に来てから依存症になるのではなく、依存症が原因で家族から見放されて寿町に流れ着く人が多いのだ。

寿町での自身の存在意義を見失いかけていた村田は、AAのプログラム、そしてアルコール依存症の治療に献身的に取り組む人々と出会って、寿町における新たなミッションを見出したと言っていい。

昭和五四年六月、村田が寿町から三ノ輪MACに〝最初のひとり〟を連れていった話は、半ば伝説と化して寿町の多くの人々に語り継がれている。最初のひとりは、いわゆるヤンカラさんであった。

「ちょうど三ノ輪MACのことを知った翌年、寿福祉センターの向かいの職安広場でアオカン（青空簡易宿泊所＝野宿のこと）をしていた男性が、（アルコール依存症で）幻覚が見えるから病院に入院させてほしいと相談にやってきたのです」

村田は心当たりのいくつかの病院に打診してみたが、どの病院も彼の名前を告げた瞬間に、「あの人はダメ」ときっぱり断ってきた。おそらく、何度も入退院を繰り返してきた人物なのだろう。

「そんな状況だったので、三ノ輪MACに行ってみようかということになったのです。アルコール依存症の人はたいてい約束を守らないものなのですが、彼は待ち合わせの時刻にちゃんと現れました」

　ところがその男性は、六月の下旬だというのに布団代わりだというオーバーを着込んでおり、かなりきつい臭いがした。寿福祉センターには野宿者などに提供するための衣類のストックがあったから、村田はシャワーを浴びて着替えることを勧めたが、断乎として嫌だという。

「野宿をするとき寒いから、オーバーは絶対に手放したくないというのです」

　かくて村田は、六月下旬の朝七時半、相当に臭う男性とふたり、石川町の駅から通勤ラッシュで込み合う電車に乗り込むことになった。

「京浜東北線で秋葉原まで出て、そこから日比谷線に乗り換えて三ノ輪まで行くわけですが、満員電車だというのに、われわれが乗り込むと、みなさんサーッとよけてくれましてね。約一時間半の行程でしたが、ずっと座っていくことができました」

　村田はなんだか嬉しそうにこの話をするのだが、件の男性は秋葉原駅の階段が崖に見えると言っては立ち往生し、電車の車輪のゴトゴトいう音が音楽に聞こえると口走っていたそうだから、症状は相当に深刻だったのだろう。

無力であることを認める

最初の男性は、その後奇跡的な回復を見せた。八月までに、さらに三人のアルコール依存症者が寿町から三ノ輪ＭＡＣに通い、その三人も回復の道を歩んだという。

アルコール依存症者は、入院中は断酒をすることができても、病院を一歩出たとたんにスリップ（再飲酒）してしまうケースが非常に多く、三ノ輪ＭＡＣの成果はまさに奇跡としか言いようがなかった。

回復者が徐々に増えてくると、回復者の中から横浜にも三ノ輪ＭＡＣのような施設がほしいという声が上がるようになった。その一方で、寿町に関わる福祉、医療、保健関係の人々の間にＡＡのプログラムに興味を持つ人が増えていき、このふたつの流れがひとつになって、横浜ＭＡＣ後援会が結成されることになった。

「ＡＡのプログラムはアルコール依存症の患者ではない人にとっても興味深いもので、自分の生き方を考える上で役に立つというので、中福祉事務所のソーシャルワーカーや、『羅漢たち横浜寿町ドヤ街の人々』という写真集を撮った大塚洋介さんなんかが、アルコール依存症の人を中心に据えたサークルを立ち上げまして、それが横浜ＭＡＣ後援会になっていったのです」

この後援会こそ、現在、村田が理事長を務めているＮＰＯ法人、市民の会寿アルクの源流なのである。

寿アルクでは、ＡＡのプログラムをベースにしたミーティングが行われているというのだが、これはいったいどのようなものなのか。百聞は一見に如かず。私は第二アルクのミーティングに参加してみることにした。

ＡＡとは「Alcoholics Anonymous＝無名のアルコール依存症者たち」の頭文字であり、アルコール依存症者がお互いの経験を分かち合うための共同体である。ＡＡが中心に据えているのは依存症者同士のミーティングで、これはＡＡの創始者であるふたりの依存症者が、お互いの状況を語り合っている時だけ酒を飲むのをやめることができたという事実に由来する。したがって、アルコール依存症者が飲まない生活を継続するためには、ＡＡのミーティングに出席し続ける必要があるのだ。やめてしまうと、いつまたスリップするかわからない。

寿アルクは、一二ステップあるＡＡのプログラムのうちの一、二、三ステップに基づいて、独自のプログラムを作っている。ミーティングに先立って手渡された『アルク・プログラム』には、この三つのステップが総ルビ（漢字すべてにルビがふってある）で記されている。

一《いち》　自分《じぶん》が依存症者《いぞんしょうしゃ》であり、病気《びょうき》であり、アルコールに対《たい》して無力《むりょく》であることを認《みと》める。

二《に》　自分《じぶん》の力《ちから》だけでは、飲《の》まないこと（回復《かいふく》）が出来《でき》ないと知《し》り、私《わたし》たち自身《じしん》より大《おお》きな力《ちから》の必要性《ひつようせい》を確信《かくしん》して信《しん》じる。

三《さん》　行動《こうどう》をもって、飲《の》まない新《あたら》しい生《い》き方《かた》を始《はじ》め、実践《じっせん》して任《まか》せる。

私が参加させてもらった日は、二〇人ほどが集まって長方形に並べられた机に着席していた。

全員、男性だ。若い人もいれば、高齢者もいる。見るからにいい加減そうな人もいれば、まさかこの人が？　と言いたくなるような、実直そうな人もいる。

ミーティングが始まると、自身依存症者である司会者がミーティングのテーマをホワイトボードに書いた。この日のテーマは「初心」。司会者が発言を促すと、参加者が次々に手を挙げる。発言者が名前やニックネームを言うと、それをメンバー全員で復唱するのが面白い。

「山田です」

「山田！」

というパターンの繰り返し。これは、同じ病気を持っている仲間であることを共有し励まし合うため、長い歴史の中から生まれてきた習慣だという。ただし、メンバーはAnonymous＝無名が前提だから、彼らが本名を名乗っているかどうかはわからない。

テーマは「初心」だったが、語られる内容はほとんどが自身の飲酒体験であり、「最後には血反吐《へど》を吐いた」とか「妻子が出て行っても飲むのをやめられなかった」といった凄絶な話の連続である。和やかとは言わないが、決して堅苦しい雰囲気でもない。

初めて参加する人は第一アルクから始め、一定期間断酒ができるとこの第二アルクに通うことになり、就労（社会復帰）が視野に入ってきた人は第三アルクに移っていく。第三アルクを修了すると、仕事をしながら夜間にＡＡのミーティングに参加することになる。

先ほど見た通り、寿アルクの三つのステップで重要なのは「自分はアルコールに対して無力であること」の自覚と、「回復には大きな力を必要とする」という認識だ。この大きな力のことをＡＡのプログラムでは、ハイヤーパワーと呼んでいる。これは決して神のことではなく、依存症の仲間たちを回復させていく力のことであり、この力は仲間たちの正直な話を聞き、正直に自分自身のことを語るうちに湧き上がってくるものだという。

自分たちは無力であると認め、それを仲間と共有することが、なぜ依存症の回復につながっていくのだろうか。

ありのままにそこにある

村田が妙なことを言い始めた。

「これは、依存症者が回復していくプロセスに長くかかわった人たちが共通に持っている感覚なのですが、われわれが、『あの人は真面目で素直で人の言うことをよく聞くから、回復するのでは？』などと評価する人はむしろ回復しにくく、反対に『あの人は、どうしようもないね』なんて言われている人が回復していくという現象が、よくあるのです」

村田の解釈はこうだ。

「われわれが評価する人とは、アルコール依存症というどうにもならないところまで落ち込んでいるのに、それでもまだ体裁を取り繕おうとして自分に正直になり切れない人ではないかと思うのです。そういう人は、こだわりや怒り、いら立ちといった感情が軽くならないから、回復が難しいのです」

私は村田のこの言葉を聞きながら、私自身が感じている生きにくさの原因を見透かされたような気がして、お尻の辺りがムズムズしてきた。

「実は私、依存症の人が好きなんですよ。寿の中で長年仕事をしてきて、ハッと気づいたら周りは依存症の人ばかりでした（笑）。たくさんの人が献身的に彼らを治そうとしますが、彼らは懲りずに何度も何度も同じことを繰り返します。どうしてあそこまで落ち込むことができるのか、それも謎なのですが、アルクのミーティングに出てわずか一週間で回復に向かう人もいる。これもまた、謎なんですね」

おそらく村田は、こうした謎に惹かれてアルクの活動にのめり込んでいったのだろう。それはまた、寿町の役に立つ人間であると自認していた村田が、自身の無力さを悟っていく過程であったかもしれない。依存症は、治そうと思っても治せないが、どうやっても治せないと無力を悟ったときに治る可能性が芽生える。パラドクスそのものなのだ。

アルク誕生から四半世紀、村田は謎を解く鍵を手にしたのだろうか。

「依存症の人には失うものが何もありません。だから、一種の潔さがあるのです。彼らの喜怒哀楽は、純然たるその人そのものなんです。ありのままにそこにあること。それが、人間関係において一番大切なことかと私は思います」

互いに自己をさらけ出し、ありのままの人間同士として関わり合うことから、アルコール依存症から脱出する力、生きる力が湧き上がってくる。山谷のドヤ街で「粘り着くような、怨念のこもったような視線」を浴びて、村田が「こういう場所で働きたい」と直感的に思ったのは、その視線に虚飾がなかったからだろうか。

「寿町の人たちは欠点だらけかもしれませんけれど、その欠点こそ、これまで生きてこられた力の源泉なのかもしれません。つまり……それで文句あるかってことです」

インタビューを終えて、私は村田からひとこともそうは言われていないのに、

「あなた、かっこつけなさんなよ」

と言われた気がした。

第一三話　白いズック靴

寿町を語る上で欠くべからざる人物のふたり目は、横浜市寿生活館の生活相談員だった加藤彰彦である。別名、野本三吉。加藤は寿町での体験をもとに、野本三吉名で数冊のノンフィクションを世に送り出し、寿を離れた後、幾度かの変転を経て沖縄大学の学長になった人物である（現在は同大学名誉教授）。

越冬闘争の始まりと寿生活館の自主管理時代を描いた『寿生活館ノート』（田畑書店）という書名は、すでに引用文の出典として記したが、加藤はこれ以外にも『風の自叙伝―横浜・寿町の日雇労働者たち』『裸足の原始人たち―横浜・寿町の子どもたち』（いずれも『野本三吉ノンフィクション選集』所収・新宿書房刊）など、寿町を舞台にしたノンフィクションを上梓しており、『裸足の原始人たち　寿地区の子ども』（初版は田畑書店刊）で第一回日本ノンフィクション賞を受賞している。

『裸足の原始人たち　寿地区の子ども』の帯には、次の一文が記されている。

ドヤ街に住む子どもたちは、飼いならされた家畜ではなく、自由に野山を駆け回る、野性のたくましさと可能性を一杯に秘めた裸足の原始人だ。

加藤が生活館の生活相談員として寿町に現れたのは、一九七二年のことである。その当時の寿町は、現在のように生活保護を受給する高齢単身男性が多く暮らす「福祉ニーズの高い町」

ではなく、文字通りの日雇い労働者の街であり、若々しい街だった。その混沌としたエネルギーに満ちた街で、加藤は主に「子どものこと」を担当したという。

なぜ、子どものことなのか。

寿町に現れるまでの加藤の来歴に、その答えがあるかもしれない。

東京大空襲

待ち合わせ場所のＪＲ大船駅改札口に現れた加藤は、想像していたのとは違って、黒く大きく角ばったサングラスをかけた、颯爽とした雰囲気の人物であった。

駅近くの喫茶店に収まって自己紹介をすると、リュックの中から自著や現在の活動に関する資料を次々と取り出して、

「みんな持っていっていいですよ」

と言う。

中には、現在では入手が難しい『野本三吉個人誌　生活者』（全三巻・社会評論社）まである。加藤が一九四一年生まれであることを考えれば、これだけの重量の書籍や資料を持ち歩くだけでも骨だと思うが、加藤には身体的な負荷を越えさせてしまう精神的なエネルギーが満ち溢れているようだった。

村田由夫の言葉を思い出した。

「加藤さんという人は、ドヤの人が『電車賃がない』というと自分のお財布からパッとお金を出して渡しちゃうような、そんな人なのです。寿町で私が出会った人の中で、相手を包み込んでしまうような大きさを持っていたのは、加藤さんと田中俊夫さんのおふたりでしたね」

加藤は横浜育ちだが、生まれは東京の本所区（現在の墨田区）である。父親は川崎の柳町にあった東芝の技術者で、小は電気スタンドや蛍光灯から大はダムまでさまざまなものを設計した人物。そもそもは横浜の田谷（栄区）の地主で、子細があって本所区で暮らしていたという。

一九四一年生まれで本所区在住となると、気になるのは東京大空襲である。いわゆる下町空襲は一九四五年三月一〇日だから、一一月生まれの加藤は三歳と七カ月、ぎりぎり記憶があるくらいの年齢だろう。加藤が言う。

「東京大空襲の日は、母が生後一〇カ月の妹をおんぶしながら僕の手を引いて防空壕まで逃げました。途中、橋の上から燃えながら川に飛び込む人なんかも見ました。東日本大震災の映像を見たりすると、あの日に見た光景がフラッシュ・バックするんです」

なんとか防空壕には入れたものの、中はすし詰め状態でまったく身動きが取れなかった。空襲が終わって外に出てみると、防空壕の入り口周辺には、中に入れなかった人たちの焼死体が丸太のようにいくつも転がっていた。そして、母親に背負われていた妹は、防空壕の中で強い圧迫を受けて窒息死していた。

家屋も家財も一切を大空襲で失った加藤一家は、終戦後、横浜の田谷に戻ることになった。もともとその地域の大きな地主だったが、いわゆる不在地主だったため、GHQが主導した農地解放によって小作地をすべて失ってしまった。加藤にとって幸いだったのは、父親が技術者だったため戦争に取られなかったことである。

「残った土地に、父が木材を買ってきて自力で家を建てました。僕が小学生になった時に最初の家が崩れてしまったんですが、極貧生活だったので、また父が自分で家を建てたのです。僕も壁を塗ったりして父を手伝いました」

父親は戦後も東芝に勤務することができたが、極貧生活を支えるため早朝に家を出て夜遅く帰ってくる生活を続け、その挙げ句、加藤が中学生のとき結核に罹患してしまう。だが、外科手術を受けることは頑なに拒んだ。

「結核の手術を受けると、肋骨を何本も切るでしょう。そうすると、肋骨を切った方の肩が下がってしまうのですが、それが嫌だというんですね。どうしても新薬（ストレプトマイシン）の治験を受けたいというわけです」

父親は東芝を休職し、横浜の国立療養所浩風園という結核の専門病院で治療を受けることになった。入院時の父親の体重は三八キロ。まさに骨と皮の状態だった。

休職中、東芝からは通常の給与の六〇%ほどの手当が支給されていたが、療養生活が長引くにつれて減額されていき、最終的にはほとんどなくなってしまったという。それほど父親の療養生活が長引いたということである。

遅よう君

加藤の中学時代、父親の代わりに家計を支えたのは母親の内職だった。

「母親は妹を亡くしたショックが大きかったせいか病弱で、家の中でスリッパにビーズをつけたり葉書きに宛名を書く内職をやっていました。母が内職で作った品物を、翌朝、僕が自転車に乗せて納品に行くんです。だから、毎朝、中学校には一時間ぐらい遅刻してしまうわけ。当時の僕のあだ名は「遅よう君」ですよ。毎日、遅刻するから、お早うじゃなくて遅ようだというわけ。町内会費を払えなかったり、学級費も払えないような極貧生活でしたけれど、辛くはなかったたですね。母に頼りにされていたし、自分で生活を支えているという誇りがありましたから」

遅よう君でありながら生徒会長を務めていたというから、人望があったのだろう。こうした極貧生活の話を聞いてみれば、村田が言っていた「自分のお財布からパッとお金を出して渡しちゃう」加藤の行為にも合点がいく。金が無いという状態を皮膚感覚で知っている加藤は、おそらく反射的にそうしてしまうに違いない。

中学の卒業が迫ってきたが、加藤は家庭の状況を鑑みて、高校には進学できないものと諦めていた。当時は中学を出て働く人も多かったから、それは特別なことでもなかった。

就職先が決まったとき、浩風園に入院中の父親がどうしても会いたいと言ってきた。感染を予防するため浩風園の敷地内には家族でさえ入ることを許されていなかったから、父親は特別に外出許可をもらって、自分の方から園の外に出てきた。

「病院の近くの蕎麦屋か何かに入ったのかな。ふたりで食事をして浩風園に帰る途中、父が突然、靴を買えって言うんですよ」

加藤が履いていた靴は、穴だらけだったのだ。加藤は靴屋の店頭で、白いズック靴を選んだ。それが一番安い靴だったからだ。

「そうしたら、そのズック靴をいますぐ履けって言うんだよ。言われるままに靴を履いて見せたら、悪かったな、早くよくなるからなって……」

浩風園へ戻る道すがら、父親は加藤に高校へ進学するように言った。それればかりか、大学にも行って教師になってほしいと言った。教師は父親の憧れの職業だったのだ。

「大学に行けば奨学金があるからなんとかなる。とにかく高校に進学しろというわけです。浩風園の門のところまで一緒に歩いて、そこから先は父しか入れないんで、手を振って別れました」

加藤はそこから受験勉強を始めて、見事公立高校に合格し、自らも想像していなかった高校生になった。高校時代もアルバイトに明け暮れして、家計を助けた。

高校二年生のとき、父親が結核の治療を終えて家に帰ってきた。入院当初三八キロしかなかった体重が、五五キロに増えていた。加藤は、

「ずいぶん太ったな」

と思ったそうである。

父親は東芝に復帰して定年の五五歳まで働き、その後も系列会社に移って七〇歳になるまで働き続けた。働くことが本当に好きな人だったと、加藤は述懐する。

通信簿を二通作る

大学は、横浜国立大学の学芸学部に進学した。加藤自身は早稲田大学の第二文学部（夜間部）に入って新聞記者になることを夢見ており、実際、合格したそうだが、父親の「教師になってほしい」という願いを聞き入れる形で、横浜国大への進学を決めたという。

「当時の横浜国大は、学費が安かったんですよ。たしか、年間五〇〇〇円ぐらいじゃなかったかな。それでも生活費を稼ぐ必要があったので、大学入学と同時に小学校の警備員になりました。大学の講義が終わった後、小学校に行って校舎の鍵を閉めて回って宿直室で寝るという仕事なんですが、給料がよくてね。僕はこのアルバイトがあったおかげで、大学四年間、親からまったくお金を貰わずに卒業することができたのです」

大学を卒業するとき、少年画報社など雑誌社を数社受けていずれも合格したが、またしても父親の願いを叶えるという理由で、加藤は小学校の教員になる道を選んでいる。

一九六四年、横浜市立川上小学校に赴任すると、加藤はユニークな先生として八面六臂の活躍を見せた。

「家庭訪問って、普通は年に一回だけ、五月から六月にかけてやるでしょう。僕はそれを一年中、毎日のようにやっていたわけ。ひとりの子の家に行くと、お父さんが帰ってきて、先生、ビール飲もうよなんてなるでしょう。僕は飲めないんだけど、お父さんの方がだんだん調子が出てきちゃって、先生、泊まっていきなよなんてことになる。そのうち子供が、先生一緒にお風呂に入ってなんて言い出すわけ。その子が翌日学校で、昨日先生が家に泊まったよっていうと、家にも泊まりに来てってことになるんです」

中には父親の暴力癖で加藤を自宅に招じ入れることができず、家の近くの電柱の下で家庭訪問をせざるを得ないケースもあった。

「そういう子は、土日に僕の家に呼んじゃうわけ。妹が亡くなったこともあったから、父も母も子供が大好きでね。父なんて試験の採点は俺にやらせろなんて言って、間違いの直しも細かく入れて、花丸を書いたりして、とても喜んでいました。あの頃は本当に楽しかったですね」

父親の夢を叶えるという加藤の思いが実現した時期、と言っていいかもしれない。

ところが加藤は、この楽しい教員生活をわずか四年半で打ち切ってしまうのである。直接的な理由は通信簿にあった。

「当時は五段階の相対評価で、一を何パーセント、二を何パーセントつけろって文部省が決めていたわけです。そうなると、クラスの五、六人の子に一と二をつけなきゃいけないわけだよね。僕はこれができなかったんです。校長に直談判して、何度も一はつけられませんと言ったんだけど、どうしてもつけざるを得なかった。しばらくは通信簿を二通作ってごまかしていましたが、僕にはやっぱりできなかった」

加藤が二重帳簿ならぬ二重通信簿をつけ始めると、子供たちの中から、「先生にも通信簿をつけたい」という声が上がるようになった。あるクラスの全生徒が、加藤に通信簿をつけてきたことがあった。

「これが実にリアルでね、男の子の通信簿はたいていてい一行ぐらいで、『先生、がんばったね。来年もまたがんばりましょう』なんていうのが多いのですが、女の子の中には音楽に二をつけてくる子なんかがいて、『音楽はもう少しがんばりましょう』なんて書いてある。実は子供たちも、教師をしっかりと評価しているのです。教師はもっと謙虚にならなければいけないと思いましたね」

加藤が教員生活に終止符を打った間接的な理由、というか、より本質的な理由は、加藤に対する父母たちの評価にあったようだ。

加藤は「勉強は学校だけで充分だから、家に帰ったら思い切り遊びなさい」と、子供たちを指導していた。そして、勉強ができる子よりも、むしろできない子に対して手厚い指導を行っていた。

こうした加藤の姿勢は、子供たちには評判がよかったが、父母の評価は賛否両論という状況だった。

「うちの子は××大学に進学させたいからもっとしっかり勉強させてほしいとか、できない子にあんなに手をかける必要はないという親御さんもいたのです。そういう賛否両論の中にあって、僕がしみじみと思ったのは、教育とは親や教師や文部省が勝手にやることではなくて、『地域がもうひとりの先生である』ということでした。地域に『子供をこう育ててほしい』という思いがあって初めて、教育は成り立つものなんです」

たしかに公立の学校の場合、地域住民たちが持っている教育観に著しい相違があれば、教師がどのような教育方針を打ち出そうと、父母の間に賛否両論が巻き起こることになってしまう。ましてや加藤のようにユニークな教育をやろうとすればするほど、その渦は大きなものになるに違いない。

野本三吉初の著書『不可視のコミューン』（『野本三吉ノンフィクション選集』所収、新宿書房刊。元版は社会評論社）では、教員を辞めた理由がよりストレートに、そして激越な表現で記されている。

『不可視のコミューン』の上木《じょうぼく》は一九七〇年だから、辞職に対する若き加藤の葛藤と本音が滲み出ていると言ってもいいだろう。断片的になるが、印象的な部分をいくつか引用してみたい。

「あらためて「学校教育」の本質について考えてみると、それは「社会への適応のための訓練の場」ということにでもなろう。（中略）だとすれば、教師とは現実社会を肯定する立場に立たざるをえないのだということになり、本質的には体制的人間にならざるをえないのだ」

さらに続けて……。

「体制としての日本資本主義国家は、基本的に、関係を「もの」と「もの」とのそれとして固定化する。そして価値あるものとは、あくまで「商品価値」であり「交換価値」であり、役に立つ者、つまり価値のある者が尊重されるのだ」

加藤が見た現実の教師とは、体制からの要請に従って、子供たちを「商品として交換する価値のある者」に仕立て上げる役割を背負った存在だった。そして学校とは、加藤にとって明らかに逆転した場であった。

「現実に生きている一人一人の人間が、自分の生活する「社会」を創ってゆくという論理が、逆に、「体制」によって、人間が作られているという逆転である」

（引用はいずれも、前掲書の「I〈学校〉の原型としての共同体」より）

一九六八年一二月、小学校を退職した加藤は、共同体の中でどのように子育てが行われているかを探るため、日本中の共同体を訪ね歩く放浪の旅に出る。加藤をその旅に向かわせたのはおそらく、「一人一人の人間が、自分の生活する「社会」を創ってゆく」可能性を探りたいという欲求だっただろう。

「〈学校〉の原型としての共同体」という表題が示唆しているように、下からひとりひとりの人間が作り上げた共同体では、共同体自身が子供を育てる学校としての働きを持っていることが、加藤には予感されていたのではあるまいか。

キブツ

「教師を辞めたあと、僕はあるグループの団長としてイスラエルへ行く予定でした。イスラエルにはキブツという共同体があるのですが、その中でどんな子育てが行われているのかを見てみたいと思っていたのです」

キブツとは、二〇世紀の初頭、東欧やロシアでの迫害から逃れたユダヤ人青年たちが、パレスチナで始めた農業共同体である。生活費はすべて無料だが、労働に対する報酬もなく、個人の所有を否定し、メンバーの身分は絶対的に平等。親子は寝食を共にせず、子供の教育は集団で行うことを原則とした。

「ところが、中東戦争が起こってイスラエルには行けなくなってしまったんですよ」

そこで加藤がキブツ訪問の代わりに選んだのが、日本国内の共同体巡りだった。北は北海道の牧場から南は沖縄の村落共同体まで、文字通り日本全国の共同体を、長い時は一ヵ所に半年近くも滞在しながら訪ねて歩いた。

加藤の共同体巡りは実に四年半にも及び、訪れた共同体の中には心境農産、新しき村、一燈園、ヤマギシ会などがあるが、中には外部からカルトと見られている集団もあった。私なら尻込みしてしまうところだが、そうした集団に何の偏見も持たずに飛び込んでしまうことこそ、ノンフィクション作家・野本三吉の真骨頂なのかもしれない。

「たとえば奈良県の心境農産（畳床の生産者）なんていうのは、もともとは天理教の布教師が軸になって始まった心境部落という共同体なんですよ」

心境部落の出発点は、加藤の言うように、天理教の布教師だった尾崎増太郎が天理教の信仰の形に異を唱えて村八分に遭ったことにある。共同体誕生の原点に、明らかな排除が存在したのだ。

増太郎に同調して行動を共にした信者たちは、「妻と歯ブラシ以外はすべて共同所有」することを原則として奈良県の辺鄙な山間部で共同生活を始め、やがて天理教の信者以外も集まるようになって、日本のキブツと呼ばれる共同体を形成するようなる。ちなみに、心境部落の「心境」とは「心境に変化をきたした人たち」という意味の心境だという。

こうした共同体巡りの中で加藤が特に心を惹かれたのが、ヤマギシ会だった。

ヤマギシ会（現在の正式名称は幸福会ヤマギシ会）は、山岸巳代蔵が創始した山岸式養鶏会を源流とする農事組合法人であり、全国各地に無所有一体を原則とするヤマギシズム社会実顕地という共同体が存在している。

加藤はヤマギシ会の生活を体験する中で、ヤマギシズムの深さと同時に限界にも気づいていくことになる。『不可視のコミューン』にこんな一節が出てくる。

「（ヤマギシズムの）「無」の思想が、ぼくに有効に響いてきたのは、話し合いを唯一絶対にして教え込まれた「戦後民主主義」に対する不信感がぼくにあったからなのだが（中略）、言葉によってわかりあえるなどというのは、ほんの一部のことであって、もっと本質的な部分は、沈黙の中にあって、それは論理以前の世界なのではないか」

加藤が言う。

「こうした、「無」とか「間」という東洋的な思想が共同体を作っていく上でとても大切であることに、僕は共同体を巡る旅を通して気づいていきました。自分と他者をふたつにわけて、他者を利用したり打ち負かしたりするのではなくて、自分と他者を共存させていく。それには、自分を無にして他者と共に生きる道を探ることが必要なんです」

加藤の言う「自分を無にする」が、国家に対する「滅私奉公」と異なることは言うまでもない。

「ヤマギシ会にせよ心境部落にせよ、内部はとてもうまくいっているんです。子供を集団で育てる仕組みもうまくいっている。ところが、これはどの共同体にも共通のことなのだけど、義務教育が始まって子供たちが地域の小学校に通うようになると、教育方針の違いが壁になって地域社会との間に軋轢が起きてしまう。子供がいじめに遭ったり、グレてしまったりするのです。だからこそ僕は、地域社会から隔絶した辺鄙な山の中なんかじゃなくて、普通の町の中に共同体を作ってみたいと思うようになったのです」

加藤がちょうど共同体巡りの旅を終えたとき、中学時代の恩師が横浜市の青少年問題の担当課長になった。その恩師は、当時の飛鳥田一雄横浜市長（社会党）のブレーンでもあった。

「飛鳥田さんが『横浜を、子供を大切にする町にする』と宣言して、市民と直接対話をするための一万人集会を開いたりした頃でした。僕は横浜で直接民主主義を実現するという飛鳥田さんの考えに憧れたんだけど、中学時代の恩師が『加藤、横浜市の職員になって、寿町で子供のことをやらないか』と言うわけです」

加藤の中で、排除された人々が作りあげたいくつもの共同体の姿と、資本主義社会から排除された日雇い労働者の町である寿町の姿がピシャリと重なった。しかも寿町は辺鄙な土地ではなく、まさに〝普通の町〟のど真ん中にある。

「要するに僕は、共同体づくりのために横浜市の職員になり、寿生活館の生活相談員になったわけです。寿は排除された人たちの町だからこそ、この町で共同体がつくれるに違いない。その共同体の中で子供を育てていけるに違いないと考えたのです」

赴任は一九七二年四月。加藤は三〇歳になっていた。

夜間学校をつくる

生活館に子供担当として赴任した加藤は、他の先輩職員たちがそうしていたように、ドヤに住み込むことに決めた。丸井荘本館というドヤだ。加藤は教員時代から、仕事場（学校）に住み込んで働くことを念願していたというから、図らずも理想がかなった形である。

「田中俊夫さん（当時は生活館の生活相談員）なんかも、『面白い奴が来た』って言ってくれて、みなさん協力してくれました。そこから一〇年、僕は寿で仕事をしたんです」

加藤は生活館の三階（現在、寿学童保育が活動しているフロア）を拠点にして、寿の子供たちと一緒にさまざまな活動を展開していった。子供たちと卓球チームを結成して夜遅くまで卓球をやり、対外試合にも出かけていった。ボランティアを生活館に招じ入れては、子供たちとの交流の場を作りあげた。

『風の自叙伝』によれば、ボランティアたちの協力を得て、鼓笛隊、絵画教室、体育教室、ソロバン教室、おこのみやきの会、子ども食堂、こども新聞、書道教室、野球部、卓球部といった、多種多様なサークルが立ち上がっていったという。

また、こうした子供たちの活動に呼応する形で、寿の大人たちも野球チームや卓球チームを結成し、同時に寿子ども研究会（子供についての話し合いの場）、寿歴史研究会といった文化系のサークルも産声を上げた。加藤が寿町に現れたことによって、まさに「下からの共同体づくり」が胎動を始めた観がある。

だが……。

一九七三年のオイルショックに始まる大不況が、こうした流れを木っ端微塵に叩き潰してしまうことになる。

港湾労働は激減し、寿町には仕事にアブレた日雇い労働者が溢れた。横浜市による法外援護であるパン券・ドヤ券の発行枚数はうなぎのぼりに増えていき、財政負担の無際限の増加と他地域からの活動家の流入を問題視した横浜市は、一九七五年二月に寿町での越冬対策を打ち切ってしまう。同時に、寿町の労働者にとって唯一の駆け込み寺であった、生活館二階の相談業務まで休止してしまう。

加藤が子供たちとさまざまな活動を行っていた三階と図書室や娯楽室のある四階は、越冬実行委員会が占拠して炊き出しを行い、二階にはシャッターが下ろされてしまった。こうして加藤たち生活館の職員は、職場を失うことになったのである。

しかし加藤は、生活館二階の下ろされたままのシャッターの前に机を持ち出して、数人の同僚と共に相談業務を継続した。

この間の経緯は『寿生活館ノート　職場奪還への遠い道』に詳細に記されているが、加藤の行動は同じく生活館の職員だった田中俊夫とは、著しい対照を見せた。

「労働者と一緒に越冬闘争をやっているうちに、クビになっても構わないって言い出した職員もいました。横浜市従業員組合から離れて独立組合を作ろうなんて話も出ていたし、田中さんなんてデモに参加して逮捕されてしまった。彼らの気持ちはわかるけれど、でも僕は全国の共同体を見てきていたから、行政と切れたら孤立してしまうこともわかっていた。だから、『みんな家族も子供もいるんだから、ギリギリ市従組合から離れないでやっていこう』と言い続けたんです」

横浜市が中止を決定した相談業務を独自に継続することは、明らかな業務命令違反だった。しかし加藤は、毎朝必ず本庁に出向いて出席簿に判を押してから生活館に向かうという行動を貫き通し、同僚たちにもそれを勧めたのである。

「僕のことを日和見だと批判する人もいたけれど、大切なのは相手を倒すことではないんです。僕の立場は、命、という立場。とにかく、みんな生き抜いていかなくてはいけないという立場なんです」

こうして加藤はイレギュラーな形で相談業務を続けながら、一九七五年九月に自分と寿を自由に語る会を立ち上げている。未曽有の大不況、横浜市による越冬対策の打ち切り、生活館の閉鎖……。日雇い労働者たちが次々と命を落としていく極限的な状況の中で、寿町で生きる誰もが怒りを蓄積させていた。それを吐き出す場が必要だと加藤は考えた。そして、この自由に語る会が発展解消する形で、七七年九月、寿夜間学校がスタートするのである。

寿夜間学校は寿町の住人たちによる相互学習の場だった。差別と偏見にさらされてきた日雇い労働者が自分自身の能力を再評価して、自信を回復するための場であった。

この夜間学校から、寿町に多く暮らす身体障害者の生活と権利について学ぶ寿身障友の会が生まれ、寿俳句会が生まれ、読み書きができない人のための寿識字学校が生まれた（大沢敏郎が指導したことで知られるが、前身は加藤が始めたアイウエオ教室）。

「なぜ識字学校が必要だったかといえば、日雇いの人の多くは字が書けないから履歴書も書けないし、給与明細をもらっても読めないから、給料を誤魔化されちゃうんですよ」

生活館の業務は、実に五年間のブランクを経て、一九八一年に再開された。加藤は寿学童保育の設立準備会である学童保育を作る会を立ち上げると、赴任からちょうど一〇年後の一九八二年に寿町を去っている。寿学童保育が設立されてのりたまこと山埜井聖一が寿町にやってくるのは、一九八三年のことである。

寿町にとって加藤は、まさに種まく人であった。

命《ぬち》どぅ宝

その後加藤は児童相談所の職員、横浜市立大学の教授を経て沖縄大学の学長になっている。

果たして、普通の町の中に共同体を作り上げたいという加藤の夢は、寿町で実現できたと見ていいのだろうか。

「生活館が閉鎖された時期に、僕が寿生活館ノートを書いていたこともあって、飛鳥田さんが会いたいと言ってきたことがありました。飛鳥田さんは僕に、『日雇い労働者だけで自立するなんてあり得ない』と言いました。そして、『民主的な解決のためには、話し合いが必要だ。それができなければ、やるぞ』と言ったのです。やるとは、機動隊を導入するという意味です。僕は『まぁ、見ていて下さい』と返事をしたのだけど、最後に機動隊が入ってしまった（一九七六年一一月二五日）。でも僕は（他の地域から活動家が入らずに）、寿の人だけだったらやれたと思うのです。なぜなら寿の人たちは、あそこにたどり着くまでに、みんなすごいドラマを持っている人たちだったから。だから人を惹きつける力があったし、心から信頼できる人たちでした」

　加藤はいま、沖縄の基地問題にも関わりながら、生まれ故郷の田谷で新たな共同体づくりに取り組んでいる。

「僕はギリギリのところまで戦うし、実際、寿で殺されかけたこともありました。だけど、生きることが拒否される場だけは絶対に許容できないのです。これを沖縄では「命どぅ宝」と言います。命こそ宝物、という意味です」

　一九四一年生まれの加藤の中に、白いズック靴を履いて妹の亡骸を抱えている少年の姿が見える気がした。

第一四話　お前は何者か

寿町を語る上で欠くべからざる人物の三人目、そして本書の最後の登場人物は益巖《ますいわお》である。

寿町には日本で最初に創立されたバプテスト教会（プロテスタントの教会としては日本で二番目）である日本バプテスト横浜教会があり、益はこの教会の第一二代の牧師だった人物である。

益の牧師としての在任期間は一九七四年から一九八六年だが、益が初めて伝道者として寿町にやってきたのは一九七〇年。まさに、寿町が日雇い労働者の町として盛りの時代であった。

一九七三年に始まる第一次オイルショックが寿町を直撃して多くの日雇い労働者が仕事にあぶれ、文字通り露頭に迷ったとき、寿地区越冬闘争委員会が組織され、寿生活館の三、四階を不法占拠（占拠した側は自主管理と呼んだ）して炊き出しを継続したこと、そして、不法占拠を理由に越冬対策を打ち切った横浜市当局と鋭く対立したことは、すでに何度か触れた。

この対立を解消して生活館の活動を正常化するため、当時寿地区で活動していた十一の団体が参加して寿地区住民懇談会が結成され、横浜市もこの住民懇談会を正式な交渉窓口と認めることになるのだが、この住民懇談会を構想したのが加藤彰彦だった。そして、住民懇の初代代表に据えられたのが、日本バプテスト横浜教会の益巖牧師だったのである。

益はいわば、第一次オイルショックで混乱を極め、行政さえ手を引こうとした寿町の混乱を収拾した立役者のひとりであり、混乱収拾のシンボル的な存在であった。

現在の益は、川崎大師（平間寺）に近い大師新生教会の牧師を務めている。

京急川崎駅から京急大師線に乗り、港町、鈴木町、川崎大師と味わいのある名前の駅を経て四つ目の東門前駅で降りて五分ほど歩くと、住宅街の一角に大師新生教会がある。インターフォンを押して来意を告げると、巖という名前には似合わない、ロマンスグレーの穏やかな感じの紳士がドアを開けてくれた。

田中俊夫、村田由夫、加藤彰彦といった七〇年代の寿町で八面六臂の活躍をしたひとびとの名前を口にすると、益は懐かしそうに顔をほころばせた。初対面なのに、なぜか私も懐かしい人物に再会したような気持ちになった。

益は寿町と偶然に関わりを持ち、そこで生きるひとびとの支援に熱心に取り組みながら、常に「お前は何者か」と自問自答し続けた人物だった。私も寿町の取材を重ねながら、この問いの答えを探し続けていた気がする。

益は果たして、自身が何者であるかを突き止めることができただろうか。

鉄条網の道

日本バプテスト横浜教会は、数奇な運命を経て現在の場所に建っている。

この教会のそもそもの始まりは、一八七三年にアメリカ・バプテスト宣教連合がネイサン・ブラウンとジョナサン・ゴーブルというふたりの宣教師を日本に派遣したことにある。ネイサン・ブラウンは来日と同時に、現在の日本バプテスト横浜教会の前身である横浜第一浸礼教会を創立して、初代の牧師に就任している。

浸礼教会の「浸礼」とは洗礼を受ける際に全身を水に浸すことをさし、これをバプテスマ（全浸礼）という。バプテスト教会では信仰告白なしにバプテスマを受けることができないため、幼児のバプテスマを認めていない。素人考えだが、ここには親が信者だから子供も信者になるという、信仰の世襲を防止する意味合いがあるのかもしれない。

先ほど述べた通り、この教会は日本で二番目に設立されたプロテスタントの教会だが、では一番目はどこかといえば、一八七二年に創立された日本基督公会、現在の日本キリスト教会・横浜海岸教会である。このいかにも横浜風の名前を持った教会は観光名所が櫛比《しっぴ》する日本大通りに面して建っており、ドヤ街の外れに建つ日本バプテスト横浜教会とは著しく対照的である。

では、日本バプテスト横浜教会が創立当初から寿町に建っていたのかというと、そうではなかった。益が言う。

「最初の教会の建物は、山手の外人墓地の近くにあったのです。しかし、山の上にいるのではなくて町の中に出て行こうということで、大正一二年、問屋が多く商人の町として栄えていた寿町に移転してきたのです。現在の教会の前の建物になりますが、四階建てのビルほどの高さがある立派な教会でした。ずいぶん勢いがあったのですね」

ところが、この新しい教会の竣工式の直前に関東大震災が発生する。横浜は東京よりも震源地（相模湾の海底とされる）に近く、大きな被害を出した。死者約二万三〇〇〇人。中村川と大岡川に挟まれた横浜市の中心地は埋め立て地であるため地盤が弱く、家屋の倒壊率は実に八〇%にも及んだ。寿町もまさにこの埋め立て地の一角にあり、被災した教会は竣工を前に沈下して傾いてしまった。

牧師と教会員たちは大きな被害を受けた教会をなんとか修復し、その後は礼拝者が一〇〇人を超えるような盛んな時期もあったが、日本バプテスト横浜教会は再び災厄に見舞われることになる。一九四五年五月二九日の横浜大空襲である。

横浜大空襲は東京大空襲ほど知られていないが、一万人近い死者を出しており、横浜の中心部を再び灰燼《かいじん》に帰してしまったのである。

「空襲で火が入って教会の内部は全焼してしまいましたが、鉄筋コンクリートづくりだったので、建物自体は焼け残ったのです」

終戦後、焼け野原となった寿町一帯は進駐軍に接収されるのだが、その焼け野原に日本バプテスト横浜教会の尖塔がぽつんと取り残される形になった。

「接収によって周囲を米軍に取り囲まれてしまったわけで、強制撤去は避けがたい状況でした。しかし、当時の牧師だった時田信夫先生の山手の自宅も燃えてしまったので、時田先生自ら教会に移り住み、得意の英語を駆使して米軍と交渉を重ねて教会を守られたのです」

接収された寿町は主に進駐軍のモーター・プールとして使用され、一角にいわゆるかまぼこ兵舎も建設されたことはすでに書いたが、その接収地の内部で、日本人牧師の活動が認められたということだろうか。

「実は、現在の横浜スタジアムのあたりから教会まで、接収地の中を通るための道が作られたのです。その道は鉄条網で囲まれていたそうです」

横浜スタジアムから寿町の教会までは、直線距離で約四〇〇メートルある。つまり進駐軍は、最も短く見積もっても四〇〇メートルの長さの鉄条網の道を接収地の内部に作り上げ、接収地と教会を截然《せつぜん》と区分することによって、かろうじて教会の存続を認めたというわけだ。思い出されるのは、オフリミット（立ち入り禁止区域）という言葉だ。

終戦後、山手の高台の真下を貫通しているトンネルの本牧側は、進駐軍の居住地区として接収されていたが、やはり鉄条網によって日本人の住むエリアや日本人が通行する道路と区分されていた。その鉄条網の内側はオフリミットゾーンと呼ばれ、日本人の立ち入りが制限されていた。日本人は鉄条網の内側に広がる豊かなアメリカ人の生活を、鉄条網の外側から羨望の眼差しで眺めていたという。

つまり寿町にはこれと逆転した状況、日本人が鉄条網の内側にいる状況があったわけだ。進駐軍の兵士の視線を浴びながら鉄条網の内側を歩いて教会へ通うのは相当に勇気を要する行為であり、教会員の減少に一層拍車をかけることになった。

「時田先生は、夜、若い米軍兵士のために集会を開きました。また、教会のホールには、誰でも受診できる横浜ミッション診療所が開設されました。周囲の病院がみな焼けてしまったので、終戦から約三年の間、このミッション診療所には教会員だけでなく一般の日本人や米兵も含む、大変に大勢の方が受診に来られたそうです。ホールの天井は空襲で焼け落ちてしまったので、米軍のパラシュートが天井代わりに張られていたということです」

横浜ミッション診療所は一九四六年の三月に、横浜福音医療宣教団のエルンスト・ラング宣教師と倉持芳雄牧師のふたりによって始められ、倉持牧師は後に万国橋通りの横浜生糸検査所の中に教会を創立している（現在、横浜市南区南太田にある清水ヶ丘教会の前身）。山多屋酒店と道路を挟んではす向かいに建っている日本バプテスト横浜教会が、このような波乱に満ちた歴史を内包していたとは、現在の様子からはおよそ想像することができない。

一九五六年、寿町の接収解除が始まると、日本バプテスト横浜教会は一層数奇な運命にさらされることになった。

寿町の接収は終戦から数えて実に一一年という長きにわたって続けられたわけだが、この間に戦前の寿町で暮らしていたひとびとの多くは別の土地に根付いてしまい、山多屋酒店や南雲ガラス、アジア産業など数軒を除いて、元の土地に戻ってくることはなかった。

ところが、ひとり日本バプテスト横浜教会だけは、時田牧師の奮闘と鉄条網のおかげで、戦前の姿のまま寿町に残っていた。鉄条網がいわばタイムマシンの役割を果たしたわけだが、今度は寿町の方が、接収解除によって再び劇的な変貌を遂げることになるのである。接収解除直後から木造のドヤが建ち始め、翌年に桜木町から職安が移転してくると、あっという間にドヤが密集する街になってしまった。

その結果日本バプテスト横浜教会は進駐軍に代わって、おびただしい数のドヤと、職安を目指して桜木町方面から流れてきた〝ハマの風太郎〟たちに取り囲まれることになったのである。教会の位置は大正一二年から変わらないが、教会を取り囲む環境は、戦前の下町時代、終戦後一一年間の接収時代、そして接収解除から現在に至るドヤ街の時代と、三度も激変している。しかもこの変化には、まるで脈絡がない。町の性格に、連続性がまったくないのである。

この、不変の教会と激変する寿町が生んだ鮮烈なコントラストの中に、益は投げ込まれることになる。

ガラスを切る

一九四六年、益巖は北九州の門司港で生まれている。

父親は日本サルヴェージという船会社に勤める船乗りだった。そもそも日本サルヴェージは海難救助が専門の会社であり、現在は環境保全や財産保全といった事業も展開している。益が言う。

「戦後の日本サルヴェージは、専ら戦争で沈没した船を引き揚げる仕事を、日本国内だけでなく、世界へ出かけていってやっていました」

船乗りという仕事に関心を持っていた益は、将来は商船大学に入って父親と同じ道に進むことを夢見ていた。父親の転勤に伴って大阪の寝屋川に転居することになり、寝屋川で中学高校時代を過ごしたが、体を鍛えるつもりで入部した柔道部で思わぬ事態が益を見舞うことになった。

「柔道の練習を始めたら、急に体調が悪くなってしまったのです。医者に診てもらうと、血圧が異常に高いことがわかりました。遺伝的な病気だということでしたが、高校を休まざるを得なくなってしまったのです」

船乗りは体力のいる仕事だ。父親と同じように船乗りになりたいという夢は、諦めざるを得なかった。そして、この出来事と前後して、益はある伝道者と出会っている。クリスチャンだった兄の影響もあって北九州時代から教会とは縁があったが、寝屋川で出会った伝道者は益に強烈な印象を与えた。

「高校の通学路の傍らにあった長屋で、若い伝道者が開拓伝道所を開いていたのです。彼はともかく熱心に話をする人で、内容はよくわかりませんでしたけれど、すごい人がいるものだと思いました。このエネルギーはいったいどこから湧いてくるのかというひとつの問いから、その伝道所に通うようになったのです」

熱血漢の伝道者と出会う一方で、船乗りという夢を断たれた益は、聖書を真剣に読むようになった。

「聖書と巡り合って、一条の光が見えてきました。船乗りにはなれないけれど、私が生かされる道もどこかに備えられていると思えるようになったのです」

より深く聖書の世界を学びたいと考えた益は、神学部のある横浜の関東学院大学に進学する。関東学院大学の源流は、一八八四年に横浜の山手に創設された横浜バプテスト神学校である。益の人生が、少しずつ寿町の方へ手繰り寄せられていくようだ。

「学部の四年間を終えて京都にある同志社大学の大学院に入ったのですが、ちょうど大学院を終えたとき、寿町の日本バプテスト横浜教会の牧師をしていた神学部時代の先生から、寿町に来ないかと招かれたのです。その頃の私は、寿町がどんな町だかまったく知りませんでした」

恩師の招きに従って寿町にやってきた益は、教会の様子を見て自分が招かれた理由を悟った。関東大震災と横浜大空襲という二度の災厄に見舞われた建物は雨漏りがひどく、割れたまま放置されているガラス窓も多かった。長期間の接収によって教会員の多くが離散してしまったから、教会に住み込んでくれる牧師を招く財力もなかったのだ。

「つまり、大学院を出たての若者ならいいだろうということだったわけです」

こうして、すでに結婚をしていた益は、荒れ寺ならぬ荒れ教会に妻とふたりで住み込むことになった。一九七〇年のことである。

「一階がホールで二階に礼拝堂がありました。一階の隅にベニヤ板で仕切られた一角があって、その内側に台所があり、畳が二枚敷いてありました。『どうぞ、そこにお住まいください』というわけです。なにしろ天井の高い建物で、しかも窓ガラスが割れていたので、寒くて寒くて仕方ありませんでした」

教会の中には、なぜか大きな板ガラスが入った箱が置いてあった。それは、例のミッション診療所で治療を受けた関東学院の関係者が、教会に寄付をしたガラスだった。しかし、サイズが大きすぎて教会の窓枠には合わない。

「鉄の窓枠のパティを剥がそうとすると、鉄が腐食していてボロボロ崩れてしまうので、ガラス屋も来てくれません。仕方がないので自分でパティを買ってきて、ガラス切りでガラスを切って、一枚一枚ガラスをはめていきました。これが寿町に来て、私がやった最初の仕事です」

教会の外を、得体の知れない日雇い労働者たちがぞろぞろ歩いていた。

「私は肉体労働をしたことがなかったので、正直言って、彼らが怖かった。教会の玄関の戸はもちろん閉めていましたし、彼らに対して心も閉ざしていました」

その一方で、教会自体は益が赴任する前から寿町の子供たちと関わりを持っていたという。

「教会員の中に近くの小学校の先生になった青年がいて、週に二回、教会を開放して寿の子供たちを相手に勉強会を開いていたのです」

広くても四畳半、狭ければわずか二畳しかないドヤの部屋で家族と暮らす子供たちに、教会の広いホールを使った勉強会はとても人気があり、毎回大勢の子供たちがやってきた。益も子供たちをドヤに送り届ける際に、親たちと接することはあった。しかし、寿町の主人公と言うべき単身の日雇い労働者たちと接点を持つことは、しばらくの間なかったのである。転機となったのはやはり、一九七三年のオイルショックに端を発する大不況であった。

横浜市はそれ以前から、仕事にあぶれた日雇い労働者やホームレスを対象にパン券・ドヤ券という金券を配布してきた。配布場所は寿生活館の二階と決まっていたが、七五年の年初には大不況の煽りでパン券・ドヤ券を求める人の数が日に一〇〇〇人を超えてしまい、生活館の二階ではとても対応し切れなくなってしまった。

そこで横浜市は、パン券・ドヤ券の配布場所を生活館から横浜公園平和野球場（現在の横浜スタジアム）に変更したのである。横浜教会は、ちょうど寿町から平和球場に続く道の傍らに立っている。

「目の前を大勢の飢えた人たちが歩いていくというのに、私は何もできないのです。自分は何ができるのか、何もできない。何ができるのか、何もできない……。この堂々巡りを繰り返しました」

中には教会の玄関をノックしてくる労働者もいたが、そのほとんどが金の無心だった。

「お金を貸してくれと言ってくるわけですが、妻にご飯を炊いておいてもらって、『すみません』と頭を下げながらお握りを二つ、三つ渡して引き取ってもらっていました」

労働者から金を受け取る

目の前で起きている事態に何の対応もできず、不甲斐ない思いを抱えているとき、ひとりの飛び抜けて体の大きな男が教会を訪ねてきた。益はこの大男の登場に一瞬ひるんだ。どうやって引き取ってもらえるかと考えたが、その方法を思いつかなかった。ところがこの大男、益がまったく予想もしていなかった振る舞いに出たのである。

「先生、この金を受け取ってくれよ」

男はそう言うと、ズボンのポケットから折りたたんだ数枚の一〇〇〇円札を取り出し、益の方に差し出した。

「いま仕事は少ないんだけど、今月ようやくありついた仕事で貰った金だ。だから先生、受け取ってくれよ」

益は、男の言葉の意味を理解できなかった。

男は中野という名前の港湾労働者だった。子供の頃教会学校に通っていたことがあり、そこで「十分の一を捧げなさい」と教えられたことを覚えていたのだ。中野は、「ようやく得たものだからこそ、どうしても神様に捧げたかった」と寄付の動機を説明した。

益が言う。

「さて、このお金をどうしようかということになったわけです。もちろん、私の懐に入れるわけにはいかないし、教会のために使うわけにもいきません。私はやはり、寿町の人のために使うべきだろうと考えたのです」

やがて中野は、ギターを弾くのがうまい屈強な青年を連れてくるようになった。青年は益に、聖書の話を聞きたいと言った。益はこの青年のひと言に突き動かされて、街の人たちを対象とした集会を開くことを決意する。これが金曜集会の始まりであり、益が寿町のひとびとと本格的に関わるようになるきっかけになった。

金曜集会では、中野が毎月持ってくる金を元手にギターの青年がスープを作り、パンを用意した。そして中野は、街の人たちに「生活経験の証し」を立てていった。生活経験の証しとは、神を信じたために生活上に起こった変化をひとびとに示すことである。

中野はギャンブル依存で苦しんできた人間だったが、収入の十分の一を教会に持参するようになってから、ギャンブルにも十分の一しか金を使わないというルールを自らに課すことができるようになったことを、言葉ではなく行動で証したのだ。

これまで働いて得た金の大半をギャンブルに投じてしまっていた中野にしてみれば、これはまさに奇跡であり、神の恩寵に違いなかった。そして中野は、もうひとつの奇跡を起こすことになるのである。

「中野さんは十分の一を教会に持参し、十分の一でギャンブルをやり、それでもお金が余るので、その余ったお金で古い聖書を買い始めたのです」

ある日、中野は益の元にやってくるとこう言った。

「先生の教会が作った、古い聖書を見つけたよ」

それは、後にネイサン・ブラウンとともに日本バプテスト横浜教会を創立することになるジョナサン・ゴーブル（ペリーとともに来日し、一八六〇年・万延元年に再来日）が、一八七一年にギリシャ語で書かれたマタイ福音書の和訳を完成し、出版した国内初の聖書出版物『摩太福音書』の復刻版だった。中野はそれを神田神保町で見つけて、益に購入を勧めたのである。

「教会はその復刻版を買うことにしたのですが、中野さんが見つけた『摩太福音書』は、ひらがなのわかち書き（変体仮名）で書かれており、それをある高校の国語の先生が読んでくださったことが、日本の和訳聖書研究に多大の貢献をすることになったのです」

わが国の和訳聖書研究の原点に、ひとりの日雇い労働者の働きがあったというのである。

益によれば、マタイ福音書にはイエスが罪人と食事を共にする場面が出てくるという。イスラエルがローマに占領されたとき、ローマの徴税人となって同胞から税金を取り立てたイスラエル人たちのことが、マタイ福音書では罪人と同列に表記されている。

「自分たちを支配しているローマ人に税金を納める手助けをするなんて許せないと、当時のイスラエルの人たちは徴税人を罪人と呼んだのでしょうが、ゴーブルさんはこの徴税人というギリシャ語をある漢字に訳しているのです。当時の庶民の言葉であるひらがなのわかち書きで書かれた『摩太福音書』の中で、漢字で書かれている言葉は大変少なく、その中でも特徴的なのが「神」とこの徴税人の訳語であり、いずれもひらがなが併記されています。私はこの表記を見て、ゴーブルさんは江戸時代に、厳しい状況に置かれたひとびとと出会っていたこと、そうしたひとびとにこそ聖書を渡したいという思いで聖書を翻訳し、出版したのだと理解しました」

益は中野を通して多くの寿町のひとびとと出会い、彼らに聖書の話をするようになっていった。しかし、彼らの全員が益の話に首肯したわけではなかった。

「そんなきれいごと言ってもダメだ、という反発もたくさん受けました」

そして益は、まさにきれいごとでは済まない、熾烈な対立の渦の中に引きずり込まれていくことになるのである。

寿地区住民懇談会

一九七五年の初頭、益の言葉を借りれば寿町は「大きな課題」に直面していた。すでに何度か触れた、生活館の不法占拠問題である。

不法占拠（占拠した側は自主管理と呼んだ）の主体となったのは寿日雇労働者組合（寿日労）であり、寿日労の母体となった寿地区越冬実行委員会は、七四年から七五年にかけての越冬闘争の際に生活館の三階、四階で行った炊き出しを、横浜市による越冬対策の打ち切り後も継続し、退去要請を聞き入れずに生活館の占拠を継続した。

この寿日労の行動の理論的指導者が、後にことぶき共同診療所を設立する田中俊夫である。当時の田中の身分は横浜市の職員（生活館相談員、後に中福祉事務所職員）だったが、越冬対策の打ち切りに抗議して神奈川県庁で団体交渉に臨んだ際に逮捕され、七五年三月、横浜市職員を懲戒免職になっている。

一方、寿町の自治会は横浜市が唯一の交渉窓口として公認していた組織であり、市当局と共同歩調を取っていた。横浜市が越冬対策の打ち切りを発表するタイミングで、自治会も越冬闘争から降りることを表明している。

そもそも寿町の自治会は、村田由夫や加藤彰彦、そして田中俊夫らがその成立を後押ししたものだった。その自治会が市当局側につき、越冬闘争の中から誕生した寿日労と対立するようになったということは、寿町という町に深い亀裂が入ってしまったことを意味する。そしてこの亀裂こそ、益の言う「大きな課題」であった。

この課題に対する野本三吉こと加藤彰彦の立ち位置は、いったいどのようなものだっただろうか。

加藤が生活館の閉鎖後もシャッターが下ろされた生活館の二階で相談業務を継続したことはすでに述べたが、加藤は横浜市の職員という微妙な立場にあり、日和見と批判を受けながらも中立的な立場を貫いていた。野本の『寿生活館ノート』には以下の記述がある。

「それ（越冬対策の打ち切りと生活館の閉鎖）以来、自治会と越冬実行委員会、現在では日雇労働組合は、激しい対立をはじめるようになってしまったのであった。（中略）そのために、表面的には、寿の町の中は、自治会派と日雇組合派に、まっ二つに分かれてしまったことになる。（中略）

この対立を、なんとか乗りこえなければならない。そのためには、寿地区内の二つの対立した組織が一つのテーブルにつき、それ以外の多くの日雇労働者も加わった中で、とにかく、一つでも二つでも一致点を見出し、一致した点について、全体で市当局に交渉し、要求していくしかないのであった」

この「一つのテーブル」づくりのために加藤が白羽の矢を立てたのが、他ならぬ益巖だった。益が言う。

「加藤さんは最初、町の問題を話し合う場所として教会を使わせてほしいと言ってこられたのです。町の人たちはみな疑心暗鬼になっているので、教会のように中立な場所がいいというのがその理由でした。中立的だったということは、教会がこの厳しい状況にあまりコミットしていなかったということでもあります。寒々としたところですが、どうぞお使いくださいと加藤さんに伝えました」

この教会での話し合いの中から、やがて寿地区住民懇談会の準備会が立ち上がっていくのだが……。

「私も、寿町の問題から横浜市が手を引いてしまえばますます混乱を招くだけだと思っていました。そういう意味では加藤さんと同じ考えでしたが、加藤さんは市の職員だったので自身が市との交渉窓口にはなれない。対立している組織のどちらかから代表を出しても納得は得られないから、『益、お前がやれ』と。本当に、大役でした」

話し合いは益の予想を超えて激烈なものとなり、一九七五年の生活館の閉鎖から数えて、実に三年間もの長きに及んだ。

「寿町で活動する一一の団体が話し合いに参加して、毎晩のように長い長い話し合いが持たれたのです」

当時の益は、教会の奥に建てられた牧師館で妻子とともに暮らしていた。

「横浜市従業員労働組合の方が話し合いのオブザーバーになってくれていましたが、話し合いが終わって私が牧師館に帰ろうとするところをたまたま目にされて、『あれっ、益さんって家庭を持ってたんですか』と驚かれたぐらい、毎晩のように話し合いが続けられたのです」

町に蔓延していた疑心暗鬼を解く鍵になったのは、無料診療所の開設という別の目標が掲げられたことだった。

「寿町に、お金がなくても受診できる無料診療所を開設することを横浜市に交渉しようじゃないかという一点で、初めて参加者全員の意見が一致したのです。準備会のメンバーが手分けをして、ドヤを一軒一軒回って署名活動を展開しました。こうした活動を通して、ようやく疑心暗鬼がほぐれていったのです」

この活動が実って七九年に横浜市寿町勤労者福祉協会診療所が開設され、後に〝女赤ひげ〟の異名を取る佐伯輝子医師が寿町にやってくることになる。佐伯の活躍ぶりは『女赤ひげドヤ街に純情す』（佐伯輝子著・一光社）に詳しい。

一九七八年、寿地区住民懇談会が成立し、なんとか寿町の統一が図られたことで、益が担った大役にひとまず終止符が打たれることになった。その後、横浜市民生局、寿地区住民懇談会、横浜市従民生支部の三者で話し合いが行われ、晴れて一九八一年三月一〇日、生活館は業務を再開することになったのである。

益は住民懇の創設以外にも、寿町にさまざまな足跡を残している。

村田由夫のアルク（アルコール依存症者の支援）に着想を得て、精神を病む人のための作業所「はだしの邑」とグループホーム「すずらん荘」というふたつの施設を立ち上げたのも益の大きな仕事であり、また、さなぎ達の源流となった木曜パトロールを始めたのも益だった。

「八三年から八四年にかけて大雪（五九豪雪）が降りましたが、日本キリスト教団のメンバーと一緒に木曜日の夜だけでもホームレスの人たちの状況を見に行こうと話し合ったのが、木曜パトロールのきっかけでした」

益は、この木曜パトロールを通して、むしろ自分の限界を悟ることになったという。

「厳寒の中、屋外で横たわっているホームレスの人たちに一杯のスープを手渡して彼らを助けた気になっても、私には帰る家があり、教会があり、毎月の給料がある。私は守られているのです。『お前は何者だ?』と問われたら、頭を下げて『すみません』と謝るしかないのです」

益はホームレスの人の沈黙という拒絶に遭遇して、自身の「嘘くささ」を鋭く突きつけられた経験を持っている。

「彼らと経済的に一緒になることはできない、彼らの人生と自分の人生を一緒にはできない。それが私の限界でした」

しかし、と益は言う。

「ある時、ホームレスの人のことを本当には理解することなどできないのだと自分の限界を認めて、『その通り、私は嘘くさい人間です』と言えた時、私は彼らと通じ合えるのを感じたのです。お互いの違いを認め合えたときに、初めて事は起こっていく。私はいまでもそんな気がしているのです」

益は寿町のひとびとと出会わなければ、「聖書の知識を教えてやる」といった意識しか持てなかっただろうと言う。

「寿町という、人間と人間が心の底から触れ合える場が、知識なんて何の役にも立たないこと、そしてどんなに自分と違う人でも大切に思うことはできるのだということを、私に教えてくれたように思います」

寿町は青年期、壮年期を過ぎて、単身高齢男性が住人の大半を占める「福祉ニーズの高い町」へと変貌した。

「かつての寿町には、エネルギーが溢れていました。あんなことができたのも、きっとみなさん若かったからだと思います。私もね」

そう言って益は、少し寂しそうな笑顔を浮かべた。

(了)

あとがき

本書は朝日新聞出版のＲＰ誌『一冊の本』に、二〇一六年九月号から二〇一九年五月号まで、三三回にわたって連載した「寿町のひとびと」を一冊にまとめたものである。

初めて寿町に足を踏み入れたのは二〇一五年一月一三日、前著『東京湾岸畸人伝』の取材で横須賀の久里浜医療センターを訪れた帰りのことだから、その日から起算すれば、私と寿町の付き合いは足掛け六年ということになる。

担当編集者の齋藤太郎氏と話し合った当初の目論見は、異界・寿町で生きるさまざまなひとびとを取材し、そのドットを増やしていくことによって、町全体を俯瞰する〝地図〟を作れないかということだった。二〇〇メートル×三〇〇メートルの長方形、総面積わずか〇・〇六平方キロしかない寿町は、こうした試みにうってつけのサイズに思われた。

目論見が成就したかどうかはわからないが、寿町のひとびとの取材を重ねていくにつれて、私はこの町に対する意識が徐々に変わっていくのを感じた。入り口は、単なる怖い物見たさに過ぎなかったかもしれない。しかし、取材を始めて一年が過ぎた頃から、自分はどちら側の人間なのかを問われている感覚が強くなった。お前はいったいあちら側（＝ドヤの住人側）の人間なのか、それともこちら側（＝寿町の外側）の人間なのかと……。

二〇二〇年三月二三日、私は本書の原稿を携えて寿町を再訪した。いくつか確認したい点があって、寿学童保育の山埜井聖一に会う約束をしていた。

久しぶりに見る寿町は、様変わりしていた。はまかぜの裏手にあった匡済会の保育園は、建て直されて洒落たショールームのようになっており、寿町のシンボル、センターも建て直され「横浜市寿町健康福祉交流センター」と名称を変えていた。上層階にある市営住宅の名前は、「寿町スカイハイツ」である。寿町らしくない、と感じるのは部外者の身勝手だろうが、私ははからずも寿町のひとつの時代の終焉に立ち会っていたのかもしれないという思いがよぎった。

寿町は変わっていたが、山埜井は変わっていなかった。のりたまのままだった。相変わらず素足にビーチサンダルを履いている。山埜井と対面しながら、なぜ私はこの人に惹かれるのだろうと考えていた。すでに山埜井のパートの原稿は仕上げてあったのだが、正直に言えば、私は山埜井に対する自分の気持ちを掴み切れていなかった。

山埜井は相変わらず問題を抱えた子供たちと格闘する日々を送っているようだったが、近況を聞きながら、山埜井がこの町の力を本気で信じ、それに賭けてきた人間であることに私は改めて気づかされた。山埜井の言う町の力の源泉は、おそらく「非常識」の一言にある。

非常識は、時に人間関係を破壊し、家庭を崩壊させる。しかし時に、常識では想像もつかない方法で人の心を救い、人と人を結びつける。自由な空間を押し広げ、人々に自由な空気を呼吸させる。山埜井はそこに、ある可能性を見ていたのかもしれない。

もうひとり、懐かしい人物と再会した。Y荘の帳場さん、清川成美である。相変わらずテキパキと仕事をこなしながら、清川は社会福祉士の資格取得に向けて勉強を重ねていた。管理室の奥に据えられた机には、几帳面にタックを貼られた分厚い参考書が置いてある。なぜ、社会福祉士の資格を取りたいのだろう。

「私が福祉や介護の制度を知っているかどうかで、住人の方にできることが変わってしまうんです。この制度を知っていればこんなことができたのにってことが、たくさんあるんです。後でそういう悔しい思いをしたくないじゃないですか」

清川は己に厳し過ぎるから「おのれ」とあだ名され、それを苦にしていたはずだ。

「寿町にきてずいぶん柔らかくなったと思いますけど……。あんまり変わらないかな（笑）。そういえば最近、引きこもりだった三〇代の人が入ったけど、話してみたらすごくいい人よ」

管理社会などという言葉はとうに過去のものになり、個人に関するありとあらゆるデータが収集され、分析され、頼みもしないのに最適解を送りつけられる時代に、非常識であることはいったいどんな意味を持つだろうか。生産性もなく、時に不快で、時には危険ですらある非常識なひとびとがこの世に存在することに、意味はあるのだろうか。

少なくとも私は、寿町のひとびとから「こんな人生もありなのだ」と教えられた。社会的な評価や栄達とはまったく無縁だが、固有の、濃厚な生き方が実在することを教えられた。

それが私の人生の幅を広げることに繋がるか否かは、取材者としての私の誠実さにかかっている。

山田清機（やまだ・せいき）
1963年富山県生まれ。
早稲田大学政治経済学部卒業後、
鉄鋼メーカー、出版社勤務を経て独立。
著書に『東京タクシードライバー』
『東京湾岸畸人伝』（いずれも小社刊）など。

寿《ことぶき》町《ちょう》のひとびと

2020年10月30日　第1刷発行

著　者　山田清機
発行者　三宮博信
印刷所　大日本印刷株式会社
発行所　朝日新聞出版
〒104-8011　東京都中央区築地5-3-2
電話　03-5541-8832（編集）　03-5540-7793（販売）

Published in Japan by Asahi Shimbun Publications Inc.
ISBN 978-4-02-331913-4

定価はカバーに表示してあります。

落丁・乱丁の場合は弊社業務部（電話 03-5540-7800）へご連絡ください。

送料弊社負担にてお取り替えいたします。